Aus dem Programm Huber
Psychologie Sachbuch

Auswahl weiterer Bücher über Beziehungskrisen und Scheidung im Verlag Hans Huber:

Guy Bodenmann
Stress und Partnerschaft
Gemeinsam den Alltag bewältigen.
3. Auflage 2003
225 Seiten (ISBN 3-456-84054-3)

Guy Bodenmann
Beziehungskrisen
erkennen, verstehen, bewältigen
181 Seiten (ISBN 3-456-83634-1)

Guy Bodenmann
Verhaltenstherapie mit Paaren
Ein modernes Handbuch für die psychologische
Beratung und Behandlung
Etwa 200 Seiten (ISBN 3-456-84041-1)
In Vorbereitung

Mary Ann Dutton
Gewalt gegen Frauen
Diagnostik und Intervention
256 Seiten (ISBN 3-456-83633-3)

Lieselotte Staub und Wilhelm Felder
Kindeswohl und Scheidung
Ein Leitfaden zur Bewältigung schwieriger Übergänge
Etwa 200 Seiten (ISBN 3-456-84031-4)
In Vorbereitung

William J. Doherty

Zusammenbleiben

Wie Paare ihre Beziehung retten können in einer Welt, die sie auseinander reißt

Aus dem Englischen übersetzt von Karin Dilling

Verlag Hans Huber
Bern · Göttingen · Toronto · Seattle

Die Originalausgabe dieses Buches ist unter dem Titel
„Take Back Your Marriage. Sticking Together in a World That Pulls Us Apart“
erschienen bei The Guilford Press, New York.

Published by arrangement with Paterson Marsh Ltd. and Guilford Press

Lektorat: Dr. Peter Stehlin und Gaby Burgermeister
Herstellung: Peter E. Wüthrich
Druckvorstufe: Karin Dilling
Umschlagbild: zeta blueplanet, Zürich
Umschlag: Atelier Mühlberg, Basel
Druck und buchbinderische Verarbeitung: AZ Druck und Datentechnik, Kempten
Printed in Germany

Bibliografische Information der Deutschen Bibliothek
Die Deutsche Bibliothek verzeichnet diese Publikation in der Deutschen Nationalbibliografie; detaillierte bibliografische Daten sind im Internet über http://dnb.ddb.de abrufbar.

Anregungen und Zuschriften bitte an:
Verlag Hans Huber
Länggass-Strasse 76
CH-3000 Bern 9
Tel: 0041 (0)31 300 4500
Fax: 0041 (0)31 300 4593
E-Mail: verlag@hanshuber.com
Internet: http://verlag.hanshuber.com

1. Auflage 2003

ISBN 3-456-84039-X

FÜR WEN SONST? FÜR LEAH

Inhaltsverzeichnis

Einleitung

Auf dem Rückweg von einem Café in Santa Fe, wo ich mich mit dem Gedanken an dieses Buch trug, blieb ich auf der Plaza stehen, um einer Hochzeitszeremonie im Freien zuzusehen. Ohne Zweifel war dies eine Hochzeit des 21. Jahrhunderts. Im Zentrum des Geschehens waren ein Standesbeamter und ein Rabbi. Der Standesbeamte war formell und ernsthaft; der Rabbi war informell und humorvoll. Die Gebete und Lesungen waren auf Englisch, Spanisch, Hebräisch und eine Übersetzung aus dem Apache. Die Kinder der Braut und des Bräutigams aus früheren Ehen drängelten sich auf einem geradezu überfüllten Podium. Die geladenen Gäste in Anzügen und Kleidern saßen vorne auf den Stühlen, und die nicht Geladenen, wie auch ich, standen dahinter in ihren Shorts und T-Shirts. Auf einem Orgelportativ wurde traditionelle Hochzeitsmusik gespielt, während im Hintergrund schon eine mexikanische Folklore-Band bereitstand um zu übernehmen, sobald die Zeremonie beendet war.

In mancher Beziehung hätte diese Hochzeit nicht andersartiger sein können als meine eigene vor fast 30 Jahren, und doch war sie auch wieder unverkennbar dieselbe. Neben den Äußerlichkeiten und trotz der anderen Vorgeschichte der Paare, drückten die Trauformeln immer noch das «Für immer» aus, das Verlassen aller anderen und die gegenseitige und ausschließliche Wichtigkeit für einander bis zum Tode. Die Ehe ist heutzutage zwar eine etwas ramponierte Institution; doch sehnen sich immer noch die meisten von uns nach dieser Art von dauerhafter Verbindung, wie sie an diesem warmen Nachmittag in Santa

Fe in aller Öffentlichkeit ihren Anfang nahm. Das Paar wurde schließlich als Herr und Frau Trujillo vorgestellt. Ich wünsche ihnen Glück für ihr gemeinsames Leben, zusammen mit ihren Kindern, und ich bitte sie dafür um Nachsicht, dass ich dieses Buch mit der Geschichte ihrer Hochzeit beginne.

Am nächsten Tag durchstöberte ich nachmittags einen Buchladen in Los Alamos. Ich sah die Abteilung «Beziehungen» durch (es findet sich nie eine Abteilung «Ehe»), um festzustellen, ob nicht schon jemand gerade das Buch herausgegeben hatte, an dem ich noch schrieb. Glücklicherweise nicht. Allerdings stieß ich auf die neue Ausgabe eines Buchs darüber, wie man eine Scheidung durchsteht. Ich las das erste Kapitel. Die wichtigste Botschaft bestand aus einem Angriff auf das, was der Autor «den überholten Mythos über die Liebe» bezeichnete. Die irrealste Vorstellung von der Ehe, der Irrtum, den man am allerbesten nach Ansicht des Autors hinter sich lassen sollte, ist «der Anspruch auf absolute Dauer». Die Wahrheit liegt darin, dass Ehen enden, bemerkte der Autor. An diesem Mythos der Dauerhaftigkeit festzuhalten ruft unnötige Krisen für unser Selbstwertgefühl hervor, wenn die Ehe in die Brüche geht. Der logische Schluss scheint darin zu liegen, dass niedrigere Erwartungen beim Durchschreiten der Eingangstür auch den Schmerz beim Verlassen durch die Hintertür lindern. Ich würde gern wissen, ob ein treuer Freund den Trujillos ein Exemplar dieses Buchs überreicht hat.

Auf der Rückfahrt von Los Alamos dachte ich an die Häuser, die dort kurz vorher durch den katastrophalen Waldbrand zerstört worden waren. Ich stellte mir die Belastungen für die Ehen der Menschen vor, die ihr Zuhause verloren hatten. Ich stellte fest, dass ich hoffte, sie würden an den «Mythos des für immer» glauben, in den nächsten Monaten intensiv an ihren Ehen arbeiten und in starken Gemeinschaften leben, die ihnen wesentliche Unterstützung zukommen ließen.

In den folgenden beiden Tagen gelang es mir nicht, weiteren Hinweisen zu entgehen, dass die Trujillos und andere, ähnliche

Paare den falschen Weg eingeschlagen hatten. Ich las, was ein Kolumnist der *Washington Post* geschrieben hatte: «Sicherlich sind manche Ehen zutiefst befriedigend. Aber 50 und 60 Jahre an eine Ehe gebunden zu sein ist nicht der natürliche Lauf der Dinge.» Ein Psychoanalytiker aus New York äußerte der CNS Nachrichten-Agentur gegenüber, dass «die altmodische Vorstellung, eine Ehe um jeden Preis aufrecht zu halten, einfach nicht funktioniert. Menschen brauchen Erfüllung. Wir hören immerfort, wie wichtig die Familien sind, dennoch glaube ich, am Ende sind es doch eher die einzelnen Menschen [als die Familien], die die Grundlagen der Gesellschaft bilden.»

Es geht auch noch weiter. Das *Time* Magazin hatte einen größeren Beitrag über «Eheversprechen auf den zweiten Blick». Der Artikel beschrieb die Tendenz vieler Paare, Eheverträge zu schließen. Selbst Personen, die noch über keinen namhaften Besitz verfügen, wollen ihr zukünftiges Vermögen absichern. (Ich dachte immer noch an «in guten und in schlechten Zeiten, in Reichtum oder in Armut...»). Der Artikel brachte die Erfahrungen von Adam und Cindy, deren Ehevertrag das beinhaltete, was als «Sonnenuntergangsklausel» oder brutaler als «Giftpille» zu bezeichnen ist. Es bedeutet, dass für den Fall einer frühen Scheidung die finanziellen Verpflichtungen leicht aufzuheben sind. Die Giftpille löst sich nach einer bestimmten Anzahl von Jahren auf, wenn das Paar davon «überzeugt ist, dass ihre Ehe von Dauer sein wird». Nach einigem Verhandeln, an dem Rechtsanwälte und die Familien beteiligt waren, einigte sich das Paar auf eine Sonnenuntergangsklausel von 18 Jahren. Zu all diesem befragt, erklärte Cindy, dass sie vom Halten ihrer Ehe überzeugt war: «Ich glaube, wenn beide hundertprozentig darauf setzen und sie schätzen, dann können sie gemeinsam ihre Probleme lösen.» Adam, der sich bereits an einer vorherigen Ehe gebrannt hatte, äußerte sich vorsichtiger. Gefragt, wie er die Wahrscheinlichkeit für die Dauer einer Ehe einschätze, antwortete er: «Ehrlich gesagt, ich habe keine Ahnung.»

Im selben Artikel aus dem *Time* Magazin ist die Geschichte von Janna, 30 Jahre alt, Sozialpädagogin und im öffentlichen Gesundheitswesen tätig, und ihrem Partner Sebastian, die schon neun Jahre zusammen gelebt hatten. Sie äußerte *Time* gegenüber: «Ich strebe nichts Dauerhaftes an. Das wäre das Ende. Mich interessiert vielmehr der Prozess. Werden wir uns jeden Tag glücklich machen?» Doch sie holt weiter aus, um die letztere Behauptung näher zu erläutern, indem sie lacht und bemerkt: «Natürlich wird man den anderen nicht jeden Tag glücklich machen können.» Sebastian sieht die Situation gleichermaßen: «Wir denken: Wie behandele ich diesen Menschen jetzt mit der nötigen Achtung? Und nicht: Wie werde ich jetzt mit diesem Problem fertig, damit wir es schaffen, dies für immer zu erhalten?»

Janna und Sebastian sagen, sie haben nicht vor, jemals zu heiraten, denn sie haben schon so viele negative Ehen gesehen. Wenn sie Kinder bekommen, würden sie zivilrechtliche Schritte unternehmen, um sie abzusichern. Als sie gefragt wurden, welche Phase nach den Jahren der kurzfristigen Bindung folgen würde, meint Sebastian: «Die überschaubare Zukunft.» Paare wie Janna und Sebastian nehmen die Partnerschaft ernst und wollen eine unglückliche Ehe vermeiden, doch fürchte ich, dass sie auf eine nur kurze Zukunft als Paar zusteuern. Aus guten Gründen, die ich noch darlegen werde, wünschen sich die meisten von uns mehr als eine Bindung für «die überschaubare Zukunft». Und mit Sicherheit erhoffen sich unsere Kinder mehr von unserer Verbindung. Verstehen Sie mich richtig, ich möchte nicht dieses Paar oder irgendein anderes Paar dazu veranlassen zu heiraten, wenn sie nicht zur Ehe bereit sind oder sich nicht dafür interessieren. Das Gefühl, in eine Ehe gezwungen zu werden, könnte sich fatal auf diese Paare auswirken. Ich rate auch nicht jedem zusammenlebendem Paar zur Eheschließung, wenn es sich bereits auf Dauer gebunden fühlt und dies öffentlich bekannt gegeben hat. Amerikaner reagieren im Allgemeinen nicht positiv darauf, wenn ihnen Ratschläge für ihr Privatleben gegeben werden, und diese Paare sind eigentlich verheiratet, nur ohne dies amtlich gemacht zu haben. Es beunruhigt mich vielmehr der Kulturpessimismus unserer Zeit, aus dem heraus die Möglichkeit einer dauerhaften ehelichen Bindung in Frage gestellt wird, und wie dieser Pessimismus, angeheizt durch Verbrauchermentalität, hohe Scheidungsziffern sowie die Haltung der Fachleute, die Erwartung auf eine dauerhafte eheliche Bindung untergräbt. Ich mache mir Sorgen um meine Kinder und ihre Generation.

Da sich alles in diesem Buch auf den Wert der lebenslangen Bindung gründet, werde ich jetzt meinen Standpunkt klar darlegen. Für den Anfang lässt es sich gar nicht in Frage stellen, dass sich die meisten von uns immer noch eine lebenslange eheliche Bindung wünschen. Wenn Sie verheiratet sind, haben Sie bereits versprochen, dass Sie verheiratet bleiben wollen, so lange Sie beide leben und es war Ihnen damit auch ernst. Wenn Sie irgendwann einmal zu heiraten hoffen, planen Sie wahrscheinlich, ein ähnliches Gelöbnis abzulegen, wenn sich nicht bis dahin die neuere Version – so lang wir uns beide lieben – eingebürgert haben sollte. Meinungsbefragungen junger Menschen ergeben zweierlei: Die meisten wünschen sich immer noch eine für immer bestehende Eheverbindung, doch sie sind skeptisch, ob dies in der Welt von heute überhaupt möglich ist. Die Sehnsucht besteht noch, aber die Zweifel sind größer als in jeder früheren, darüber befragten Generation.

Woher stammt dieser Pessimismus lange haltenden Bindungen gegenüber? Teilweise beruht er auf der zeitbedingten hohen Scheidungsrate. Die jüngere Generation hat die Ehe- und Scheidungsexperimente ihrer Eltern durchlebt. Zum Teil liegt es auch an der zunehmenden Skepsis der Therapeuten und anderer Fachleute, die sich täglich mit der Realität und nicht notwendigerweise mit dem Ideal auseinander setzen müssen. Ehen kommen und gehen, sagen viele meiner Kollegen, akzeptieren wir also diese Tatsache und machen wir das Beste daraus, bevor wir uns nach alten Zeiten mit stabilen Ehen zurücksehnen, die ihre eigenen Schattenseiten aufwiesen. Wie ein bekannter Familientherapeut seine Ziele für die Paare zu charakterisieren pflegt: «Die gute Ehe, die gute Scheidung – darauf kommt es gar nicht an.»

Familiensoziologen sind der Ansicht, dass die Scheidungsrate in all den Ländern wächst, in denen Frauen Zugang zur Berufsbildung haben und damit wirtschaftliche Unabhängigkeit erreichen. Akzeptieren wir also das Unausweichliche, sagen sie, dass viele Menschen eine Scheidung wählen, wenn sie in ihrer Ehe nicht glücklich sind und viele andere eine Ehe umgehen, indem sie ohne Trauschein zusammenleben.

Das Wichtige sind gesunde, positive «Beziehungen», seien sie nun Ehen, die auf das ganze Leben ausgerichtet sind oder nicht.

Dieser skeptische Blick auf dauerhafte eheliche Verbindungen hat viel für sich, denn er scheint den realen Gegebenheiten unserer Zeit Rechnung zu tragen. Und er stellt die unterschiedlichen Wahlmöglichkeiten bei der Gestaltung von Paarbeziehungen heraus. Am Ende verrät er aber doch unsere tiefsten Sehnsüchte nach sicheren intimen Bindungen. Er liefert uns der «Zuerst ich»-Verbrauchermentalität aus, in der das Sich-alle-Möglichkeiten-offen-Halten als der Schlüssel zum Erfolg im Leben angesehen wird. Loyalität und eine Verpflichtungen treten überall in den Hintergrund, bei Sportlern ihren Vereinen und Vereinen ihren Städten gegenüber, von Gesellschaften zu ihren Angestellten und Angestellten zu ihren Gesellschaften. Wie sollten wir erwarten, dass in der Ehe von diesem Verhaltensmuster abgewichen wird?

Denn die Vorstellung, sich auf Dauer festzulegen, ist tatsächlich allem gegenläufig, was wir über eine marktorientierte Welt wissen. Der Erfolg in der heutigen Turbomarktwirtschaft setzt Einstellungen voraus, die genau das Gegenteil langfristiger Bindungen bedeuten. An ihrer Stelle ist die Rücksichtslosigkeit gefragt, die man braucht um das abzustoßen, was nicht mehr den aktuellen Bedürfnissen und Wünschen entspricht. Das

Alte muss weichen, sobald es keinen Nutzen mehr hat. Die Fabriken, die Rechenschieber produzierten, mussten schließen, sobald sich die Rechenmaschinen durchgesetzt hatten. Kommunale Banken müssen sich von überregionalen Instituten schlucken lassen, oder sie kümmern vor sich hin und gehen ein. überrascht es also, wenn die Nation, die in der Welt führend ist, beim Entwickeln der neuen Wirtschaft, auch bei den Scheidungen, an erster Stelle steht?

Doch die Ironie liegt darin, dass viele Experten und manche hochgebildeten Paare gerade dann die Ehe auf Dauer abschreiben, wenn die wissenschaftliche Forschung klar ergibt, dass diese Art von Beziehung uns guttut. Zwar gibt es natürlich auch schädliche Ehen, doch die Beweislage heute ist eindeutig so, dass Verheiratete körperlich und seelisch gesünder sind, länger und in wirtschaftlich besseren Verhältnissen leben, weniger schädliche Gewohnheiten haben, wie Rauchen und übermäßiges Trinken, und insgesamt ein glücklicheres Leben führen. Die Demographen Linda Waite und ihre Kollegin Maggie Gallagher fassen in ihrem Buch *The Case for Marriage* diese Forschungsergebnisse zusammen, einschließlich neuerer Studien, bei denen umfangreiche Personengruppen vor und nach ihrer Heirat untersucht worden sind. Die Untersuchungen zeigen deutlich, dass die Ehe wichtige Vorteile mit sich bringt, Vorteile, die mit den Jahren wachsen, wobei es sich nicht nur so verhält, dass es in erster Linie die gesünderen Menschen sind, die heiraten. Sowohl Männer als auch Frauen profitieren in der Ehe, entgegen der landläufigen Fehlvorstellung, dass die Ehe für Männer, nicht aber für Frauen von Vorteil ist.

Und dies ist nur die positive Bilanz für die Erwachsenen. Die Forschung hat aber auch überzeugend nachgewiesen, was die meisten Menschen ohnehin schon immer gewusst haben: Eine zuverlässige, liebevolle Familie mit beiden Eltern ist die beste Voraussetzung für die Gesundheit der Kinder und ihr Aufwachsen in unserer Gesellschaft. Es wird nur noch darüber diskutiert, ob es für die Kinder besser ist, wenn eine gescheiterte Ehe durch eine Scheidung beendet wird oder die Eltern zusammenbleiben. Die letzten Untersuchungen zu diesem Thema, an denen eine große Anzahl von Familien teilnahm und die sich über viele Jahre erstreckte, ergaben, dass es für die Kinder günstiger ist, wenn die unglücklich verheirateten Eltern zusammenbleiben, solange sie ihre Konflikte nicht intensiv austragen.

In der zu einem Buch angewachsenen Studie von Paul Amato und Alan Booth *A Generation at Risk* waren 70 % der gescheiterten Ehen Beziehungen mit wenig Konflikten; in diesen Fällen wäre es den Kindern im Allgemeinen viel besser gegangen, wenn die unzufriedenen, aber relativ konfliktarmen Eltern zusammengeblieben wären. In den 30 % der Ehen mit hohem Konfliktniveau erwies es sich für die Kinder nach der Scheidung als günstiger. Andere Studien tendieren zu demselben Schluss – für Kinder ist es vorteilhafter, in einer sicheren ehelichen Gemeinschaft heranzuwachsen, selbst wenn die Eltern miteinander nicht ausgesprochen glücklich sind, solange sie nur vernünftig miteinander zurechtkommen.

Obwohl der statistische Durchschnitt nicht jeder einzelnen Erfahrung Rechnung trägt – und von niemandem kann man ein Zusammenleben in einer Beziehung erwarten, in der einer der Partner missbraucht wird oder ein verantwortungsloser Partner/eine verantwortungslose Partnerin nicht bereit ist, sich zu ändern – sind die Forschungsergebnisse eindeutig überzeugend, was die Vorteile einer aufrecht erhaltenen ehelichen Bindung angeht. Und genau diese Vorteile lassen sich nicht für einfach nur zusammenlebende Paare nachweisen, es sei denn, sie seien Verlobte, die eine Heirat planen. Die Skeptiker können darin Recht haben, dass nämlich diese dauerhafte eheliche Bindung schwierig ist; sie haben allerdings Unrecht, wenn sie behaupten, dass es den meisten Menschen in andersartigen Beziehungen ebenso gut geht. Die Ehe hat eine große Bedeutung.

Aber ganz abgesehen von den Forschungsergebnissen könnte die feste und dauerhafte Bindung einer Ehe in unserer heutigen zersplitterten Welt noch wichtiger sein als je zuvor.

Obwohl die Eheleute, besonders die Frauen, zum ersten Mal auch außerhalb einer Ehe zurechtkommen können, wohnen die meisten von uns nicht das ganze Leben lang in einer Gemeinschaft, in der wir auf Freunde und Nachbarn zählen können, die jahrzehntelang dort bleiben. Viele unserer erwachsenen Kinder leben verstreut auf einem Kontinent oder in der ganzen Welt. Dasselbe trifft auch für unsere Geschwister zu. Einer der ersten Vorteile des Verheiratetseins war für mich die Freiheit, auf lange Sicht eine Zukunft mit meiner Frau planen zu können. Der Ehehorizont erstreckt sich so weit wir sehen können auf eine Weise, wie es bei keiner anderen Beziehung möglich ist. Und dies gesteht uns einen Grad emotionaler Sicherheit zu, in der wir völlig wir selbst sein können, uns offener miteinander auseinander setzen als mit jedem anderen Menschen in unserem Leben, und wir lernen diesen anderen Menschen genauer und intensiver kennen, als das sonst irgendwie möglich sein könnte.

Die Ehe mit ihrer langen Perspektive gibt uns gleichzeitig die Überzeugung, dass uns nichts auseinanderbringen wird, dass wir alle Hindernisse, die sich uns in den Weg stellen, überwinden können, dass wir das vollgelaufene Boot ausschöpfen werden, unsere eigenen Ziele korrigieren, wenn sie in die falsche Richtung gehen, uns die Führung zum Erhalten und Erneuern unserer Ehe teilen wollen, unsere Ehe neu gestalten werden, wenn die bisherige Version schal werden sollte und falls wir zu viele Konflikte austragen oder zu ungeschickt dabei vorgehen, werden wir lernen, besser zu streiten und wir werden lernen, wenn Sex nicht mehr stimmen sollte, Möglichkeiten suchen, ihn wieder als positiv zu erleben, dass wir unsere gegenseitigen, unverbesserlichen Schwächen hinnehmen und im Alter gegenseitig für uns sorgen werden. Diese Art von Versprechen geben wir uns nicht nur einmal, sondern immer wieder im Laufe unseres Ehelebens. Wir halten daran fest in den dunklen Nächten der Seele, die in fast jeder Ehe vorkommen, zu den Zeiten, wenn die Liebe nur schwer zu spüren ist, doch das Versprechen hält uns zusammen. Der Schriftsteller Thornton Wilder hat dies gut formuliert:

> Ich habe Dich nicht geheiratet, weil Du ohne Fehler warst. Ich habe Dich nicht einmal deshalb geheiratet, weil ich Dich liebte. Ich heiratete Dich, weil Du mir ein Versprechen gegeben hast. Dieses Versprechen hat Deine Fehler ausgeglichen. Und das Versprechen, das ich Dir gab, hat meine Fehler behoben. Zwei unvollkommene Menschen haben geheiratet, und es war das Versprechen, das die Ehe gemacht hat. Und als unsere Kinder heranwuchsen, war es nicht ein Zuhause, das sie beschützte; und es war nicht unsere Liebe, die sie schützte – es war das Versprechen.

Ich habe dieses Buch geschrieben, weil ich glaube, dass die wichtigste soziale und persönliche Hausforderung unserer Zeit darin liegt, wie es uns gelingen kann, eine liebevolle, dauerhafte Ehe für uns selbst und für unsere Kinder zu führen. Ich fürchte, kein Sozialprogramm, kein Bildungsplan, kein Arbeits- und Verbrechensbekämpfungsprogramm, kein Kontingent an Psychotherapie und medikamentöser Behandlung wird die Probleme unserer Gesellschaft lösen, wenn es uns nicht gelingt herauszufinden, wie Männer und Frauen dauerhafte Bindungen erhalten können, die gut für sie, ihre Kinder und ihre soziale Umgebung sind. Wir können nicht die Ehen unserer Eltern und Großeltern führen, denn wir leben in einer Zeit, in der eine größere Gleichberechtigung zwischen Männern und Frauen gefordert und von der Ehe eine intensivere emotionale Intimität erwartet wird. Doch unsere Gesellschaft ist nicht weniger angewiesen auf glückliche Familienverbindungen in Liebe und Kooperation.

Ich habe dieses Buch geschrieben, weil ich denke, dass unsere heutige Gesellschaft unsere Chancen auf eine haltbare Ehe untergräbt, auch wenn sie das Verbraucher-Vergnügen einer Hochzeit an sich feiert. In einer Zuerst-komme-ich-Welt ist die Ehe ein Wir-kommen-zuerst-Widerspruch.

Ich habe dieses Buch geschrieben, weil die meisten von uns, selbst wenn sie sich unwandelbar an ihre Partner gebunden fühlen, blind dafür sind, wie leicht wir unsere Ehe durch langsame Abnutzung verlieren, wenn wir nicht immer wieder das Feld neu bestellen. Moderne Ehen benötigen mehr Achtsamkeit als die Ehen früherer Zeiten, denn wir erwarten mehr von unserer Ehe, aber wir sind uns dieser Tatsache noch nicht bewusst geworden. Wir neigen dazu, uns im Lauf der Zeit auf alles andere zu konzentrieren als auf unsere Ehe. Der Eheerfolg von heute erfordert zwei Komponenten, die keine frühere Generation in Einklang bringen musste: ein zuverlässiges Bindungsgefühl und die bewusste Bemühung, die Ehe zu erhalten und wachsen zu lassen. Treue Bindung ohne Bemühung führt zu stabilen, aber langweiligen Ehen. Bemühung ohne die sichere Bindung macht die Ehen zwar lebendig, aber keinesfalls wetterfest.

Ich habe dieses Buch geschrieben, weil ich glaube, dass Freunde und sogar Fachleute, wie etwa Psychotherapeuten, unseren Ehen manchmal mehr schaden als nützen, besonders dann, wenn wir zu ihnen mit unseren Klagen kommen. Ich möchte, dass es den Menschen leichter fällt, Hilfe für ihre Ehen zu finden und gut gemeinten, aber letztlich untergrabenden Ratschlägen anderer aus ihrem Umfeld zu widerstehen. Gerade letzte Woche erzählte mir eine Kollegin, dass sie, wenn sie sich bei ihren Freundinnen über ihren Mann beklagt, öfter sofort die Antwort bekommt, «warum bist Du denn noch mit ihm zusammen?» Sie fühlt sich durchaus an ihre Ehe gebunden und ist durch die wohlmeinenden, aber doch negativen Kommentare verwirrt und niedergeschlagen.

Ich habe dieses Buch geschrieben, weil ich darauf aufmerksam machen wollte, dass wir unsere Ehen viel zu sehr wie persönliche Geheimnisse behandeln; stattdessen möchte ich zeigen, wie wir stützende Gemeinschaften aufbauen können. Ein großer Teil meiner Arbeit als Ehe- und Familientherapeut besteht darin, dass ich den Paaren klarmache, wie weitverbreitet ihre Probleme sind. Denken wir nur daran, wie oft die meisten von uns über die Herausforderungen, Strategien und Freuden der Kindererziehung sprechen, doch wie wenig wir uns über die Herausforderungen, Strategien und Freuden der Ehe mitteilen. Einsame Ehen sind in der Welt von heute gleichzeitig auch Risiko-Ehen.

Es ist nur fair, wenn ich Ihnen erkläre, an wen ich mich mit diesem Buch vornehmlich richte und für wen es ungeeignet ist. Die am meisten angesprochenen Leser sind verheiratete Paare und an der Ehe Interessierte. Auch wenn ich zugebe, dass heute auch andere Paarbindungen möglich sind – vor allem unverheiratet Zusammenlebende und homosexuelle/lesbische Verbindungen – habe ich dieses Buch hauptsächlich für heterosexuelle Ehepaare geschrieben und für Menschen, die in diese Richtung tendieren. Bei allen Fallbeispielen handelt es sich um Verheiratete oder Paare, die eine Heirat planen. Ich hoffe, dass in anderen Beziehungen lebende Leser auch von der Lektüre profitieren können, doch dann müssen sie das Gelesene auf ihre eigene Situation übertragen.

Dieses Buch unterscheidet sich von vielen anderen Büchern über die Ehe, weil nicht ausführlich auf Kommunikationsfertigkeiten, Konfliktlösung und sexuelle Beziehungen eingegangen wird. Ich wollte ein Buch über Fragen schreiben, die noch nicht so sehr in den Vordergrund gestellt worden sind, besonders über Themen wie feste Bindung, Rituale bewusster Eheführung und Kontakt zum sozialen Umfeld. Mein Dank geht an Kitty Moore, meine Herausgeberin, die sich mit mir zusammen dieses Buch erträumt und mich ermutigt hat zu sagen, was ich sagen wollte, die mir kluge Rückmeldungen zum ersten Entwurf gab und meilenweite Umwege machte um sicher zu gehen, dass ich auch dabeiblieb das zu sagen, was ich vorhatte. Dank auch an Jennifer Welsh und Barbara Carlson für ihre großzügigen und hilfreichen Kommentare, und dies auch noch nach sehr kurzfristiger Ankündigung. Ich bin auch den Hunderten von Paaren dankbar, die mir ihre Geschichte, ihre Strategien und Schmerzen anvertraut haben in den 25 Jahren meiner Arbeit als Ehe- und Familientherapeut. Obwohl die Berichte in diesem Buch wiedergeben, was sie mich gelehrt haben, habe ich doch ihre Identitäten unkenntlich gemacht und manchmal die Erfahrungen verschiedener Paare kombiniert.

Auch wenn ich ein Mann vieler Worte bin, weiß ich nicht, ob ich genügend ausdrücken kann, was alles ich meiner Frau, Leah, verdanke. Kein Kurs, berufliches Training, Workshop, Buch und keine Berufserfahrung – und nichts davon in Kombination – hat mir so viel über die Ehe beigebracht wie Leah. Sie ist auf jeder Seite präsent.

Beim Schreiben dieses Buchs habe ich mir vorgestellt, wie ich mit Ihnen, meinen Lesern, in Beziehung trete. Es fiel mir auch auf, dass ich Ihnen in der zweiten Hälfte dieses Buchs, nachdem wir schon mehr «Zeit» miteinander verbracht hatten, eher persönliche Geschichten preisgegeben habe. Ich würde mich sehr freuen, von Ihnen zu hören, wenn auch Sie Ihre Geschichte mitteilen und darüber berichten wollen, was die Lektüre dieses Buchs für Sie bedeutet hat, oder wenn Sie mir erzählen, was Sie für Ihre eigene Ehe tun oder für die Ehen in Ihrer Gemeinschaft. Sie können mir eine E-Mail schicken an bdoherty@che.umn.edu.

Kapitel 1

Die erneuerte Ehe

Nicht weit entfernt von meinem Büro in St. Paul, Minnesota, liegt der nördlichste Punkt des Mississippi, von dem aus die großen Schiffe den Fluss befahren können. Haben Sie jemals am Ufer eines Flusses wie dem Mississippi gestanden? An den meisten Stellen ist die Strömung ruhig, doch gewaltig in ihrer Kraft. Alles auf dem Wasser treibt stetig nach Süden – oder manchmal eine Zeit lang nach Osten oder Westen – schließlich aber doch nach Süden, nach New Orleans; alles, was nicht durch Wind, Treibstoff oder menschliche Muskelkraft bewegt wird.

Seit ich nach Minnesota gezogen bin, hatte ich immer die Vorstellung, dass Heiraten so etwas ist, wie ein Kanu bei St. Paul in den Mississippi zu Wasser zu lassen. Wenn man nicht paddelt, wird man nach Süden getrieben. Wie sehr Sie sich auch lieben mögen, mit wie viel Hoffnung, Versprechen und guten Vorsätzen, wenn Sie auf dem Mississippi sind ohne kräftig zu paddeln – gelegentliches Paddeln reicht nicht aus – landen Sie schließlich in New Orleans. Was ein Problem sein kann, wenn Sie im Norden bleiben wollten.

Zuerst sind Sie so überwältigt von der Freude über Ihre Hochzeit, so eingebettet in den guten Willen der Familie und Ihrer Freunde, dass Sie kaum bemerken, wie Sie an Wabasha, Minnesota, vorbeitreiben bei Ihrer langsamen Fahrt nach Süden. Schließlich sind Sie immer noch in Minnesota. Als nächstes kommt dann Dubugue, Iowa, doch Sie sind immer noch im oberen Mittelwesten. Wenn Sie dann aber auf St. Louis stoßen, merken Sie, dass Ihre Ehe nicht ganz das ist, was Sie sich erhofft hatten, aber sie ist immer noch gut und befriedigt Sie – nur nicht ganz so himmelhoch und außerordentlich, wie Sie es sich vorgestellt hatten, wenn man den großartigen Aufbruch oben im Norden bedenkt. Wenn Sie es in St. Louis noch schaffen, wäre das schon gut. Aber Ihre Muskeln sind nicht mehr in Form nach dem vielen Herumsitzen und zu wenigen Paddeln (Freizeitpaddeln genügt nicht, wenn man sich lange auf einer Stelle des Mississippi halten will; man muss sich dabei schon anstrengen).

Mit zwei Personen im Kanu kann es sein, dass einer von beiden sich schon lange vor St. Louis Gedanken über das Treibenlassen der Ehe machte. Vielleicht lässt der eine oder die andere eine Bemerkung fallen über ein Spärlicher-Werden der Gespräche und wie wenig Sie «wirklich» noch Zeit zusammen verbringen, wenn erst das erste Kind in Ihr Leben getreten ist. Oder einer von Ihnen könnte sich darüber beklagen, dass Sie seltener miteinander schlafen und wenn, dann weniger leidenschaftlich. Für manche Paare sind diese Beschwerden eine Aufforderung, kräftiger mit dem Paddeln zu beginnen. Bei anderen Paaren führen sie zu unangenehmen Streitigkeiten, die sie nur noch weiter voneinander entfernen. Aber selbst wenn wir unsere Versuche bewusst intensivieren, sind die zusätzlichen Bemühungen um unsere Ehe meistens nur kurzlebig – wenn es gut geht, werden sie nur Tage und Wochen fortgeführt – und dann lassen wir uns wieder langsam südwärts treiben.

Das Problem liegt nicht in mangelnder Liebe oder fehlenden guten Vorsätzen. Das Problem ist vielmehr unser geringes Verständnis für die Strömungen des Flusses; wir kennen nicht die Technik, um dagegen anzugehen, und wir haben keine Strategie, um wieder zurück in den Norden zu kommen. Mit anderen Worten, wir haben keine Ahnung, wogegen wir uns in einer modernen Ehe zur Wehr setzen müssen; deshalb fehlt uns auch ein Generalplan, mit dem wir unsere Ehe zurückzugewinnen können, wenn wir anfangen sie zu verlieren. Das Ergebnis ist, dass bestimmte Teile unserer Ehe mit der Flussströmung weggeschwemmt werden. Wenn etwas davon auf Sie und Ihre Ehe zutrifft, dann sind Sie völlig normal. Tatsache ist, die Norm heutzutage bedeutet, dass Sie Ihre Ehe zurückgewinnen und immer wieder nach Norden aufbrechen müssen.

Warum unsere Ehen abdriften

Die natürliche Tendenz des Ehelebens heute, in unserer geschäftigen, zerstreuten, individualistischen, medienüberfluteten, konsum- und arbeitsorientierten Welt, führt zu weniger Glanz, geringerer Verbundenheit, verminderter Intimität und schwindender Aufmerksamkeit für die Paarbeziehung. Fügen Sie dann noch die Anforderungen kindgerechter elterlicher Erziehung hinzu, und es ergibt sich ein recht treffendes Bild, weshalb es im Lauf der Zeit mit unseren Ehen abwärts geht.

Gibt es Beweise für diese Behauptungen, abgesehen von meiner eigenen Überzeugung? Glücklicherweise ist die Ehe schon lange ein gut erforschtes Thema der Sozialwissenschaft. Wir wissen, dass Paare im Verlauf der Jahre von stetig nachlassender Zufriedenheit mit ihrer ehelichen Situation berichten und dass dieser Schwund besonders deutlich nach der Geburt ihres ersten Kindes erlebt wird. Wir waren immer der Meinung, dass sich die Paare «wieder erholten», sobald das jüngste Kind von zu Hause ausgezogen war, doch neuere Untersuchungen haben gezeigt, dass sich der Abstieg fortsetzt. Zwischen einem Jahr und dem nächsten ist die durchschnittliche Einbuße an Zufriedenheit nicht beträchtlich und kann kaum merkbar sein, doch wie die Strömung des Mississippi ist sie stetig und unaufhaltsam.

Das Boot des durchschnittlichen Paares driftet im Verlauf der Ehe nach Süden; was geschieht mit denen, deren Boote an den Felsen zerschellen, den Scheidungsopfern der modernen Ehe? Eine von vier kürzlich geschlossenen Ehen wird aller Voraussicht nach geschieden werden und für künftig heiratende Paare ist eine Scheidungsrate von 40 bis 50 % zu erwarten, die höchste für jede Gesellschaft in der menschlichen Geschichte. Die Rate bei Zweitehen liegt noch höher. Mit einer solchen Anzahl von Paaren, die sich scheiden lassen und einem großen Teil der restlichen Paare, die sich mit den Jahren unzufrieden fühlen, haben wir ganz eindeutig ein Problem.

Etwas später wollen wir im Einzelnen die Kräfte analysieren, die auch gute Ehen nach Süden treiben lassen. An dieser Stelle möchte ich nur auf ein paar alltägliche Gründe dafür aufmerksam machen und eine wichtigere, gesellschaftlich bedingte Ursache anschließen.

- Wir sind zu beschäftigt für unsere Ehen. Neben der Arbeit, der Kindererziehung und der Bewältigung des Alltags haben viele von uns das Gefühl, nicht genug Zeit zu haben, um unserer Ehebeziehung eine hohe Priorität in unserem täglichen Leben einzuräumen.

- Wir gewöhnen uns zu sehr an unseren Partner/unsere Partnerin. In der Ehe macht sich allzu leicht eine Vertrautheit breit, die zwar nicht direkt Missachtung ist, aber doch eine gewisse Selbstverständlichkeit, mit der man den anderen hinnimmt. Alle Beziehungen verlieren mit der Zeit bis zu einem gewissen Grad ihre Neuheit und Frische, wenn wir uns nicht darum bemühen, diese Eigenschaften wieder aufleben zu lassen. Die Psychologen nennen dies «Habituation», eine durchaus übliche Bedrohung für Intimbeziehungen.

- Das Fernsehen und andere Medien stehen zwischen uns. Der Fernseher absorbiert nicht nur bei Tag und am Abend viel von unserer Aufmerksamkeit; manche Ehepaare haben sogar in ihrem Schlafzimmer einen Fernseher und entziehen sich damit gegenseitig Augen und Ohren während der einzigen Zeit des Tages, in der sie ein Privatleben führen könnten.

- Wir hören auf, uns zu verabreden und zu zweit miteinander auszugehen, besonders sobald wir Kinder haben. Die Gelegenheiten, bei denen wir unter vier Augen waren, brachten uns zusammen, aber viele von uns hören auf, sie richtig einzuplanen, wenn wir erst Eltern sind.

- Wir wissen nicht, welche Strategien andere Paare einsetzen, um ihre Ehe lebendig zu erhalten. In einer Kultur, in der über die Ehe nicht gesprochen wird, teilen wir uns anderen Paaren über unsere Schwierigkeiten und Erfolge nicht mit. Wir lassen uns ziemlich viel allein treiben oder wenn wir doch darüber sprechen, neigen wir dazu, uns zu beklagen, was dann auch die anderen wieder tun.

- Die Unterschiede, die es dabei gibt, wie sich die beiden Partner für ihre Ehe engagieren, werden dadurch aufgehoben, dass überhaupt weniger daran gearbeitet wird. Unsere geschlechtsspezifische Sozialisierung als Mann oder Frau bereitet uns auf unterschiedliche Weise darauf vor, eine Ehe zu führen. Auch wenn ich damit das Risiko einer unzulässigen Verallgemeinerung heraufbeschwöre, neigen Männer dazu, weniger Aufwand und Mühe um enge Beziehungen für nötig zu halten als Frauen. (Beachten Sie, wie sich Männer- und Frauenfreundschaften in dieser Hinsicht unterscheiden.) Ich glaube, die meisten Frauen pendeln sich auf den Standard ihrer Männer ein, nachdem sie eine Zeit lang einseitig versucht haben, ihre Ehe zu einer «arbeitsintensiven» Beziehung zu machen. Doch ich möchte diesen Geschlechtsunterschied nicht überbetonen, denn oft vergessen beide Partner gleichermaßen, ihre Beziehung auf der langen Tour lebendig zu halten. Und für ein solches Maß an Bemühung ist die Strömung einfach zu stark.

Die Ehe und die Verbrauchergesellschaft

Wenden wir uns nun den wichtigeren gesellschaftlichen Einflüssen zu, die die Ehe, Ihre und meine, bedrohen. Zusätzlich zur Herausforderung durch das ständige Auseinanderdriften ist der Hauptfeind der Ehe meiner Meinung nach die Konsumeinstellung und die marktgerechten Wertvorstellungen, die sich unbemerkt bei der Familie eingeschlichen haben. In meinem früheren Buch *Take Back Your Kids: Confident Parenting in Turbulent Times* vertrat ich den Standpunkt, dass Kinder heute zunehmend zu Verbrauchern der elterlichen Dienstleistungen erzogen werden, durch Eltern, die sich selbst als elterliche Versorger auffassen, die den Kindern das ihnen Zustehende zukommen lassen. Vorbei ist es mit der Vorstellung, dass Kinder als Angehörige von Familien und Gemeinschaften auch selbst Verantwortung tragen. Wohlmeinende Eltern bieten den Kindern ängstlich jeden möglichen Vorteil, damit sie nicht im allgemeinen Wettbewerb um den zukünftigen Erfolg im Erwachsenenalter zurückfallen. Die Elternschaft wird zur Produktentwicklung.

Die Konsumentenmentalität hat die Ehe parallel zu diesen Vorstellungen von der Elternrolle befallen und sitzt mit uns im Boot bei unserer Fahrt nach Süden. Die Verbraucherhaltung bezüglich der Ehe umgibt uns und wirkt auf uns alle ein, wie die globale Erwärmung und die Luftverschmutzung. Wir können sie am leichtesten feststellen, wenn wir uns von etwas an unserem Partner oder unserer Ehe gestört fühlen und merken, wie wir denken oder sagen, so etwas wie: «Was bringt mir denn eigentlich diese Ehe?» oder «Ich habe es besser verdient!» Nicht, dass diese Gedanken völlig unangemessen wären; wenn Ihr Partner/Ihre Partnerin eine Affäre hat oder Sie schlägt, dann ist es durchaus angebracht, wenn Sie Ihre eigenen Interessen wahren. Wenn aber Ihr Partner/Ihre Partnerin nicht der Liebhaber/die Geliebte ist, die Sie sich erträumt hatten oder mehr an Ihnen kritisiert, als Ihnen lieb ist, oder für Ihre Begriffe nicht ausreichend seine Emotionen zeigt, dann redet Ihnen das Konsumdenken ein, dass Sie nicht den bestmöglichen Schnitt gemacht haben, als Sie diesen Menschen heirateten. Dann beginnen Sie, eine Kosten-Nutzen-Analyse: Was bringt mir diese Beziehung im Verhältnis zu dem, was ich investiere?

Ich kannte ein Paar, das jedes Mal aufschrieb, wenn der andere verreist war und damit eine zusätzliche Zeit alleiniger Kinderbetreuung schuldig blieb. Obwohl sie behaupteten, gerecht miteinander umgehen zu wollen, glaube ich eher, dass sie andauernd darum feilschten, was jeder in die Ehe einbrachte und wieder herausholte. Später verließ der Mann die Frau wegen einer anderen.

Es überrascht nicht, dass die Jagd nach einem guten Geschäft bei einer Ehe die Wahrscheinlichkeit für ihr Glück vermindert. Der Forscher Paul Amato wies nach, dass die Konzentration auf ein «Was habe ich davon?» zu geringerer Zufriedenheit mit dem Eheleben führt, als eine Einstellung, die sich vornehmlich auf die Hingabe an diese Beziehung richtet. Meiner Beobachtung nach wird ein Mann, der sich immer sagt, dass er besseren Sex verdient hat, als er ihn in seiner Ehe bekommt (eine Verbraucherhaltung), auch weiterhin mit seiner Frau eine unbefriedigte Beziehung haben. Sie wird weder emotional noch erotisch auf sein Gefühl, dazu berechtigt zu sein, ansprechen. Eheleute sollten Liebende sein und nicht Dienstleistungen auf sexuellem Gebiet oder in anderen Bereichen der Ehe erbringen müssen.

Ich kann mich an den Film *Verliebte und andere Fremde* erinnern, in dem Beatrice Arthur die Rolle einer Mutter mit einem erwachsenen Sohn spielt; er kündigt an, dass er sich scheiden lassen wolle, weil er in seiner Ehe nicht glücklich sei, worauf sie diese großartige Replik bringt: «Suche nicht das Glück, Richie, das wird Dich nur unglücklich machen.»

Vielleicht glauben Sie, ich übertreibe, wenn ich behaupte, die Verbrauchermentalität der Marktwirtschaft habe unsere Ehevorstellungen übernommen. Werbefachleute erkennen einen gesellschaftlichen Trend, wenn sie ihn sehen, und setzen ihn augenblicklich um, damit sie die Verbraucher erreichen. Eine neuere Anzeige in einer Zeitschrift bildete einen neuen Honda Civic unter der Überschrift ab, *das Traurige ist nur, dass dies wahrscheinlich die GESÜNDESTE BEZIEHUNG in Ihrem Erwachsenenleben sein wird.* Honda führt weiter aus: *Sie haben es allein versucht, Sie haben Blinddates gehabt, sogar eines aus diesen Internet-chat-rooms. Warum? Der Civic Sedan ist klug, macht Spaß, ist zuverlässig und gut aussehend. Und nebenbei gesagt, auch noch bereit, sich schon heute auf Sie einzulassen.* Dann, damit sich nicht plötzlich der Leser als bindungsscheu erweist, endet die Anzeige mit dem Blinken eines Scheinwerfers. *Wollen Sie es gut haben?*

Anscheinend müssen wir die «guten Erwachsenenbeziehungen» mit Autos haben, denn, wie eine Anzeige für Levi's Jeans erkannt hat, ist mit der Ehe nicht mehr zu rechnen. In einem üppigen sechsseitigen Faltblatt sehen wir glücklich verliebte Paare und in den Sprechblasen wird angezeigt, wie lange sie zusammen waren, bevor sie sich dann wieder trennten. Die letzte Seite zeigt zwei Mädchen, die zusammenwohnen, und die eine tröstet die andere, weil sie gerade eine Trennung hinter sich hat. An der Küchenwand hinter den beiden hängt ein Kunstposter mit dem spanischen Text *Mis padres se divorcian*: «Meine Eltern sind geschieden.» Die Sprechblase darunter bringt die eigentliche Botschaft der Annonce: «Wenigstens einiges bleibt für immer – Levi's: Sie machen weiter.»

Der Sinn ist, dass wir nur auf das zählen können, was wir kaufen, nicht darauf, was wir mit anderen teilen oder auf die Menschen, an die wir uns binden. Und die einzige Rolle von

Dauer ist die des Verbrauchers. Gesellschaften, die mit uns Geschäfte machen wollen, unternehmen alles Erforderliche, um unseren Bedürfnissen zu entsprechen, ganz anders als unsere Ehepartner, die manchmal ihre eigenen Wünsche oder die eines Kindes vor den unseren in den Vordergrund rücken. Levi's wird für uns da sein, auch wenn sich unsere Eltern scheiden lassen und uns unsere Geliebten verlassen. Wie tröstlich.

Im Zentrum der heutigen Konsumgesellschaft steht die Vorstellung, dass unsere Einkäufe und unsere Beziehungen therapeutisch sein und unserer Psyche guttun sollten. Die Ehe ist (oder war üblicherweise) in unserer Gesellschaft die am höchsten bewertete Lebensform, um persönlich zu wachsen und Erfüllung zu finden. Aber Beständigkeit und Opferbereitschaft passen nicht in das Bild des therapeutischen Verbrauchs. Verursacht die Beziehung in einer Ehe seelische Schmerzen oder schränkt sie unsere freie Entfaltung ein, finden sich in unserer Umgebung viele Therapeuten, die sich als Hebammen für eine Scheidung erweisen. Und bei den meisten aus der geburtenstarken Generation und ihren Abkömmlingen sitzt ein Therapeut im Kopf – nämlich die psychologische Stimme der Verbrauchergesellschaft, die uns dazu ermutigt, uns nicht so viel Mühe zu geben oder eine Ehe zu beenden, die unseren aktuellen emotionalen Bedürfnissen nicht entspricht. In der Verbraucherehe hat der Kunde Sie oder ich als Individualperson auf der Suche nach der uns zustehenden Befriedigung – immer Recht.

Die bewusste Ehe

Ich möchte Ihnen nun die Geschichte von Ken und Judy erzählen, einem Paar, das ich während einer Therapie traf, als ich noch in Oklahoma lebte. Sie waren ein schönes Paar – groß, gut aussehend und freundlich. Sie hatten sich beim Country-Western-Tanz kennen gelernt, und sie sagten mit einem Anflug von Schüchternheit, sie seien wirklich gute Tänzer. So gut, dass sich manchmal die anderen Leute auf der Tanzfläche im Kreis um sie gestellt und ihnen beim Tanzen zugesehen hätten. Ken und Judy waren seit drei Jahren verheiratet. Als ich sie fragte, wann sie zum letzten Mal miteinander getanzt hätten, antworteten sie bedauernd: «Vor drei Jahren.» Das Ritual, das sie zusammengebracht hatte – das dazu beigetragen hatte, sie als Paar zu definieren – war etwas, was sie aufgegeben hatten. Tanzflächen sind wohl etwas für Alleinstehende oder für Paare, die sich gerade verlieben, nicht für Verheiratete, die ihre Liebe erhalten wollen.

Rituale, die Verbundenheit und Intimität ausdrücken – Werbungsrituale, wie etwa romantische Abendessen, lange Gespräche, Fahrradfahren oder Skilaufen, Spaziergänge, der Austausch von Geschenken oder allabendliche Telefonate – bewirken, dass wir uns verlieben. Wir sind bei diesen Ritualen meist zu zweit allein; wenn sich Menschen verlieben, wissen ihre Familie und ihre Freunden, dass sie ihnen Freiraum zu gewähren haben. Und wir sind glücklich, wenn wir unsere Zeit diesen Ritualen widmen und spüren, wie eng wir dabei verbunden sind. Wir entwickeln eine gemeinsame Sprache und legen einen Fundus gemeinsamer Erfahrungen an. Wir gehen in unsere Lieblingsrestaurants zum Essen und versuchen an unseren Lieblingstischen zu sitzen. Wir gehen in unsere Lieblingslokale zum Tanzen. Und wir tanzen nicht mit jedem im Saal; wir tanzen meistens nur mit dem Menschen, in den wir uns gerade verlieben. Und dann heiraten wir.

Warum geben wir das auf, was uns in einer früheren Phase unserer Beziehung so glücklich machte? Sich zu verlieben ist überhaupt die größte Verbraucherphantasie, in gleicher Linie mit einem echt wunderbaren Geländewagen oder einer klasse Stadtvilla. Die neue Beziehung reifen zu lassen und persönliche Belohnungen zu ernten geht Hand in Hand. Solange alles gut läuft, gebe ich dir und du gibst mir, und dann sind wir zusammen ein wundervolles Paar. Und was noch mehr ist, unsere Leidenschaft wird durch den Zweifel geschürt, ob die Beziehung auch halten wird. Romantik, Ungewohntes und Verlustangst – der Stoff für Opern und Liebesaffären.

Einer Liebesbeziehung, wenn wie bei Ken und Judy die Gefühle stimmen, kann leicht Vorrang im Leben eingeräumt werden. Aber man braucht Achtsamkeit und Selbstdisziplin, will man der Beziehung auch dann noch die nötige Wichtigkeit zugestehen, sobald man sich erst einmal auf Dauer gebunden und das Familienleben begonnen hat. In der Zeit des Kennenlernens und in den ersten Monaten des Zusammenlebens figuriert die Beziehung in unserem Leben – im Vordergrund und zentral, wenn sich das so ausdrücken lässt – und das übrige Leben spielt sich im Hintergrund ab. Wenn wir verheiratet sind und besonders, nachdem wir Kinder haben, kehrt sich dies um. Anderes – die Kinder, unsere Arbeit, unsere Hobbys, selbst unser kirchliches Engagement – bauen sich im Zentrum auf, und die Ehe tritt in den Hintergrund zurück, und wir werden nur dann aufmerksam, wenn etwas nicht stimmt. Die bewusste Eheführung, anders als ein bewusstes, werbendes Kennenlernen ist eine große Leistung, denn es erfordert Disziplin, eine Verbindung zu erhalten, wenn die natürlichen Energien und Leidenschaften abnehmen.

Was ist mit einer bewussten Ehe gemeint? Es geht dabei um eine Ehe, in der die Partner entschieden, überlegt und geplant ihre Verbundenheit und gegenseitige Hingabe über die Jahre aufrechterhalten und weiter aufbauen. Sie fassen sich eher auf als aktive Bürger dieser Ehe und nicht als passive Verbraucher ehelicher Dienstleistungen. Eine bewusste Ehe verlangt uns einiges ab. Ich lege eine besondere Betonung auf diese drei Aspekte: felsenfeste Überzeugung von der Ehe, ein Fundus an ehelichen Ritualen der Verbundenheit und emotionaler Nähe und eine stützende Umgebung. Es gibt auch noch weitere Möglichkeiten, die Ehe bewusst zu führen, wie beispielsweise gute Kommunikationstechniken zu entwickeln und sich auf konstruktive Weise auseinander zu setzen und Konflikte zu lösen. Wenn wir in diesem Bereich nicht bewusst vorgehen, werden wir zu einem Verbraucherehepaar, das zwar das Boot gekauft hat, aber den Fluss das Übrige tun lässt.

Die einzige Möglichkeit, unsere Ehen vor dem Abdriften nach Süden zu retten, ist stetig zu paddeln und einen gemeinsamen Navigationsplan zu verfolgen. Paddeln heißt, die Alltäglichkeiten so zu regeln, dass wir verbunden bleiben, Zeit für uns finden, uns weiterhin verabreden, Geburtstage und besondere Anlässe groß feiern und nach Zeiten, in denen wir uns voneinander entfernt haben, intensiv daran arbeiten, uns wieder verbunden zu fühlen. Ein gemeinsamer Navigationsplan bedeutet, dass wir unverbrüchlich zusammengehören, ohne Entkommensstrategie, beide dafür Verantwortung tragen und darüber wachen, wie es unserer Ehe geht, wann ein Kurswechsel angesagt oder Hilfe von außen nötig ist, z. B. in Form einer Eheberatung oder Ehepaartherapie. Die bewusste Ehe bedeutet, jeden Tag aufmerksam zu sein und langfristig zu planen.

Eine der Ironien des heutigen Familienlebens liegt darin, dass viele Menschen, die zwar bewusst ihre Kinder erziehen, versagen, sobald es um das bewusste Führen einer Ehe geht. Wir entwickeln über die Jahre gute Eltern-Kind-Rituale, doch unsere Eherituale kommen uns abhanden. Viele haben das Talent, Traditionen für die ganze Familie zu schaffen – Festessen, Campingreisen, Ferien – und sind völlig einfallslos bei ihren eigenen Unternehmungen zu zweit. Ehepaare, die sich vor ihrer Verheiratung für lange, romantische Abendessen begeistert haben, reagieren manchmal geradezu nervös, wenn sie allein ausgehen sollen, weil sie nicht sicher sind, ob sie für eine Stunde oder länger auch genügend Gesprächsstoff finden können. Also sichern sie sich ab, indem sie andere zur Gesellschaft dazu einladen. Was die langfristigen Planungen angeht, so gelingt es vielen von uns sehr wohl, uns die Zukunft unserer Kinder vorzustellen, doch wir sind Stümper, wenn wir uns ausmalen sollen, wie wir zu zweit leben könnten, wenn unsere Kinder älter sind. Um ehrlich zu sein, wie viele von uns könnten sich für die Bemühungen um unsere Ehe ebenso gute «Noten» geben wie für die Anstrengung, die wir in unsere Elternrolle einbringen? Wie viele von uns würden zwar eher sterben, als ihre elterlichen Aufgaben wochenlang einzustellen, und doch legen sie ihre Ehe jahrelang auf Eis?

Frank und Sally sind ein gutes Beispiel für Paare, die sich am Anfang hingebungsvoll liebten und dann diese Hingabe auf ihre Kinder übertrugen. Ständig aktiv machten sie damals zu zweit Radtouren und zelteten zusammen; jetzt nehmen sie höchst engagiert Anteil am Sport ihrer Kinder, den Musikstunden und anderen Aktivitäten. Sie tun dabei so viel wie möglich zusammen und es ist nicht so, als strebten sie ständig in unterschiedliche Richtungen. Sie haben Freunde, mit denen sie vieles unternehmen, beispielsweise mit ihren Familien zu zelten. Doch der Funke emotionaler Intimität zündet nicht mehr in ihrer Ehe. Sie gehen nie mehr zusammen aus. Sie gehen zu unterschiedlichen Zeiten schlafen, weil Frank gern länger aufbleibt. Sexuelle Kontakte werden selten. Sie feiern ihren Hochzeitstag, indem sie mit einem anderen Paar ausgehen. Sie lieben sich noch immer und fühlen sich völlig ihrer Ehe und ihrem Familienleben verpflichtet. Und sie sind im Grunde gute Kameraden und positiv zueinander eingestellt. Wenn sie es sich aber leisten darüber nachzudenken, was sie sich anfangs für ihre Ehe erträumt hatten, dann empfinden sie eine gewisse Trauer – eine Trauer, der aber schnell der Gedanke entgegengesetzt wird, dass dies mit der Ehe einfach so ist, wenn man Kinder hat und ein aktives Leben führt.

Ich will nicht behaupten, dass Frank und Sally mit ihrem Leben auf dem falschen Weg sind; man kann auf vielerlei Weise eine Ehe führen und nur wenige von uns erreichen alle Ziele, die sie sich in der Jugend gesteckt haben. Aber ein Paar, das seine Ehe nicht bewusst lebt, läuft Gefahr, einer Konsumentenehe zu verfallen. Eines Tages könnten beide, Frank oder Sally, anfangen sich zu überlegen: «Ist das nun alles, was mir das Leben zu bieten hat? Bin ich in dieser Ehe wirklich glücklich? Könnte mir irgendjemand in meinem Leben näher stehen?» Ich habe zu oft erlebt, dass Menschen ihre Partner mit kritischem Blick sehen, wenn sie anfangen, traurig an die Ehe zu denken, die sie vielleicht hätten führen können. Denn wenn sie nicht glücklich sind, müssten sie schließlich als gute Verbraucher annehmen, es komme daher, dass ihr Partner kein guter ehelicher Dienstleister ist oder aber die ursprüngliche «Anschaffung» ein Fehler war. In diesem Fall kann man nur das Eine tun, nämlich einen neuen Kanupartner finden, um von Neuem auf Fahrt zu gehen, und die beschädigten Leben von Kindern und Erwachsenen auf dem Wasser zu lassen. Aber der Mississippi wird auch bei der nächsten Heirat nicht auf gewünschte Weise mitspielen.

Um den Kräften entgegenzuwirken, die uns trennen – dem natürlichen Auseinanderdriften einer Ehe im Verlauf der Zeit und dem heimtückischen Ziehen der Konsumgesellschaft – ist das Wichtigste, dass ein Paar achtsam das Eheversprechen hütet und über die Jahre hinweg Möglichkeiten findet, sich emotional nahe zu bleiben. Einfacher ausgedrückt: Das bewusste Ehepaar macht sich Gedanken über seine Beziehung, plant für ihrer beider Gemeinschaft und handelt im Interesse ihres Zusammenlebens, vor allem im einfachen Alltagsleben, gelegentlich aber auch beim großartigen, glanzvollen Feiern.

Zwei Arten von Eheversprechen

Das Eheversprechen ist der Ausgangspunkt für eine Ehe. Wir machen damit aber nicht nur den Anfang, sondern wir werfen damit den Motor jeden Tag wieder an. Wir berufen uns besonders dann darauf, wenn die Dinge nicht so gut laufen. Ich möchte jetzt auf zwei Arten von Gelöbnis eingehen – ein bedingtes und ein dauerhaftes.

Janna und Sebastian, ein bereits vorher erwähntes Paar, die ihre Bindung eher als bedingt ansehen, was bei zusammenlebenden Paaren zunehmend beliebter ist – sogar auch bei denen, die heiraten. Sie fühlen sich einander verpflichtet, solange sie sich gegenseitig glücklich machen, solange sie miteinander auskommen, solange sie ihre Lebensziele vereinbaren können, solange keiner den anderen mit einer Affäre hintergeht, solange sie sich nicht allzusehr miteinander streiten, solange ihnen der Sex Spaß macht, solange die Beziehung ihren Bedürfnissen entspricht und ihre persönliche Entwicklung fördert. Ich bezeichne dies als ein «Gelöbnis, solange wie». Die Grundaussage ist, zusammen zu bleiben, nicht solange wir beide leben, sondern solange es sich für mich lohnt.

Jeder wichtige gesellschaftliche Trend und jede Form der Bindung, die viele Paare eingehen, hat für uns eine Botschaft, der wir Rechnung tragen sollten. Eine Bindung «solange wie» lehrt uns etwas. Sie lenkt unseren Blick darauf, dass ein Gelöbnis auf einer Wahl beruht und nicht nur eine gesellschaftliche Forderung ist. Sie zeigt auf, wie wichtig es ist, dass die Partner ihre Bedürfnisse und Rechte in einer Partnerschaft behaupten. Sie betont auch, dass man nicht still sitzen soll, wenn einen der Partner/die Partnerin ausnützt. Es fördert auch die Eigenverantwortung in der Ehe sowohl für Männer als auch für Frauen. Diese Form einer Verpflichtung bewährt sich, solange sich die Partner noch kennen lernen oder zusammenleben um herauszufinden, ob sie sich auf Dauer binden sollen; es fehlt dabei jedoch die Kraft für den langen Weg einer Ehe. Sie kann uns für Monate und Jahre in Gang bringen, aber nicht für Jahrzehnte; für gute Wetterbedingungen, aber nicht für die schlechten.

Die andere Bindung ist nicht bedingt. Ich bezeichne sie als «Komme-was-da-wolle-Verbindung». Dies ist die Ehe auf lange Sicht, in der man nicht jeden Monat das Abrechnungsbuch überprüft um festzustellen, ob man für die eigene Investition genug herausbekommt. Sie haben in einem neuen Land Ihre Papiere unterzeichnet; es ist jetzt Ihr Land und Sie haben keinen Plan dafür fertig vorliegen, um wieder auswandern zu können, falls es mit der Wirtschaft des Landes abwärts geht oder der politische Wind in Richtungen weht, die Sie nicht gutheißen. Sie sind für immer hier.

Die «Komme-was-da-wolle-Verbindung» kombiniert Elemente eines traditionellen, religiösen und moralischen Gelübdes mit moderneren Elementen, mit denen anerkannt wird, dass die Ehe ein bewusster Prozess sein muss, in dem die Sorge für das Aufrechterhalten und die Erneuerung der Beziehung geteilt wird. Diese moderne Form einer dauerhaften Bindung bringt das traditionelle Ideal eines untrennbaren ehelichen Bündnisses zusammen mit den zeitgemäßen Vorstellungen von der Gleichberechtigung der Geschlechter, psychischer Intimität und gezieltem Hinarbeiten auf eine sich entwickelnde Beziehung. Lassen Sie mich aber auch klar sagen, dass es dennoch möglich sein kann, dass einer der Partner den gerechten Anspruch auf die Beziehung zum anderen durch andauerndes Fehlverhalten und einen Missbrauch des Eheversprechens verlieren kann. Es gibt unglückliche Ausnahmen, in denen ein zeitgemäßes Kommewas-wolle-Gelöbnis widerrufen werden muss. Aber das schreckt uns nicht von vornherein ab, dies Versprechen zu geben. Genau das macht es zu einem Risiko und den potenziellen Lohn so außergewöhnlich.

Ehe in der Gemeinschaft – Ehe in der Isoliertheit

Die Konsumentenehe ist nicht nur passiv, sie ist auch einsam, im Gegensatz zu einer Ehe, die ihre Wurzeln in einer Gemeinschaft hat. Als Verbraucher auf dem Markt fällen wir Einzelentscheidungen darüber, ob wir ein Produkt oder eine Dienstleistung erwerben wollen oder nicht. Es kann zwar unsere Familie betreffen, aber trotzdem ist es eine private, persönliche Angelegenheit. Wir kaufen keinen neuen Fernseher für die Nachbarschaft. Die Konsumgesellschaft besteht aus vielen Einzelpersonen, die das tun, was sie für sich für das Beste halten, gesteuert von der Massenwerbung. Selbst wenn wir der Macht des Individualismus dadurch widerstehen, dass wir uns als liebendes, eng verbundenes Paar sehen, verbringen die meisten von uns ihr Eheleben doch ohne einen nennenswerten Austausch mit einer Gemeinschaft von Menschen, die sich Gedanken über das Wohlergehen unserer Ehe machen. Wie schon gesagt unterhalten wir uns über fast alles in unserem Leben – unsere Kinder, Eltern, Arbeit, Gesundheit – aber relativ wenig über unsere Ehen. Wir wissen nicht, was in den Ehen anderer vor sich geht, und wir scheuen uns, danach zu fragen. Wenn wir aber doch davon sprechen, dann meist in Form von Klagen.

Ich forsche häufig bei Geistlichen danach, wie viele Menschen in ihrer Gemeinde sie nach dem Zustand ihrer Ehe fragen können, im Vergleich zur Zahl derer, bei denen sie sich frei über Gesundheit, allgemeine Belastungen, Arbeitssorgen oder Kinder erkundigen können. Etwas beschämt antworten die meisten dann, dass die erstere Zahl verglichen zu der zweiten wirklich sehr niedrig sei. Nach der Hochzeit neigen die Ehen dazu, von der Bildfläche zu verschwinden, es sei denn, sie werden geschieden.

In den meisten Fällen kennen wir die Geburtstage unserer Freunde besser als ihre Hochzeitstage, und wir feiern die Geburtstage ausgiebiger. Wie oft waren Sie schon erschüttert, als Sie hörten, dass die Ehe von Freunden oder Familienangehörigen gescheitert ist; wäre es ein gesundheitliches Problem gewesen, hätten Sie sicher Bescheid gewusst. Die Ehe ist zu wichtig und zu schwierig, um sie ohne die Unterstützung einer Gemeinschaft bewältigen zu können. Aber wir sind wie unwissende Kinder, wenn es darum geht, eine Gemeinschaft für unsere Ehen aufzubauen.

Versuchen wir es wieder neu mit unseren Ehen: eine nach der anderen und alle zusammen

Was ich Ihnen anbieten kann, ist eine Vision des Widerstands, eine Vision der Erneuerung und ein paar Werkzeuge, um eine bewusste Ehe für Ihren Weg zu gestalten. Die Vision des Widerstands besteht darin, dass wir in unseren Ehen und Gemeinschaften zusammenhalten, um den sozialen Beeinflussungen und gesellschaftlichen Strömungen Widerstand zu leisten, die uns schneller auseinanderreißen, als unsere Liebe und guten Vorsätze uns wieder zueinanderziehen können. Dies ist ein Kulturkampf, den es sich auszutragen lohnt, denn es steht dabei viel auf dem Spiel. Wir müssen die Kräfte, die unsere Ehen unterminieren, beim Namen nennen, angefangen bei den kleinen, wie der Langeweile, bis zu den großen, wie etwa den Tendenzen der Wegwerfgesellschaft.

Wir müssen uns darin üben, das Abgleiten unserer Ehe und die Einflüsterungen der Marktwerte zu erkennen, und wir müssen Techniken erwerben, um ihnen entgegenzuwirken. Wie bei jeder Form des menschlichen Widerstands wird dieser Kampf am besten von Einzelnen in ihrem Privatleben begonnen – wir fangen mit unseren Ehen wieder neu an, ein Paar nach dem anderen – und alle zusammen in der Gemeinschaft. Sie haben zweifellos zu Ihren eigenen Möglichkeiten gefunden, um diesen Kräften zu widerstehen und Ihre Ehe lebendig zu halten. Vielleicht gehen Sie allein zu zweit aus oder feiern Ihren Hochzeitstag in einem bedeutungsvollen Rahmen. Vielleicht gehen Sie gegen die Ich-Zuerst- und Das-steht-mir-zu Gedanken an, die eine Partnerschaft beeinträchtigen, oder Sie geben darauf Acht, Ihre sexuelle Beziehung lebendig zu halten, selbst wenn Sie oft müde sind. Beim Lesen dieses Buchs werden Sie hoffentlich merken und sich dafür auch loben, wie weit Sie bereits den Einflüssen Widerstand bieten, die alle unsere Ehen bedrohen, und Sie werden auch Wege entdecken, um sich mit anderen Paaren bei diesem Kampf zu verbünden.

Eine Vision der Erneuerung geht Hand in Hand mit der Vision des Widerstand-Leistens. Wir können zu Architekten für unsere eigenen Ehen werden, unsere eigenen Schiffsbauer, wenn Sie es wollen. Wenn wir unsere eigenen Ruder herstellen, werden wir wahrscheinlich geschickter damit umgehen, weil sie für uns angemessen sind. In diesem Buch werden wir zusammen drei Wege zur ehelichen Erneuerung erforschen:

- Bewusst handeln statt sich treiben zu lassen
- Eine Komme-was-da-wolle-Bindung eingehen statt einer Solange-wie-Bindung
- In der Gemeinschaft lebend anstatt allein

Widerstand, Erneuerung und die Fertigkeiten, eine Ehe aufrechtzuerhalten und zu erneuern. Ohne Kenntnisse führt eine Vision in die Enttäuschung. Entweder wir bauen und reparieren ständig an unserer Ehe oder wir verlieren sie allmählich an die Erosion der Zeit, der Gesellschaft und der Flussströmungen. Wir holen sie uns zurück, oder wir lassen sie los. Ich habe viele gute Ideen zum praktischen Vorgehen, die ich an Sie weitergeben kann: Manche habe ich mit meiner Frau in unserer eigenen Ehe erlernt, und andere habe ich von Paaren gehört, die ich gekannt oder mit denen ich gearbeitet habe. Ein Beispiel ist, wie Sie ein «Gesprächsritual» von 15 Minuten am Tag ausschließlich für Sie und Ihren Partner etablieren können. Dies ist eine Höchstleistung für ein Ehepaar mit heranwachsenden Kindern und etwas, das sorgfältig eingeführt werden muss, oder es wird nicht eine einzige Woche überstehen. Ein anderes Beispiel für eine Kunst in der Ehe ist es, wie wir Verbindung zu anderen Ehepaaren aufnehmen und den Weg unserer Ehe mit ihnen zusammen zurücklegen können. Eine Ehe erfordert ziemlich viel Wissen; manches davon haben Sie bereits, und zu weiterem kann ich Ihnen verhelfen.

Binden und Zusammenhängen

Der Autor August Wilson schildert in seinem Stück *Joe Turner's Come and Gone* einen Heiler in der afro-amerikanischen Gesellschaft Pittsburghs am Anfang des 20. Jahrhunderts. Eines Tages brüstet sich der Heiler damit, dass er jedem Paar beim Festigen seiner Beziehung helfen könne. Ein Freund will ihn auf die Probe stellen und fragt, ob er auch die binden könne, die gar nicht zusammenpassen. Der Heiler führt weiter aus: «Ich bin ein Binder für das, was zusammenklebt. Man muss zuerst herausfinden, ob sie auch zusammenhalten.» Und dann äußert er die Worte, die zum Refrain des Stücks werden: «Du kannst nicht binden, was nicht zusammenhält.» Ohne den Leim des Versprechens bindet uns nichts für den weiten gewundenen Weg der Ehe. Dieser Leim ist vor allem eine Entscheidung, die Wahl, zusammenzusein, und in guten und in schlechten Tagen zusammenzubleiben.

Ich arbeitete einmal mit einem sehr unglücklichen Paar und es war mir ein Rätsel, wie sie es so lange miteinander ausgehalten hatten. Die meisten hätten schon viel früher aufgegeben. Es war eines der seltenen Male, bei denen ich früher bereit war aufzuhören als sie. Es schien alles so hoffnungslos. Eines Tages sagte ich: «Mir fällt nichts mehr ein. Ich habe keine Idee mehr. Aber wenn Sie wollen, gehe ich noch einmal alles mit Ihnen durch.» Sie sagten: «Ja, wir sind dabei.» Und am Schluss kame sie wieder zusammen. Ich fragte sie, wie sie denn diese dunklen Tage durchgestanden hätten. Sie sagten, sie hätten immer an ihrem Freitagabend-Sabbat-Mahl festgehalten, dem religiösen Ritual ihrer jüdischen Tradition – selbst wenn sie nicht miteinander sprachen. Wie schlecht es auch um sie stand, wenn sie auch nicht miteinander schliefen oder redeten, sie ließen nie dieses Ritual aus, das ihnen Hoffnung gab. Die Hoffnung erwuchs aus ihrer Fähigkeit zusammenzuhalten, um die religiöse Tradition ihrer Familie unversehrt zu bewahren. Man kann nicht binden, was nicht zusammenhält.

Nur wenn wir in Schwierigkeiten zusammenbleiben und uns ehrlich eingestehen, wie weit wir uns von unseren Hoffnungen und Idealen für unsere Ehe entfernt haben, können wir unsere Kräfte zu Widerstand und Erneuerung freisetzen. Erst dann sind wir in der Lage, unsere Fähigkeiten so einzubringen, dass wir das Kanu auf Kurs halten, zusammen paddeln und auf dem großen Fluss selbst steuern und dahin kommen, wohin wir wollen, statt dorthin, wohin er uns treibt.

Kapitel 2

Führen Sie keine Verbraucher-Ehe

Ich möchte Ihnen nun von Cheryl erzählen, die seit 17 Jahren verheiratet ist und zwei Töchter im Teenageralter hat. Vor etwa einem Jahr begann sie eine Affäre mit einem Mann aus ihrem beruflichen Umkreis. Ihre Arbeit erforderte, dass sie etwa einmal im Monat verreiste, und dann traf sie sich mit ihrem Liebhaber; sie schliefen zusammen, was sehr befriedigend war, und führten anregende Gespräche. Zum aktuellen Zeitpunkt drängte sie ihr Geliebter, der seit kurzem von seiner Frau geschieden war, sie solle sich dazu entschließen, ihren Mann zu verlassen und zu ihm zu ziehen.

Ich befragte sie zu ihrer Ehe. Sie sagte, ihr Ehemann sei ein sehr guter Mensch – «liebevoll und freundlich und zuverlässig» waren dabei ihre Worte –, doch ihre Ehe ließe für sie an Leidenschaft zu wünschen übrig. Sie hatte sich eine Reihe von Jahren gefühlsentleert gefühlt. Sie glaubte zwar, dass sie gute Eltern seien, und sie hatten auch nur selten Auseinandersetzungen. Aber ihre sexuelle Beziehung sei schon seit Jahren «fad» – spärlich und unaufregend. Ihr Mann hatte ihre beruflichen Entscheidungen mitgetragen, obwohl sie sonst nicht viele gemeinsame Interessen außerhalb hätten. Er war tatsächlich so zuverlässig und konstruktiv, dass sie annahm, er werde sie nicht verlassen oder übel reagieren, wenn sie ihm von der Affäre erzählte. Doch auch wenn es ihn schrecklich verletzte, würde er daran arbeiten, die Lage zu verbessern, sagte sie. Aber Cheryl sagte sich und mir, dass sie mehr vom Leben und einer Ehe verdiente, als sie glaubte, von ihrem Ehemann bekommen zu können. Es war vornehmlich die Angst, ihre Kinder zu verletzen, die sie vor dem Verlassen abhielt. Sie meinte, sie würden völlig verzweifelt und ihr Leben ganz durcheinandergebracht sein, besonders dann, wenn sie diejenige wäre, die weggehe und in den Ort ziehe, in dem ihr Geliebter wohnte.

Cheryl sah sich einer, wie sie es nannte, «Zerreißprobe» gegenüber. Sie sei nicht in die Affäre «hereingestolpert», meinte sie; sie hatte eindeutig beschlossen, nach etwas zu suchen, von dem sie wusste, es im Leben zu brauchen und auch ein Recht darauf zu haben. Der Geliebte gab ihr mehr als ihr Mann; sie fühlte sich viel besser, wenn sie mit ihm zusammen war. Ihre Unterhaltungen hatten mehr Tiefe, und Sex war viel erregender. Nach den Jahren, in denen sie passiv eine liebevolle, doch «fade» Ehe hingenommen hatte, fühlte sie sich wieder wie zu neuem Leben erweckt, als sie von einem Mann geküsst wurde, der ihr Freund gewesen war und bald zu ihrem Liebhaber wurde.

Ich möchte Cheryl nicht als hoffnungslos selbstbezogen darstellen; in Wirklichkeit machte sie sich große Gedanken über die Auswirkungen ihres Verhaltens auf die Familie. Cheryl beeindruckte mich als ein guter und empfindsamer Mensch, der zwischen ihrem Gewissen und ihrem Wunsch nach mehr in ihrem Leben gefangen war. Doch sie sprach über ihre persönlichen Wünsche, als seien sie verfassungsmäßig garantierte Rechte, wie etwa die Redefreiheit, und ihre emotionalen Bedürfnisse biologische Gegebenheiten, wie der Bedarf an Vitamin C zur Skorbut-Prophylaxe. Unsere Gesellschaft lehrt uns, dass wir alle Anspruch auf eine spannende Ehe und aufregendes Sexleben haben; wenn wir nicht beides bekommen, neigen wir dazu, uns beraubt zu fühlen. Was als die fleischliche Schwäche der Menschen angesehen wurde, ist zu einem persönlichen Vorrecht geworden.

Die Sozialgeschichte zeigt auf, wie der psychische Individualismus seit mehr als einem Jahrhundert in unserem Staat gewachsen ist. Seine gängige Erscheinungsform heute ist das, was ich als die Verbraucherhaltung bezeichne, eine Kombination der Bewegung für die menschlichen Möglichkeiten der 1970er Jahre (mit dem persönlichen Wachstum im Fokus) und den Werten des freien Marktes der 1980er und 1990er Jahre(mit Fokus auf den persönlichen Rechten zur Verlustminimierung und zum Umtausch, falls man nicht zufrieden gestellt sein sollte).

Obwohl sie bei fast allen Verheirateten in unserer Gesellschaft lauert, wird diese Konsumentenhaltung meist erst dann offenbar, wenn wir mit Enttäuschungen über unsere Ehe und unserem Partner konfrontiert werden. Zu einem solchen Zeitpunkt fangen wir an, uns zu fragen: «Befriedigt diese Ehe meine Bedürfnisse?» und «Bekomme ich genug heraus, wenn ich meine eigene Investition in diese Ehe bedenke?» In Cheryls Fall hatte sie sich jahrelang gesagt, dass sie sich nur wegen der Kinder nicht getrennt hatte. Sie hatte sich mit einer zweitklassigen Ehe «abgefunden» in einer Welt, die uns auffordert, nicht das Zweitbeste hinzunehmen, wenn ein besseres Produkt oder eine günstigere Dienstleistung winkt. Deshalb war sie anfällig für den Zauber einer neuen Beziehung, die so aussah, als könne sie sie wirklich glücklich machen. Ich lade Sie dazu ein, Ihre Ohren für den Ton der Verbraucherehe in der Welt um Sie herum und in Ihrem eigenen Kopf zu schulen. Der Klang ist leicht in den Medien, der Gesellschaft und den Ehen anderer, wie der von Cheryl, zu entdecken. Wir fangen also zuerst einmal draußen an. Und dann werden wir in unseren eigenen Ehen horchen – in Ihrer und in meiner.

Die Verbraucherehe in den Medien und in der Gesellschaft

Wir haben schon früher darüber gesprochen, wie in der Werbung von Honda und Levi's das Thema der Verbraucherehe aufgegriffen wurde. Hier sind noch einige weitere Kostproben aus Medien und Gesellschaft: Ein Journalist der *New York Times* berichtet, er habe gehört, wie ein Gast bei einem Hochzeitsempfang, wahrscheinlich ein Verwandter des Bräutigams, über die Braut sagte: «Sie wird eine gute Erstfrau für Jason sein.» Eine Familienexpertin in unserem Land stimmt darin zu, wenn sie den Begriff «Einsteigerehen» prägt – Ehen, die zwar gute Lernerfahrungen bieten, wahrscheinlich aber nicht von Dauer sein werden. Erinnert Sie das an ein «Haus für den Anfang», das Sie wieder verkaufen werden, sobald Sie sich etwas Besseres leisten können? Ein kalifornischer Futurologe gebraucht die Bezeichnung «Eisbrecher-Ehe» und meint damit dasselbe. Die feministische Sozialkritikerin Barbara Ehrenreich verkündet in einem Artikel im *Time* Magazin über die zukünftigen Mann-Frau-Beziehungen «verlängerbare Ehen», die alle fünf bis zehn Jahre wieder überprüft und dann entweder überholt, noch einmal gefeiert oder gelöst werden ohne oder zumindest mit weniger bitteren Gefühlen.» Diese Ehekritiker sind durchaus im Recht, wenn sie betonen, wie wichtig es ist, das Ehegelöbnis von Zeit zu Zeit wieder zu erneuern, doch ihre Skepsis gegenüber festen Beziehungen auf Dauer macht es ironischerweise weniger wahrscheinlich, dass Paare lange genug zusammenbleiben, um ihre Eheschließungen immer wieder zu bestätigen.

Was wir üblicherweise für unsere erste Liebe hielten – unsere erste intensive Freundschaft, als wir noch unreif und noch zu keiner Bindung bereit waren – ist heute zu unserer ersten Ehe geworden. Und was wir als einen Bankkontrakt ansahen – für ein Darlehen mit fünfjähriger Laufzeit und anschließender Verlängerungsklausel – ist zu einer Metapher für die Ehe geworden.

Achten Sie darauf, wie die Ehe im gängigen Witz erscheint. Einer, den ich bei einer Reise in die Gegend von Boston hörte, lautet folgendermaßen: «Wenn Sie sich einen Ehemann aussuchen, fragen Sie sich, ob es auch wirklich der Mann ist, von dem Sie sich wünschen, dass Ihre Kinder ihn an jedem zweiten Wochenende besuchen.» Ein Darsteller in einem neuen Film sagt, Männer sollten sein wie Klopapier: sanft, stark und wegwerfbar. Eine Frau in einer Karikatur des *New Yorker* erzählt ihrer Freundin: «Er lebt in guten Verhältnissen. Er hat all die Quantitäten, die ich bewundere.»

Einen Partner/eine Partnerin zu haben oder zu verlassen, klingt immer mehr wie der Warenerwerb eines Verbrauchers oder der Entschluss zu einem Kauf. Bei einem Interview über ihr Leben berichtet eine niemals verheiratete Frau mit zwei kleinen Kindern der *New York Times*: «Ich bin allein erziehende Mutter. Es gibt nur mich. In einem bestimmten Alter wurde mir klar, dass ich keine Ehefrau sein wollte. Doch jetzt kann ich verstehen, warum manche Frauen Ehemänner haben. Es ist so etwas wie größerer Komfort.» Als eine Expertin von *Psychology Today* zum Thema außerehelicher Beziehungen gefragt wurde, ob sie jemals Menschen unmittelbat rate, eine Beziehung aufzugeben, antwortete sie in marktorientierter Diktion: «Eine schlechte Ehe aufzugeben, ohne zuerst den Versuch zu unternehmen sie zu reparieren, ist wie teuer zu kaufen und billig zu verkaufen. Besser wäre auszuprobieren, wie gut man es hinkriegt, dann zu überlegen und sich zu fragen: Ist dies gut genug?» Natürlich liegt auch eine gewisse Weisheit in diesem Rat, doch ich finde ihn gleichzeitig auch eisig. Dieselbe Empfehlung könnte auch ein neues Auto bestreffen, wenn Reparaturen anfallen.

Außer auf aktuelle Äußerungen zu achten, sollte *man* auch einfach das moderne Verhalten beobachten. Ein Paar in Philadelphia, das sich eine aufwändigere Hochzeit wünschte, als sie es sich leisten konnten, erreichte, dass sich 24 Firmen an ihrem Hochzeitsfest als Sponsoren beteiligten und dafür erschienen die Firmennamen sechs Mal überall, angefangen von den Einladungen bis zu den Danksagungen. Und denken Sie an die Fernsehshow im Februar 2000 *Who Wants to Marry a Multi-Millionaire?*, bei der unter 50 Frauen der Wettkampf um die Hand des reichen Mannes ausgetragen wurde und die Hochzeit gleich darauf im nationalen Fernsehen stattfand. Natürlich war niemand überrascht, als die Ehe unmittelbar danach scheiterte, doch war die Aufmerksamkeit der Nation eine Zeit lang gefesselt. Sogar das *Wall Street Journal*, nicht gerade ein Feind des Marktes, schrieb in einem Leitartikel, diese Show und die Vorsichtsregeln der Produzenten (wie etwa voreheliche Übereinkünfte und Untersuchungen auf Geschlechtskrankheiten) repräsentierten «die gängige Vorstellung zur Ehe im Amerika von heute: weniger eine Partnerschaft als eine gemeinsame Unternehmung zweier Parteien vorrangig unter Wahrung der eigenen Autonomie».

Unbeeindruckt von der negativen Kritik nach *Who Wants to Marry a Multi-Millionaire?*, begann dieselbe Fernsehgesellschaft mit Plänen für eine Game-Show, bei der Gruppen von Paaren auftreten sollten, die kurz zuvor die Scheidung eingereicht hatten. Der Produktionsleiter teilte stellvertretend für den Erfinder der Show dem Nachrichtendienst von Reuter mit: «Ich glaube, da ist ziemlich viel an voyeuristischem Spaß drin, denn Scheidung ist ein solch gesellschaftliches Phänomen und vielleicht nehmen die Menschen die Ehe auch nicht mehr so ernst wie es früher einmal der Fall war.» Möglicherweise lässt sich mehr Geld mit der Beendigung einer Ehe machen als mit dem Anfang. Hier noch ein weiteres Beispiel für die Kommerzialisierung der ehelichen Bindung, und dann werde ich mich voller Abscheu davon abwenden. Toyota hat eine Anzeige in Form eines «Ehevertrags» in pseudo-juristischer Fachsprache abgefasst, mit den Namen von drei Anwälten auf dem Briefkopf. Der Text beginnt mit der Einwilligung der Parteien – dem Kunden/der Kundin und dem Auto – zu ihrem «Entschluss einander zu heiraten und in dieses Abkommen einzutreten». Der Vertrag geht weiter und legt die Absprachen über die «getrennten Güter» sowie den «Zugewinn» und den «entgangenen Gewinn» fest. Nach Erledigung der rechtlichen Formalitäten kommt man zum Clue der Anzeige mit dem Schluss: «Lassen Sie die Romanze mit einem Camry Solara anfangen.» In nicht allzu langer Zeit wird Toyota ein neues, verbessertes Modell herausbringen, und dann können wir dankbar sein, dass der Ehevertrag uns den Weg ebnet, falls wir unser jetziges Auto in Zahlung geben wollen. Wie ich schon gesagt habe, Werbefachleute erkennen einen gesellschaftlichen Trend, wenn sie ihn sehen. Wir sind jetzt der Konsumenten-Ehe verfallen.

Wie sind wir an diesen Punkt gelangt?

Lassen Sie mich die Verbraucher-Ehe in einen breiteren Zusammenhang stellen. Um 1880 brachte die Massenherstellung von Gebrauchsgütern auch massenhaft Reklame hervor, und eine neue Ära in der Geschichte Amerikas begann. Die Ära des Verbrauchers war geboren. Werbefachleute erkannten, dass der Schlüssel zu einer erfolgreichen Vermarktung war, die möglichen Abnehmer davon zu überzeugen, dass sie ohne ein bestimmtes Produkt nicht auskommen könnten. Manchmal bedeutete dies die Erfindung neuer Probleme, wie etwa Mundgeruch oder behaarte Beine, damit die neuen Produkte ankamen. War die Qualität des Produkts einer Firma nicht von der einer anderen Gesellschaft zu unterscheiden – beispielsweise bei Benzin, nicht alkoholischen Getränken oder Zigaretten – dann lernten die Reklamefachleute, wie sie ein Image, ein Gefühl von Zugehörigkeit, von Leistung und von Dabei-Sein verkaufen konnten. Es kam schließlich so weit, dass wir uns durch das definierten, was wir kauften, und täglich schätzungsweise 3000 Anzeigen ausgesetzt zu sein, hilft uns bei der Entscheidung, wer wir sind.

Die Konsumgesellschaft basierte schon immer auf Einzelpersonen, die ihre persönlichen Wünsche verfolgen. Doch gegen Ende des 20. Jahrhunderts fing die Werbung damit an, den Wunsch um des Wunsches willen in den Vordergrund zu stellen. Ein Beispiel dafür ist der Werbespruch von Sprite: «Folgen Sie Ihrem Durst.» Eine Werbekampagne von Toyota zeigt eine Sprechblase über einem Vater: «Ihre Kinder bekommen immer, was sie wollen; jetzt sind Sie dran.» Die Konsumgesellschaft war schon immer auf die Erfüllung der eigenen Wünsche ausgerichtet, doch der Grad, bis zu dem man sich dazu auch wirklich berechtigt fühlt, steht heute noch mehr im Vordergrund.

Um nicht den Anschein zu erwecken, generell gegen die Marktwirtschaft und den Konsum zu sein, möchte ich weiter ausholen. Aus meiner Sicht gibt es keine praktikable Alternative zu den demokratischen Systemen der freien Marktwirtschaft und keinen gangbaren Weg zur Abschaffung der Reklame, ohne die Wirtschaft in ein Chaos zu stürzen, wodurch Millionen Menschen die Arbeit verlieren und unmanövrierbare Regierungsbürokratien entstehen würden. Konsum ist der wichtigste Treibstoff für eine freie Wirtschaft, und Konsum hängt von einer an potenzielle Verbraucher gerichteten Werbung ab. Reklame in großem Umfang ist die einzige Möglichkeit, um die Verbraucher auf neue Geschäfte und Produkte aufmerksam zu machen. Die Märkte und die Anzeigenindustrie sollten unter dem Aspekt der Fairness reguliert werden, und Werbung müsste für kleine Kinder unzugänglich sein, doch der Markt wird auf Dauer bestehen, ebenso wie die Konsumorientiertheit, die ihn erhält.

Meine Bedenken richten sich weniger gegen das Konsumverhalten innerhalb des Marktes als gegen das, was es uns mit Hinblick auf unsere Familienbeziehungen lehrt. Das Konsumverhalten redet uns ein, dass wir nie genug von all dem haben, was wir uns wünschen, dass etwas Neues immer besser ist als das Alte – es sei denn, etwas Altes wird wieder Mode. Es lehrt uns keiner Sache oder Person gegenüber loyal zu sein, die nicht weiterhin unseren Bedürfnissen entsprechen und zum richtigen Preis erhältlich sind. Die Verbraucher sind an sich schon illoyal. Ich möchte zwar die amerikanischen Arbeiter unterstützen, doch ich habe schon immer japanische Autos gekauft, weil ich sie besser finde als die amerikanischen derselben Preisklasse. Ich esse jeden Tag zum Frühstück Frosties; sollten sie aber sehr viel teurer werden als Cornflakes, meine zweite Wahl, dann gebe ich die Frosties auf. Oder sollten Kellog's das Rezept ändern, könnte ich auch ganz umsteigen. Ich schulde denen, die mir etwas verkaufen, gar nichts, es sei denn, mein Geld, und das auszugeben, kann ich jederzeit auch sein lassen.

Wir Amerikaner sind auch weniger loyal an unsere Nachbarschaft und Heimatgemeinden gebunden als in der Vergangenheit; wir ziehen dorthin, wo es Arbeit gibt und wo wir es uns leisten können zu leben. Wer fragt heutzutage noch danach, ob er wegziehen kann, auch wenn er in seiner Umgebung gebraucht wird? Ich kenne zwar Familien, die sich entschlossen haben, in einer Gegend zu bleiben, mit der es abwärts ging, weil sie sich ihrer Gemeinschaft verbunden fühlen und weil sie nicht einer weiteren Flucht des Mittelstands aus der Innenstadt Vorschub leisten wollen; doch meistens wohnen wir dort, wo wir unsere persönlichen und familiären Bedürfnisse erfüllen können. Wir halten uns auch weniger treu an bestimmte religiöse Konfessionen, Kirchen und andere Glaubensgemeinschaften; wir probieren aus, was für uns die beste religiöse Erfahrung ist.

Unsere Kinder haben diese Kosumhaltung übernommen, wie ich in meinem Buch *Take Back Your Kids* ausführte. Als ein 15-jähriger Junge von seinem Vater daran erinnert wurde, seiner Aufgabe, den Rasen zu mähen nachzukommen, antwortete er: «Es ist nicht mein Rasen.» Als ein Elfjähriger seinem Vater nicht für das Weihnachtsgeschenk gedankt hatte und ihn seine Mutter deswegen ermahnte, war seine Antwort: «Warum sollte ich auch? Es gefällt mir nicht einmal.» Dies waren «normale Kinder», keine Problemkinder, sondern aus guten Familien mit liebevollen Eltern, doch unter dem Einfluss unserer individualistischen Verbrauchergesellschaft. Ein 16-jähriges Mädchen konnte nicht glauben, dass irgendjemand regelmäßig auf einer gemeinsamen Abendmahlzeit bestehen könnte. Völlig unschuldig fragte sie einen Rundfunkreporter: «Wie kann man von uns erwarten, dass wir zusammen essen, wenn wir doch nicht alle zur gleichen Zeit Hunger haben?» Die Kinder sind unter unserer Vormundschaft und der des freien Marktes zu der Auffassung gelangt, sich nur als Konsumenten der elterlichen und der öffentlichen Dienstleistungen zu sehen und nicht als Bürger mit eigener Verantwortung ihren Familien und der Allgemeinheit gegenüber.

Selbst in der Einstellung der Eltern zu ihren Kindern beobachte ich das Einschleichen des Ich-zuerst Konsum-Jargons. Im vergangenen Jahrzehnt hat es mit Äußerungen von Teenagereltern angefangen, wie etwa: «Was habe ich davon, dass dies mein Kind ist?» und «Wann werde ich auch etwas zurückbekommen?» Diese Eltern lieben zwar ihre Kinder, aber die Elternrolle strengt sie auch an. Als ich anfing, dieser Form von Kosten-Nutzen-Denken bei wohlmeinenden Eltern zu begegnen, da entschloss ich mich, meine Meinung zu äußern. Es ist heimtückisch und verführt gute Menschen dazu, schlecht in ihren Familien und für die Allgemeinheit zu handeln. Ein Vater aus der oberen Mittelklasse in besten Verhältnissen sagt seiner Frau, er könne die Belastung, die sich aus den Verhaltensproblemen ihrer 16-jährigen Tochter ergeben, nicht mehr ertragen. «Sie versucht uns auseinander zu reißen», erklärt er, und droht seiner Frau, entweder die Tochter gehe oder er. Die Tochter erkennt die Signale und zieht aus, kommt aber später schwanger und drogenabhängig zurück. In den späten 1960ern wurden Wohnmöglichkeiten für Teenager eingerichtet, die von zu Hause weggelaufen waren vor ihren, wie sie es empfanden, überkontrollierenden Eltern. In Minneapolis wird das älteste dieser Jugendhäuser nun von einer breiteren Kategorie von Jugendlichen als den «Ausreißern» bewohnt. Die Mehrzahl heute passt in die Gruppe der «Wegwerfjugend», deren Eltern «jetzt reicht's» gesagt haben. Ich muss noch darauf hinweisen, dass das Verhalten der meisten dieser Jugendlichen nicht schlimmer ist als in den früheren Generationen. Was sich aber geändert hat, ist das

Gefühl der Eltern, dazu verpflichtet zu sein, über lange Zeiträume bei der schwierigen Aufgabe der Elternschaft zu akzeptieren, dass ihre «Kosten» den «Nutzen» überwiegen. Ich empfinde diesen Trend als beängstigend.

Es überrascht also nicht, dass wir in dieser neuen Welt des Konsums weniger treu zu unseren Partnern und unseren Ehen stehen. Und wenn eine Ehe scheitert, überrascht es nicht, dass ein Elternteil aus dem Leben der Kinder geht, um ein neues Leben zu beginnen und eine neue Familie zu gründen. Ich kenne eine Anzahl von Vätern, die emotional und finanziell in die Kinder ihrer neuen Frau investieren, aber die Verpflichtungen ihren eigenen Kindern gegenüber, die bei der früheren Frau bleiben, vernachlässigen. Diese Männer haben ihre Verluste abgeschrieben und sind weiter gegangen. Und das betrifft nicht nur die Väter. Eine Frau berichtete mir die Worte ihrer Mutter beim Abschied von der Familie, sie müsste ihren Lebensträumen folgen. Das war ein beliebter Abgangsspruch in den siebziger Jahren, und die Verbraucherversion davon lässt sich bis in unsere Tage verfolgen. Elaine, eine Frau, die plötzlich ihre unerfüllte, doch konfliktarme Ehe aufgibt, beschließt mit einem Freund zusammen zu ziehen, der keinen Platz für ihre Teenager-Tochter hat. Diese bleibt bei ihrem Stiefvater und fühlt sich zurückgewiesen und verlassen. Nach einer Erklärung befragt, erklärt Elaine, es sei ihr klar geworden, dass sie damit anfangen wolle, ihren eigenen Bedürfnissen größere Priorität einzuräumen. Sie hatte das Gefühl, «stecken geblieben zu sein» und an einem Wochenende beschlossen zu handeln, denn das Leben sei kurz. Im Verlauf einer dramatischen Familientherapie-Sitzung, in der Elaine diese Erklärung für ihr Vorgehen lieferte, drückte Elaines Stieftochter (das Kind ihres Mannes) ihre Bewunderung für diese Frau aus, weil sie entschlossen war, sich für ein besseres Leben «ins Zeug zu legen». Elaines eigene Tochter wendete sich an ihre Stiefschwester ganz ruhig die wirkungsvollste Erwiderung, die ich jemals in einer Therapiesitzung gehört habe: «Aber sie hat doch Kinder.» Elaines Unterkiefer fiel herunter. Kurz nach dieser Konfrontation zog sie in eine eigene Wohnung und nahm ihre Tochter bei sich auf, doch sie hatte schon viel Schaden angerichtet. Die gute Nachricht ist, dass Elaine mit der Zeit ihr Verantwortungsgefühl wieder akzeptierte und zu einer richtigen Mutter für ihre Tochter wurde. Ihre Ehe war jedoch nicht zu retten.

Es ist nichts Neues, dass Menschen ihre Verantwortlichkeit aufgeben. Wir haben alle Zeiten, in denen wir schwach und Versuchungen ausgesetzt sind. Neu aber ist die gesellschaftliche Unterstützung für diese Meine-Bedürfnisse-zuerst-Lebenseinstellung, diese unsichtbare aber überwältigende Chemie in der Luft, die wir atmen.

Die Soziologin Arlie Hochschild merkt an, dass im neuen amerikanischen Lebensstil die Rücksichtslosigkeit globale Ausmaße erreicht. «Wir wechseln nicht nur von einem Job zum anderen, sondern auch von dem einen Ehepartner – und manchmal auch einer Reihe von Kindern – zum nächsten. Wir sind im Übergang begriffen von einer Gesellschaft, in der die Beschäftigung und die Ehe einen hohen Stellenwert hat, zu einer, in der die Fähigkeit, zu arbeiten und eine Ehe einzugehen, geschätzt wird.» Sie verstehen, es ist Ihre Fähigkeit zu lieben und nicht die Menschen, die Sie lieben, die als dauerhaftes Plus in der Konsumgesellschaft der Beziehungen zählt. Jede Einzelbeziehung wird möglicherweise nicht auf Dauer Ihren Ansprüchen gerecht, doch wenn Sie dazu fähig sind, neue Geliebte für sich zu interessieren und an Land zu ziehen, werden Sie glücklich im Leben. Diese Haltung zahlt sich aus, wenn Sie auf der Suche nach einem Lebenspartner sind (schließlich gehen die meisten Liebesbeziehungen wieder zu Ende, bevor es zu einer Eheschließung kommt), und selbst wenn sie tatsächlich in eine Heirat mündet, halten wir unsere romantischen Vorstellungen auf dem Laufenden, für den Fall, dass sich die Ehe nicht bewährt. Dieser innere Vorbehalt lässt dann wieder den Erfolg der Ehe fragwürdiger werden.

Was geschieht denn, wenn wir die Ehe und das Familienleben wie Geschäftsunternehmer angehen? Wenn der erste Glanz abgenützt ist und die schwierigen Zeiten kommen, sind wir bereit, unsere Verluste abzuschreiben, mitzunehmen, was wir von unseren alten Ehen noch brauchen können, um neue, perfektere Verbindungen einzugehen, bis auch sie wieder gelöst werden müssen. Wann ist ein Ende abzusehen? Noch weniger als bei den Geschäftsaufgaben gibt es bei den ehelichen Unternehmensverkleinerungen weiche Landungen.

In der Zeit des Wirtschaftsbooms der 1970er und 80er Jahre, als die Marktwirtschaft in der ganzen Welt die sozialistischen Wirtschaftsformen weit hinter sich ließ, eroberte das Konsumverhalten alle Herzen – und die Ehen – der Amerikaner auf neue Weise. (Wie ich bereits ausgeführt habe, gipfelte der Geist des Individualismus, der in einem Jahrhundert allmählich gewachsen war, in einer Verbraucherethik auch für die menschlichen Beziehungen.) Eine Ehe in der Mitte des 20. Jahrhunderts, die durch eine hohe Erwartung an die persönliche Befriedigung gekennzeichnet war, wandelte sich zu einer Konsumenten-Ehe, mit ebensolch hohen psychologischen Erwartungen, doch jetzt mit einem Gefühl von persönlicher Berechtigung und Unbeständigkeit gewürzt. Der hauptsächliche Wert einer Konsumenten-Ehe liegt in der Gewissheit, dass den eigenen Bedürfnissen Rechnung getragen wird und dass einem Menschen immer alle Möglichkeiten offen stehen.

In der Praxis gehen Paare immer von einer Vielzahl an Wertvorstellungen für ihre Ehe aus, einschließlich der Werte von Verantwortung und Verpflichtung. Es ist nicht so, dass wir plötzlich zu egoistischen Tölpeln geworden wären. Aber diese Werte sind immer in Gefahr, von den Konsumidealen des persönlichen Gewinnstrebens, der niedrigen Unkosten, dessen, was einem zusteht, und dem Gesichtspunkt des eigenen Vorteils übertrumpft zu werden. In einer Konsumgesellschaft steht die Ausgangstür immer offen. Verpflichtungen bleiben so lange bestehen, wie der andere unseren Bedürfnissen gerecht wird. Wir glauben zwar noch an Pflichten, doch laute Stimmen aus unserem Inneren und aus unserer Umgebung reden uns ein, jemand sei einfach ein Versager, wenn er sich mit weniger zufrieden gibt, als er zu brauchen glaubt und von seiner Ehe erwarten könne.

Die Konsumenten-Ehe und die unnötige Scheidung

Die angegebenen Scheidungsgründe zeigen, was sich die Menschen unter ihrer Verantwortung in der Ehe vorstellen. Ich habe in den fast 25 Jahren meiner Praxis als Ehe- und Familientherapeut eine Schwerpunktverschiebung wahrgenommen. Ich will nicht abstreiten, dass die meisten Menschen echte emotionale Schmerzen empfinden, wenn sie sich dazu entschließen, ihre Ehe zu beenden. Es ist nur so, dass die angegebenen Gründe sich weitgehend von den ernsthaften, scheußlichen Problemen unterscheiden, die in früheren Generationen die Ehepartner in die Scheidung getrieben haben: Missbrauch, Verlassen, chronischer Alkoholismus, Untreue. Ist der Partner/die Partnerin nicht bereit, solche Verhaltensweisen aufzugeben, kann eine Scheidung notwendig sein. Meinc Sorge gilt den unnötigen Scheidungen, deren Ursache in der Konsumhaltung einer Ehe liegt.

Heutzutage sprechen die angegebenen Gründe für eine Scheidung bei vielen eher für eine Art von Enttäuschung darüber, dass sie nicht mehr durch ihre Ehe gewinnen, als für eine unverantwortliche Missachtung ihrer ehelichen Verantwortung. Hier sind die Sätze, die ich in meiner therapeutischen Paxis und privat zu hören bekomme:

«Die Beziehung funktionierte für mich nicht mehr.»
«Unsere Bedürfnisse waren einfach zu unterschiedlich.»
«Ich war nicht glücklich.»
«Wir haben uns auseinander gelebt.»
«Ich habe mich weiter entwickelt und er nicht.»
«Sie hat sich zu sehr verändert.»

«Ich habe Besseres verdient.»
«Wir sind nicht mehr dieselben, die wir waren, als wir heirateten.»
«Als die Kinder auszogen, war nichts mehr übrig.»
«Die Beziehung wurde schal.»
«Mein Mann war ein ganz netter Kerl aber langweilig.»
«Wir hatten keine richtige Intimität. Was für ein Rollenvorbild ist das für die Kinder?»

Für gewöhnlich akzeptierte ich viele davon als ausreichende Gründe für die Beendigung einer Ehe. Wenn eine Ehe die Wünsche nicht erfüllt, besonders wenn man wirklich versucht hat, daran zu arbeiten, dann ist es vernünftig, auseinander zu gehen. In den letzten zehn Jahren kamen mir jedoch einige Zweifel, als ich die anhaltenden verheerenden Scheidungsfolgen sowohl bei Kindern als auch Erwachsenen sah und erlebte, wie bei Menschen auch ihre zweite und dritte Ehe aus denselben Gründen scheiterte. Wie ich in Kapitel 7 weiter ausführen werde, kann man sich einen Ausweg auch aus einer relativ guten Ehe suchen, indem man sich auf das konzentriert, was man nicht bekommt, sich negativ auf den Partner einstellt, der dann in der Folge noch weniger gibt und damit die Berechtigung liefert, ihn/sie verlassen zu können.

Dazu fällt mir ein Ehemann ein, der nicht die Tatsache akzeptieren konnte, dass seine Frau zurück ans College gegangen war und eine liberal religiöse statt der früheren konservativ religiösen Überzeugung entwickelt hatte. Er fühlte sich von ihren Veränderungen persönlich angegriffen und ekelte sie aus der Ehe. Zum Zeitpunkt, als sie sich zur Scheidung entschloss, war sie ein seelisches Wrack, und dann tat er so, als sei sie es gewesen, die die Trennung betrieben habe. Ihre Ehe war zwar nicht wunderbar, aber doch ganz in Ordnung und gut für die Kinder gewesen. Ich erklärte so eine Scheidung immer mit neutralen Worten, wie etwa: «Sie haben sich in verschiedene Richtungen entwickelt.» oder «Sie ist ihm über den Kopf gewachsen.» oder

«Er war zu unbeweglich für sie.» Heute jedoch erkenne ich, dass der Ehemann verantwortlich für diese unnötige Scheidung war, weil er sich weigerte, die Enttäuschung über die Veränderung seiner Frau zu verarbeiten. Rückblickend bedaure ich, dass ich ihn nicht deshalb aus moralischen Gründen stärker in die Schranken gewiesen habe, denn er verhielt sich so, als habe sie das Abkommen gebrochen, nach dem sich niemand verändern dürfe.

Die Geschichte dieses Paares ist ein gutes Beispiel dafür, wie eine unnötige Scheidung in einer bestimmten Phase zu einer später unumgänglichen Scheidung werden kann. Die Frau hatte aus meiner Sicht Recht, wenn sie ihn verließ, denn die Ehe war emotional unerträglich geworden. Ich möchte diesen Fall nicht auf unzulässige Weise vereinfachen, denn ihre Probleme reflektieren auf beiden Seiten nicht nur persönliche Verwundbarkeiten, sondern auch die traditionell männliche Haltung einer Frau gegenüber, die ihre eigenen Ziele verfolgt. Doch die Ehe war teilweise auch deshalb nicht länger auszuhalten, weil der Ehemann zu einem unzufriedenen Ehekunden und chronischen Nörgler geworden war.

Wenn ich behaupte, die meisten Scheidungen seien unnötig, meine ich damit, dass es möglich gewesen wäre, sie zu verhindern, wenn ein Partner oder beide ihre Einstellung oder ihr Verhalten verändert hätten. Eine Scheidung ist die allerletzte Notlösung für Eheprobleme, die häufig auf weniger drastische Weise gelöst oder zumindest ohne Schädigung beider Parteien beglichen werden könnten. Doch manchmal wird ein Partner, der sich gar nicht scheiden lassen will, dazu gezwungen, weil der/die andere das Eheversprechen gebrochen hat, durch Untreue, andauernde Unzuverlässigkeit oder körperlichen Missbrauch. In anderen Fällen sind diese offensichtlichen Probleme nicht so schwerwiegend, doch der Partner/die Partnerin, manchmal aus einem Gefühl des Konsumentenanspruchs heraus, führt so ausdauernd einen emotionalen Krieg, bis eine bis dahin vermeidbare zu einer unausweichlichen Scheidung wird. Ich denke dabei an ein Ehepaar, bei dem der Ehemann der Meinung war, seine Frau bremse seine Entwicklung und versuche über ihn zu bestimmen. Er fing an, sich wieder wie ein Jugendlicher zu verhalten. Über einen Zeitraum von zwei Jahren behielt er ein sich steigerndes Verhaltensmuster von Wutanfällen und langen Rückzugsperioden bei, in denen er mit seiner Frau nicht sprach, unterbrochen von immer kürzeren Zeiten, in denen er sich höflich und hilfsbereit erwies. Er lehnte alle Angebote ab, eine Ehepaartherapie zu machen oder persönliche Hilfe zu suchen. Schließlich konnte es seine Frau nicht mehr aushalten und stellte ihm das Ultimatum, er solle sich Mühe geben, ihre Ehe zu verbessern oder gehen. Er ging. Hatte sie Recht, als sie die Ehe beendete? Ja. Aber es war ebenso angemessen wie die Entscheidung, die lebenserhaltenden Maßnahmen für einen Patienten zu beenden, bei dem man es von Anfang an gar nicht zu solch einer Krankheitsverschlechterung hätte kommen lassen dürfen. Der Ehemann mit seinen Konsumvorstellungen, wahrscheinlich auch noch in einer persönlichen Midlife-Krise, machte eine unnötige zu einer notwendigen Scheidung.

In meinem Privatleben und nachdem meine Ehe jetzt schon fast 30 Jahre besteht, habe ich gelernt, diese Art von dauerhafter Verbindung zu schätzen, noch mehr als in jüngeren Jahren, selbst wenn sie nicht allen meinen Bedürfnissen und denen meiner Frau vollständig gerecht wird. Ein gemeinsames langes Leben, zu Anfang jung und dann zusammen alt werden, Kinder bekommen und groß ziehen und später ihre eigenen Familiengründungen, das alles macht, dass die Belohnungen einer Ehe auf Dauer die jeder anderen Beziehung übertreffen. Das Paradoxe daran ist, dass Ihnen diese Belohnungen nur dann zufallen, wenn Sie sich nicht auf diese Gratifikationen konzentrieren. Denken Sie an Beatrice Arthurs berühmten Ausspruch: «Suchen Sie nicht das Glück ... es wird Sie nur unglücklich machen.» Mit Beginn in den 1990er Jahren betonte ich in meiner Literatur für andere Therapeuten das therapeutische Übergewicht, das der individuellen Befriedigung im Gegensatz zu der Verantwortung innerhalb der Familie und den familiären Verpflichtungen verliehen wurde. Allmählich fing ich an, die Rechtfertigungen für das Beenden einer Ehe mit anderen Ohren zu hören. Ich hörte sie schließlich wie die Beschwerden von Kunden so, als erkläre jemand, weshalb er ein Auto für ein neues in Zahlung geben wolle, ein Haus verkaufen müsse oder einen alten Mantel los werden wolle. Auch dabei ist mir klar, dass Menschen durch die persönlichen Enttäuschungen in ihrer Ehe tief betroffen sein können. Doch diese neuen Gründe laufen oft darauf hinaus, dass meinen seelischen Bedürfnissen im Lebensstil meiner Ehe nicht entsprochen wird oder mein Partner/meine Partnerin seiner/ihrer Aufgabe nicht gerecht wird, diese Wünsche zu erfüllen. Daraus ergibt sich ein weiteres Paradox, denn ich vertrete auch die Meinung, dass man in einer Ehe auch für sich selbst zu sorgen hat. Jeder Partner hat die grundsätzlichen menschlichen Bedürfnisse liebevoll, gerecht und mit Achtung behandelt zu werden. Spielball für die Manipulationen des Partners zu sein, ist weder für die Ehe gut noch für die eigene Person. Wenn Ihr Partner/Ihre Partnerin versucht zu kontrollieren, was Sie denken oder fühlen, müssen Sie sich abgrenzen. Wenn er/sie Sie ungerecht behandelt, müssen Sie sich wehren. Wenn Ihr Partner sich nicht an gemeinsame Abmachungen hält, müssen Sie sich mit ihm/ihr auseinander setzen. Von all diesen Dingen bin ich als Ehetherapeut überzeugt, und dabei geht es nicht um Beispiele für Konsumenten-Ehen.

Eine Konsumenten-Ehe kommt dann ins Bild, wenn ich mich hauptsächlich darauf konzentriere, was ich nicht bekomme und wie weit mein Partner/meine Partnerin nicht auf das eingeht, was ich brauche. Ich verhalte mich wie ein Konsument, wenn es mir nicht gelingt, meine eigenen Begrenzungen zu erkennen, wenn ich andauernd meinen Ehepartner/meine Ehepartnerin oder meine Ehe an meinen Phantasien von anderen Beziehungen messe, wenn ich meine Wünsche mit meinen Bedürfnissen verwechsle, wenn ich nicht mehr unterscheiden kann zwischen Verhaltensweisen, die völlig unakzeptabel sind (wie etwa körperlicher Missbrauch, Untreue, Alkoholismus, seelische Grausamkeit und ständiges Lügen) und einem Verhalten, das mich ärgert oder traurig macht (ich erfahre vom Partner/von der Partnerin nicht genügend Zärtlichkeit oder emotionale Unterstützung, er/sie arbeitet übermäßig lange, zeigt mangelndes sexuelles Interesse oder hat bestimmte unliebenswerte persönliche Eigenheiten). Die Verbraucherhaltung verwandelt Enttäuschungen in der Ehe zu Ehetragödien und konstruktive Bemühungen um Verbesserung zu berechtigten Forderungen nach Veränderung.

Hier ist ein Beispiel für eine Konsumenten-Ehe, die mit einer unnötigen Scheidung endete: Sidney, seit kurzem im Ruhestand und neu in zweiter Ehe mit einer Frau verheiratet, die auf der Höhe ihrer Laufbahn steht, findet ständig, dass ihr Arbeitspensum zu groß ist und sie für ihn zu wenig Zeit hat. Wie alle Paare hatten sie persönliche Probleme und Beziehungsschwierigkeiten, die ihre Ehe belasteten, doch was ihre Beziehung schließlich endgültig scheitern ließ, war die Tatsache, dass Sidney ein zunehmend mürrischer und nachtragender Kunde bezüglich der Zeit und der Dienstleistungen seiner Frau Mary wurde. Obwohl Mary nicht von Anfang an im Konsumenten-Jargon sprach, kam sie allmählich dazu, indem sie verkündete, dass es nicht in ihrem Interesse lag, ihre Karriereziele wegen einer unsicheren Ehe zu gefährden. Dies war ein besonders trauriger Abschluss einer Ehetherapie, denn keiner von beiden wollte eigentlich das Ende dieser Ehe, aber die Kräfte des persönlichen Eigennutzes gewannen schließlich die Überhand über ihr Gelöbnis. Wieder möchte ich betonen, dass die meisten Menschen, die sich mit dem Gedanken an eine Trennung tragen aus Gründen, die ich als «weich» bezeichnen würde, tatsächlich verzweifelt sind und Schmerzen durchleben. Wenn wir erwarten, dass andere unseren Bedürfnissen gerecht werden, können wir höchst enttäuscht sein, wenn ihnen das nicht gelingt. Die Schwelle unserer Frustrationstoleranz wird immer niedriger, und als gute Verbraucher sehen wir von uns ab und dahin, woher die Veränderung kommen sollte. Trifft diese Haltung nun auf die unweigerlichen persönlichen Schwächen und die durch die Ursprungsfamilie bedingten mitgebrachten Lasten, die wir in die Ehe mitschleppen, dann hält der Leim häufig nicht.

Früher brauchte ich zum Bekräftigen der Entscheidung, dass eine Ehe, in der kein Missbrauch vorlag, beendet werden sollte, nur die Feststellung, dass die Ehe zum jeweiligen Zeitpunkt nur noch eine Quelle von Schmerz und Enttäuschung bedeutete und es mit der Liebe zu Ende war. Was ich heute deutlicher erkenne, ist, dass dieser Schmerz und dieses Leid oft zutage tritt, nachdem jahrelang auf dem beharrt wird, was man nicht in dieser Ehe bekommt, dass man sich über das Fehlverhalten des Partners/der Partnerin beklagt hat, den Verteidigungen des Partners/der Partnerin zugehört und sich wieder durch wechselseitige Kritik verteidigt hat, dass man die eigene Ehe mit anderen Phantasiebeziehungen verglichen und sich allmählich immer weiter voneinander entfernt hat und nur noch vorwurfsvoller geworden ist. In anderen Worten, wenn man jahrelang eine Konsumenten-Ehe geführt hat. Das Gefühl, eine Ehe von höchster Qualität verdient zu haben, bringt uns dazu, unser Augenmerk darauf zu richten, was am anderen nicht stimmt; dies wiederum führt dazu, dass noch mehr schief geht, und schließlich bringt es uns das Unglück, das unser Verlassen rechtfertigt.

Die Konsumenten-Ehe im eigenen Heim

Nun kommen wir zum persönlichsten Teil: Wie die Konsumgesellschaft unsere eigenen Ehen beeinflusst. Es ist unmöglich, in der amerikanischen Gesellschaft zu leben, ohne eine gute Dosis an Konsumdenken auf eine Ehe zu übertragen. Das Problematische beim Anfang einer Liebesbeziehung liegt darin, dass sie das Versprechen der Konsumenten-Ehe zu erfüllen scheint. Wenn wir dann später erkennen: «Nanu, da scheint ja eine Menge Arbeit auf mich zuzukommen!», stellen viele von uns fest, dass sich Gedanken und Verwirrungen aus der Verbrauchersphäre bei uns breit machen. Ein gegenwärtig ausgestrahlter Werbespot zeigt ein Paar, das ein Restaurant betreibt, und dic Frau verkündet mit weicher, fast romantischer Stimme, dass das Führen eines Familienunternehmens «große Ähnlichkeit mit einer Ehe hat – ein bisschen Arbeit und eine Menge Liebe». Falsch in Hinsicht auf das Unternehmen und falsch in Hinsicht auf die Ehe, denn beide erfordern sehr viel Arbeit.

In langjährige Ehen schleicht sich das Konsumdenken auf unterschiedliche Weise ein. Zuerst, wenn uns bewusst wird, dass sich die Fehler unseres Partners/unserer Partnerin oder unserer Ehe wahrscheinlich nicht verlieren werden. Ein fernsehsüchtiger Stubenhocker von Ehemann erkennt, dass seine Frau nicht weniger aktiv sein wird, wenn die Kinder einmal aus dem Haus sind; sie wird ihre Aufmerksamkeit dann auf gemeinnützige Projekte in ihrer Umgebung übertragen. Einer Ehefrau wird klar, dass sich mit dem Altern die vorurteilsbelasteten, rigiden Seiten ihres Mannes nicht geben oder seine Anfälle von Depression sich nicht seltener zeigen werden. Ihre Launenhaftigkeit wird sich nach der Menopause nicht bessern. Seine zwanghafte Besorgtheit lässt nicht nach, wenn er in den Ruhestand geht; er verlagert sie nur von seiner Arbeit auf ihre finanzielle Lage. Mit den Jahren geht sie zwar etwas lockerer mit ihrer sexuellen Beziehung um, aber in ihrem Liebesleben wird «der Himmel nie so voller Geigen hängen», wie er es sich einmal erträumt hatte. Er braucht jedes Jahr von neuem einen Wink, damit er ihren Geburtstag nicht vergisst, trotz der Tränen in der Vergangenheit und seiner Beteuerungen, wenn er ihn wieder einmal vergessen hatte.

Die zweitwichtigste Periode, in der sich das Konsumdenken zeigt, ist, nachdem das Paar sich wirklich um Veränderungen bemüht hat, etwa in einer Selbsterfahrungsgruppe für Eheleute oder durch eine Therapie. Natürlich haben wir die Hoffnung, dass der gute Verlauf einer Einzel- oder Ehepaartherapie meinen Partner/meine Partnerin besser in Form bringt. Obwohl sich häufig nach diesen Erfahrungen eine positive Wirkung zeigt, ändern die Leoparden, mit denen wir verheiratet sind, oft ihre Flecken nicht – oder sie verändern die falschen. Selbst wenn ich einsehe, dass auch ich selbst an den Problemen oder Mängeln meiner Ehe mitbeteiligt bin, muss ich mich vielleicht im mittleren Lebensalter der Realität stellen, dass diese Beziehung, die wir zusammen aufgebaut haben, einige eingewebte negative Muster aufweist, die uns auf Dauer begleiten werden. Es ist ähnlich wie Ihr jahrzehntelanges Zusammenleben mit Ihrem eigenen Körper; Sie wissen schon, welche Teile auch weiterhin knirschen und Sie im Stich lassen werden.

Therapie und Eheschulung können uns dabei unterstützen, das zu verändern, was bei uns und in unseren Beziehungen möglich ist. Sie können aber gefährlich werden, sobald sie in uns die Erwartung wecken, wir könnten die Fehler und schmerzvollen Anteile unserer Ehe beseitigen. (Ich wiederhole hier in weltlicher Form, was uns die großen Weltreligionen über das menschliche Leben lehren.) Zu Ende der Therapie sage ich den Paaren oft, dass ihnen ihre charakteristischen Stärken und typischen Schwächen immer anhaften bleiben. Der Trick liegt darin, dass sie auf die Stärken bauen und die Auswirkungen der Schwächen eindämmen und abschwächen, sobald sie sich zeigen, besonders in Belastungszeiten.

Der dritte Zeitpunkt für das Auftreten des Konsumdenkens in lange haltenden Ehen ist, wenn sich bei einem der beiden Partner eine Leistungseinschränkung ergibt. Mir fällt dazu ein seit 30 Jahren verheiratetes Ehepaar ein, bei dem der Ehemann immer wollte, dass seine Frau mit ihm zusammen Sport trieb – Rad oder Kanu fahren oder Wandern. Sie wollte kein Spielverderber sein, und ihrer Ehe zu Liebe erfüllte sie seine Wünsche, bis sie Rückenprobleme bekam, was ihr eine unwiderlegbare Entschuldigung an die Hand gab, Dinge nicht mehr zu tun, die ihr keinen Spaß gemacht hatten. Er konnte ihr nicht eigentlich Schuld geben, dass sie «nein» sagte, doch er hatte den Verdacht (richtigerweise), sie sei gar nicht dazu motiviert, dass sich ihr Rücken wieder so weit erholte, dass sie ihm wieder bei seinen sportlichen Unternehmungen Gesellschaft leisten könnte. Er trainierte nun zum ersten Mal solo. Dies ist eine kritische Zeit für ihre Beziehung, denn der Ehemann läuft Gefahr, sich selbst zu bemitleiden und der Ansicht zu sein, dass ihm seine Frau weniger eheliche Dienstleistungen zukommen lässt. Diese Gefühle können ihn für Versuchungen anfällig machen. Schwerwiegendere Probleme können sich ergeben, wenn einer der Partner eine chronische Krankheit bekommt, die seine/ihre Fähigkeit, der gebende Teil zu sein, ernsthaft beeinträchtigt. Eine vornehmlich auf Konsumdenken aufgebaute Ehe wird das nicht überstehen.

Der vierte Konsumentenweg ist die Straße der Vergleiche. Im Konsumdenken suchen wir immer neuere und bessere Modelle, selbst wenn wir mit dem einen, das wir besitzen, grundsätzlich zufrieden sind. Die Wirtschaft basiert auf den Vergleichen zwischen dem, was gut ist, und dem, was noch besser ist. Der Pentium III Chip gibt mir die doppelte Computer-Leistung des Pentium II Chips. Wen kümmert, dass das, was ich bereits habe, ausreicht? Die aufregendsten Bereiche der Wirtschaft gründen sich darauf, dass sie schnell überholt sind. In der Ehe ist die Versuchung immer präsent, den gegenwärtigen Partner mit einem zukünftigen zu vergleichen, besonders wenn Sie sich gerade über Ihren Partner ärgern. Selbst wenn Sie nicht die geringste Absicht haben, eine andere Beziehung weiter zu verfolgen, ist der Konsumvirus der «Vergleichitis» von großer Widerstandskraft. Kollegen, Partner von Freunden, ein Nachbar/eine Nachbarin – irgendjemand, den Sie kennen lernen, und der Qualitäten hat, die anziehender erscheinen als die Ihres Partners/Ihrer Partnerin – kann zum Anlass werden, dass von Ihnen Gedanken des Bedauerns darüber Besitz ergreifen, dass Sie unglücklicherweise mit dem unvollkommenen Menschen verheiratet sind, den Sie sich gewählt hatten.

Die Gefahr dabei liegt nicht nur in dem, was wir uns vergleichend vor Augen führen oder ausphantasieren – das ist normal und menschlich und wahrscheinlich unvermeidbar. Ich erinnere mich an eine junge Medizinalassistentin aus einer allgemeinärztlichen Praxis, die in einer Selbsthilfegruppe etwas berichtete, was ihr ziemlich peinlich war; als sie einen sehr sportlichen jungen Mann untersuchte, fühlte sie sich zu ihm hingezogen und wünschte sich, dass ihr Ehemann sich ebenso pflegen würde, wie dieser Mann es tat. Das Problem liegt nicht in diesen flüchtigen Gedanken, Gefühlen und Phantasien. Gefährlich wird es erst, wenn wir uns ein Verharren in diesen Vergleichen zugestehen und uns sagen, wie traurig es doch ist, dass wir mit jemand leben, der uns weniger zu bieten hat, als wir verdienen. Natürlich haben wir im Allgemeinen nur wenig Ahnung, was für ein Partner/eine Partnerin dieser Mensch in Wirklichkeit wäre und ob nicht die erträumten Vorzüge vor unserem gegenwärtigen Partner in mancherlei Hinsicht durch Nachteile auf anderem Gebiet mehr als aufgewogen werden könnten. Der extrem durchtrainierte Knabe könnte auch äußerst narzisstisch sein und von Ihnen den ebenso wunderbaren Körper erwarten.

Cheryl, die Frau mit der Affäre, verfiel in drei dieser Muster des Konsumdenkens. Sie stellte den Mangel ihres Mannes, eines unerregenden Partners, und die Leere ihrer Ehe in den Vordergrund und übersah ihren eigenen Anteil daran. Sie brachte ihren Mann dazu, mehrmals mit ihr zur Therapie zu gehen, doch es änderte sich nur wenig an ihren grundsätzlichen Bedenken. Das überzeugte sie davon, dass sich ihre Ehe nicht bessern könne, und machte sie zu einer unzufriedenen Kundin. Als sie sich von diesem neuen Mann küssen ließ, verfiel sie in einen Rausch von Vergleichen, angeheizt durch ihre frühere Voreingenommenheit von dem, was sie in ihrer Ehe vermisste. Sie war wie jemand auf einer Wüsteninsel, dem eine Flasche eiskalten Colas vom Himmel fällt. (Vielleicht wäre berauschendes Bier passender.)

Konsumenten-Ehen-Quiz: Wird Ihre Ehe zu einer Konsumenten-Ehe?

Wie viel an Konsumdenken hat sich schon in Ihre Ehe eingeschlichen? Beantworten Sie die folgenden Fragen.

1. Ich vergleiche meinen Partner/meine Partnerin zu seinen/ihren Ungunsten (oft, manchmal, selten) mit anderen.

2. Was unsere Schwierigkeiten anbelangt, befasse ich mich (oft, manchmal, selten) mit den Fehlern meines Partners/meiner Partnerin; nicht mit meinen eigenen.

3. Ich achte (häufig,manchmal, selten) vor allem darauf, dass mein Partner/meine Partnerin nicht meine Wünsche erfüllt und weniger darauf, dass ich dies nicht tue.

4. Ich rechne (oft, manchmal, selten) nach: Ich addiere zusammen, wann ich etwas gut mache oder wenn meiner Ansicht nach mein Partner/meine Partnerin etwas schlecht macht.

5. Ich glaube (oft, manchmal, selten), dass mein Partner durch diese Ehe mehr Vorteile hat als ich.

6. Ich konzentriere mich (oft, manchmal, selten) auf die Fehler des Partners/der Partnerin statt auf seine/ihre Vorzüge.

7. Ich frage mich (oft, manchmal, selten), ob ich, als ich mir einen Partner/eine Partnerin suchte, nach jemand besserem hätte Ausschau halten sollen.

8. Wenn wir schwierige Zeiten durchleben, frage ich mich (oft, manchmal, selten), ob es sich überhaupt lohnt, wenn ich mir um diese Ehe so viel Mühe gebe.

Lauten die meisten Ihrer Antworten «selten», meine Gratulation. Sie betrachten Ihre Ehe nicht wie ein Auto, das Sie umtauschen können, wenn es älter ist und einen Anflug von Rost hat. Lauten die meisten Ihrer Antworten «manchmal», dann sollten Sie sich fragen, ob die Dinge, die Sie sich wünschen, sich als etwas verkleiden, was Sie absolut brauchen. Versuchen Sie auch die Bedürfnisse und Wünsche Ihres Partners/Ihrer Partnerin in die Überlegungen einzubeziehen. Sollten drei oder mehr Antworten «oft» sein, hat das Konsumdenken Ihre Ehe ernsthaft infiziert. Sind Sie ein «verantwortlicher Bürger» in Ihrer Ehe oder haben Sie ein «Touristenvisum», um auf eine Phantasiereise zu gehen?

Cheryl konnte die neue Beziehung nicht realistisch einschätzen, weil sie so hungrig auf etwas Neues war. Und sowohl bei ihrem Mann als auch bei ihrem Liebhaber nahm sie die Haltung einer Kundin ein, die nur sah, was sie bei dem anderen Menschen bekam oder nicht. Bei dem einen hatte sie das Gefühl von Sicherheit, empfand jedoch keine Leidenschaft, wenn er sie nachts sorgsam zudeckte, und von dem anderen wurde sie entflammt.

Neben diesen vier Denkmustern des Konsums und der Verbraucherhaltung werden im Anschluss typische Gedankengänge und Verwirrungen der Konsumenten-Ehe aufgelistet, die deren musikalische Themen aufgenommen haben. Ich lade Sie dazu ein, darüber nachzudenken, ob Ihnen einige dieser Melodien gelegentlich durch den Kopf gehen.

- «Meinen Bedürfnissen wird nicht entsprochen!» Wünsche als Notwendigkeiten umzudeuten ist das, was eine marktbestimmte Wirtschaft antreibt. Farbfernsehen war früher einmal ein Wunsch und ist heute eine Notwendigkeit. In den ersten Jahren meiner Ehe verwechselte ich ein Bedürfnis, von meiner Frau bei meinen akademischen Arbeitsinteressen unterstützt zu werden, mit einem Wunsch oder dringenden Verlangen, dass sie sich auch privat für dasselbe wie ich interessieren solle. Indem ich mein berechtigtes Bedürfnis danach, dass mir jemand zuhörte und mir auch manchmal applaudierte, mit dem eher narzisstistischen Wunsch nach einer Partnerin, die mein Klon war, verwechselte, setzte ich Leah auf unfaire Weise unter Druck. Ich kam allmählich darüber hinweg, weil ich mir klar machte, dass meine Frau nicht alle meine Wünsche erfüllen müsse und das auch nicht in jedem Fall könnte. Grundsätzliche Bedürfnisse von möglichen Wunscherfüllungen zu unterscheiden, ist eine der zentralen Voraussetzungen, will man eine Konsumenten-Ehe vermeiden.

- «Ich habe es besser verdient!» Verwandeln wir Wünsche in Notwendigkeiten, führt dies vor allem zu dem Gefühl, dass uns in unserer Ehe etwas vorenthalten wird, was uns eigentlich zusteht. Selbstverständlich haben wir ein Anrecht auf bestimmte Verhaltensweisen unseres Partners, wie z. B. Solidarität, sexuelle Treue, kein Missbrauch, Liebe, guten Willen und grundsätzliche Fairness. Sobald aber die Liste der eingeforderten Rechte zu lang oder detailliert wird, fangen wir an, uns wie ein eingefordertes Opfer unserer Ehe zu fühlen. Hätte ich auf meiner Berechtigung bestanden, eine Partnerin zu haben, die sich begeistert jeder meiner momentanen intellektuellen Leidenschaften angeschlossen hätte (diese Interessen wechseln in der Tat so schnell, dass ich nicht weiß, wie sie dies hätte bewerkstelligen sollen), dann hätte ich meiner Ehe durch mein Selbstmitleid geschadet und es meiner Frau übel genommen. Ich habe viele Ehepartner erlebt – besonders Ehefrauen – die sich dadurch um ihre Ehe gebracht haben, dass sie andauernd daran dachten, ein Recht auf einen Partner zu haben, der warmherzig, prickelnd und fähig ist, dieselben Gefühle auf Anforderung zu teilen. Auf ähnliche Weise kannte ich viele Ehepartner – besonders Ehemänner – die ihre Affären dadurch rechtfertigten, dass ihre Partnerin sexuell nicht genügend ansprechbar sei. Man gerät dabei leicht aufs Glatteis.

- «Hätte ich doch nur den/die geheiratet!» Wie bereits abgehandelt, können wir nie wissen, wie es sein würde, wenn wir mit jemand anderem als unserem gegenwärtigen Partner verheiratet wären. Wenn Sie merken, wie Sie sich an den Gedanken hängen, dass jemand anders, den Sie treffen oder kennen, bessere Voraussetzungen für eine Ehe mitbringt als ihr Partner/ihre Partnerin zum gegebenen Zeitpunkt, denken Sie wie ein fehlgeleiteter Konsument. Es kann zwar sein, dass dieser Mensch reicher mit bestimmten Eigenschaften ausgestattet ist als Ihr Partner – klüger, selbstbewusster, besser aussehend. Was Sie aber nicht kennen können, ist die Schattenseite, die sich nur in der Feuerprobe des Ehelebens erweist – wenn klüger zu herablassend oder selbstbewusst zu egozentrisch oder besser aussehend zu quälender Angst vor Falten wird. Wie können Sie dem Partnervergleich entgehen? Was die meisten Menschen tun, ist positive Gedanken über den Partner/die Partnerin zu hegen und daran zu denken, dass es dieser eine Mensch war, an den sie sich gebunden haben und sie in Wirklichkeit nur wenig über das Potenzial eines neuen Partners wissen.

- «Meine Ehe ist nicht so gut wie deine Ehe.» Dies ist eine Variation des Partnervergleichs. Erregt es manchmal Ihren Neid, wenn Sie andere Paare sehen, die glücklich und verliebt aussehen? Sollten Sie über solchen Gedanken brüten, werten Sie Ihre eigene Ehe wahrscheinlich überflüssigerweise ab. Ich habe mit vielen Ehepaaren gearbeitet, die nach außen wunderbar wirkten und innen erbärmlich waren. Ich denke dabei an die mir eingestandene Betroffenheit eines Paares, deren Ehe beim Feiern ihrer Silbernen Hochzeit überschwänglich gepriesen worden war. Die

Gäste hatten gesagt, sie beneideten das Paar um diese Ehe. Niemand wusste, dass sie schon zwei Jahre lang nicht mehr miteinander geschlafen hatten und ständig stritten, sobald sie allein waren. In Wirklichkeit weiß niemand, abgesehen vom Ehepaar selbst und vielleicht ihrem Ehetherapeuten, was in einer anderen Ehe vor sich geht.

- «Mein Partner/meine Partnerin hat Fehler.» Wie bereits erwähnt, sind diese Gedanken typische Konsumenten-Denkmuster, hervorgerufen durch eine Anspruchshaltung, die Verwechslung von Wünschen und Notwendigkeiten und überflüssige Vergleiche. Denken Sie als gewitzter Verbraucher daran, dass Sie nur eine andere Fehlerkombination bekommen werden, wenn Sie diesen Partner/diese Partnerin für ein neues Modell in Zahlung geben. Und fragen Sie sich, ob die von Ihnen wahrgenommenen Fehler entscheidend oder nur lästig sind. Der Ehemann einer Klientin hatte tatsächlich den untragbaren Fehler, pädophil zu sein, und wollte auch keine Hilfe in Anspruch nehmen. Schluss damit. Der Partner einer anderen war gewalttätig, wollte keine Therapie und gab allen anderen die Schuld für seine Wut. Schluss auch mit ihm. Doch die meisten Fehler in einer Partnerschaft sind nicht so gravierend und es kann uns gelingen, damit fertig zu werden, wenn wir unsere Gedanken und Energien umorientieren und den positiven Seiten des anderen zuwenden. Andrew Christensen und Neil Jacobson haben auf das Thema der Akzeptanz von überbrückbaren Unterschieden ein interessantes neues Modell für die Ehepaartherapie aufgebaut (s. ihr Buch *Reconcilable Differences*). Ich weiß von einer Frau, die von sich behauptet, sie habe ihre Ehe dadurch gerettet, dass sie die Tatsache akzeptierte, dass ihr Mann, obwohl er sie wirklich liebte, nicht fähig war sie zu trösten, wenn sie unglücklich war. Sie beschloss, sich dann lieber an ihre Freundinnen zu wenden, und als sie aufhörte, von ihm uneingeschränktes Einfühlungsvermögen zu erwarten, konnte sie ihn leichter um sich ertragen, wenn sie traurig war, weil er dann weniger Angst hatte, etwas falsch zu machen. Einen Menschen anzunehmen, ist eine Methode, mit der bei uns allen das Beste herausgeholt wird.

- «Ich bin bei uns der/die Gute.» Wir alle haben eine große Bereitschaft zur Selbstgerechtigkeit. Bei einer kürzlich erfolgten Umfrage behaupteten ungefähr 75 % der Geschiedenen, sie hätten sich sehr um den Erhalt der Ehe bemüht, und nur 25 % nahmen dasselbe von ihrem Partner an. Irgend etwas scheint hier nicht zu stimmen, denn die früheren Partner waren auch Teilnehmer der 75 % Gruppe! Die einfachste Möglichkeit am Spiel der Konsumenten-Ehe teilzunehmen ist, nur die eigene Rechtschaffenheit zu sehen, während man den eigenen Anteil an den Eheproblemen herunterspielt. Cheryl, die Frau mit der Affäre, machte dies. Weil sie Leidenschaft mit ihrem Liebhaber erleben konnte, meinte sie, ihr Eheproblem könne nichts mit ihrem eigenen Unvermögen zu tun gehabt haben; der Fehler muss also bei ihrem Mann liegen. Das ist so, als würde man sagen, weil ich mich in den Ferien glücklich fühle, musst Du schuld sein, wenn ich mich zu Hause unglücklich fühle. Gedanken der Selbstrechtfertigung bereiten den Boden vor für einen Rückzug oder eine Trennung, doch Sie werden die Neigung, sich selbst rechfertigen zu wollen, auch in eine nächste Beziehung mitnehmen.

Was können wir tun statt uns wie anspruchsberechtigte Kunden in unseren Ehen zu verhalten? In Cheryls Fall hätte sie den erregenden Kuss als Weckruf ansehen können, der sie dazu aufforderte, in sich zu gehen und nach ihrem eigenen Anteil an ihrer Lebensenttäuschung und ihrer leeren Ehe zu forschen. Als sie sich entschloss, dem Ruf einer neuen Romanze zu folgen, heftete sie stattdessen ihren Blick auf die Faszination der Affäre und die Unfähigkeit ihres Mannes, sich zu verändern. Eine schwierigere, aber auch verantwortlichere Vorgehensweise wäre gewesen, wenn sie das Risiko auf sich genommen hätte, ihrem Mann schonungslos von ihren Frustrationen zu erzählen und sich dann entweder intensiv für eine Veränderung eingesetzt oder aber gelernt hätte, mit diesen Einschränkungen zu leben ohne sich als Opfer zu fühlen.

Schließlich versuchte Cheryl es noch einmal mit Ihrer Ehe. Sie machte Schluss mit ihrer Affäre und begann an der Beziehung zu ihrem Mann zu arbeiten. Doch nicht ohne Trauer darüber, dass sie den Traum von einem Konsumenten-Paradies eines Liebesabenteuers auf Dauer aufgeben musste. Eine emotionale Krise mit einem ihrer Kinder verhalf ihr dazu, die Aufmerksamkeit wieder auf die Familie zu richten. Sie fand wieder in die Verbundenheit mit ihrer Ehe zurück, als ihr klar wurde, was auf dem Spiel stand – eine langjährige Ehe, ein Ehemann, der sie liebte, Kinder, die auf diese Ehe angewiesen waren, und ein Kreis von Menschen im sozialen Umfeld dieser Ehe. Sie hatte sich auf das konzentriert, was sie in ihrer Ehe nicht bekommen hatte, worauf sie einen Anspruch hatte, was sie durch das Versagen ihres Mannes verpasst hatte und wie sie mit einem neuen Modell eines Ehemannes glücklicher sein würde. Schließlich und mit der Zeit sah sie aber ein, dass sie in ihrer Ehe doch eigentlich Bürgerrechte hatte und sich nur als Touristin in ihrer Liaison aufhielt.

Die beste Möglichkeit, Ihre Ehe nicht von der Konsumgesellschaft dominieren zu lassen, ist, sich als Bürger in dieser Partnerschaft zu sehen, in anderen Worten: engagiert zu sein, sich eindeutig gebunden und als Teil einer Gemeinschaft zu empfinden. Bürger einer Ehe zu sein, heißt Verantwortung für eine positivere Gestaltung der Situation zu übernehmen, statt passiv zu bleiben, die Ehe an sich statt nur die eigenen Vorteile dabei wertzuschätzen, um Verbesserungen dadurch zu erkämpfen, dass man die Probleme benennt und bei sich selbst mit den Veränderungen anfängt, in langer Perspektive zu denken, damit Sie den Wert Ihrer Geschichte als Paar zusammen erkennen können und nicht bei kurzfristigem Schmerz und Streit stecken bleiben, und zu sehen, welche Bedeutung Ihre Ehe für viele andere Menschen in Ihrer Umgebung hat, und schließlich an dem nie vollständig erfüllbaren Traum von einer vollkommeneren Verbindung festzuhalten.

Kapitel 3

Verlieren Sie Ihre Ehe nicht an Ihre Kinder

Bisher haben wir über die Gefahren der «Ich-Zuerst-Haltung» in der Ehe gesprochen. Wir machen jetzt eine scharfe Rechtskurve und wenden uns der Frage zu, wie eine liebevollere und selbstaufopfernde Einstellung zur Ehe, nämlich die «Kinder-Zuerst-Haltung», auch Gefahren mit sich bringt. Dies wird einiger Erklärungen bedürfen. In gewisser Beziehung ist es nötig, die Kinder an die erste Stelle zu rücken. Sie sind bei uns zu Hause die verletzlichsten und bedürftigsten Menschen. Wenn Sie gerade dabei sind, mit Ihrem Partner/Ihrer Partnerin zu schlafen, und Ihr hungriges Baby wacht mit nassen Windeln auf und schreit, dann wissen Sie, was Sie zuerst zu tun haben. Wenn Ihre Teenager-Tochter außer sich ist, weil Ihr Freund mit ihr gerade Schluss gemacht hat, dann legen Sie den schlechten Tag Ihres Partners auf Eis und kümmern Sie sich um Ihre Tochter. Doch die Kinder bereichern auch unser eigenes und unser Eheleben mit ihrer Liebe und Freude und Offenheit für alles, was für sie in der Welt neu ist. Auf der anderen Seite haben Sie vielleicht mit Ihrem Partner immer allein um 20.30 Uhr schön mit einer Flasche Wein zu Abend gegessen, aber sobald Sie Kinder hatten, machten Sie sich passenderweise ein Familienabendessen eher um 18 Uhr zur Gewohnheit und jetzt trinken Sie wahrscheinlich mit den Kindern zusammen Milch.

Anpassungen wie diese sind natürlich und unvermeidlich. Aber es besteht ein Unterschied zwischen einem Ausrichten der Ehe nach den Bedürfnissen der Kinder, um ihnen gerecht zu werden, und dem Aufgeben seiner Ehe zu Gunsten der Kinder. Ich denke dabei an Dave und Deirdre, liebevolle Eltern und Eheleute, die sich allein nichts zu sagen haben. Irgendwann in der Zeit zwischen der Geburt ihres Sohnes und seinem sechsten Geburtstag wurden ihre Kinder für sie zu ihrer ganzen Welt. Es fing damit an, dass sie sich nie um einen Babysitter für ihren Säugling bemühten. Ihre Entschuldigung dafür war, dass sie entfernt von der weiteren Familie wohnten und den Kindern am Ort nicht trauten. Das ist vielleicht verständlich bei Neugeborenen, die besondere Fürsorge brauchen, aber selbst in einem solchen Fall hätten sich Dave und Deirdre andere verantwortungsbewusste junge Eltern suchen können, um sich mit ihnen beim Kinderhüten an einem Abend während des Wochenendes abzuwechseln. Damit hörten sie auf, sich ein gemeinsames Ausgehen vorzunehmen und dafür zu planen.

Als ihr Kind alt genug war, um abends länger aufzubleiben, und nicht ins Bett gehen wollte, bestimmte das Ehepaar nie eine feste Zubettgehzeit für das Kind. Es blieb bei ihnen und beanspruchte ihre Aufmerksamkeit, bis es von selbst einschlief und dann ins Bett geschafft wurde. Bald danach gingen sie selbst zu Bett, ausgelaugt von der täglichen Arbeit für ihren Unterhalt und der Sorge für das Kind. Dann kam ihre Tochter zur Welt; das Tempo ihrer Elternschaft beschleunigte sich und absorbierte selbst die kleinen Gesprächsfetzen, die sie sich als Ehepaar mit nur einem Kind noch verstohlen gegönnt hatten. Dave und Deirdre waren nicht unzufrieden mit ihrem Leben. Sie waren hingebungsvolle Eltern und Gefährten, die gut zusammenarbeiteten. Sie nahmen an, so sei eine Ehe einfach, wenn man erst einmal Kinder hatte. In Wirklichkeit beklagte sich Deidre aber manchmal bei ihren Freundinnen, weil Dave ihr nicht genügend

Aufmerksamkeit schenkte, doch ihre Freundinnen versicherten ihr, dass er nur ein typischer Ehemann sei, und einfach niemand viel von einer Ehe habe, solange die Kinder klein seien.

Ihr Eheleben konzentrierte sich nur noch mehr auf die Kinder, als ihr Sohn mit sechs Jahren anfing, Fußball zu spielen. Es zeigte sich, dass er Talent hatte, und seine Eltern genossen es, ihm zuzusehen. Es dauerte nicht lange, bis sie ihn in einem ehrgeizigeren Verein anmeldeten, in einer Mannschaft, die viel unterwegs war und dreimal in der Woche trainierte (viermal während der Ferien), dazu gab es dann noch Heim- oder Auswärtsspiele an jedem Wochenende. Wettkämpfe kamen außerdem noch dazu. Dave und Deidre liebten auch den Kontakt mit den anderen Eltern. Das häufige Training bedeutete allerdings, dass sie jetzt nicht mehr häufig gemeinsam mit der ganzen Familie zusammen essen konnten, und die Wochenendreisen zusätzlich zu ihrem täglichen Arbeitspensum machten die meisten Wochenenden ganz schön hektisch. Als ihre Tochter Denise ins Handballalter kam, stürzte auch sie sich in das turbulente Familienleben, und jetzt fanden sich Dave und Denise häufig auf unterschiedlichen Sportplätzen, um den verschiedenen Kindern zuzusehen. Das Abendessen bestand aus einem im Auto gegessenen belegten Brot. Denise wollte zwar nicht in einer reiselustigen Mannschaft spielen, dafür meldete sie sich beim Turniertanz an, was sich schließlich als ebenso zeitraubend wie das Handballspiel erwies.

Dave und Deirdre führten das typische Leben einer Mittelklasse-Familie in der heutigen Welt, das sich um die Arbeitszeiten der Eltern und die Aktivitäten der Kinder drehte. Merken Sie, dass es kein Zeitprogramm für das Ehepaar gab? Zu Hause kreisten alle Unterhaltungen um die Kinder oder die Haushaltslogistik. Dave und Deirdre lieben sich, und manchmal sprechen sie über die Sorgen und Belastungen ihrer Arbeit und die beeinträchtigte Gesundheit seines Vaters oder ihrer Mutter. Doch diese Unterhaltungen, wie alle ihre gemeinsamen Paarkontakte, werden ständig von den Kindern unterbrochen. Die Eltern können sich nicht einmal vorstellen, ihre Kinder darum zu bitten, ihre Unterhaltungen nicht zu stören. Es kommt ihnen auch gar nicht der Gedanke, feste Bettzeiten für die Kinder einzuführen, damit sie als Eltern auch einmal frei haben und sich zusammen entspannen könnten. Obwohl sie jetzt doch manchmal Babysitter bestellen, verbringen sie ihre gelegentlichen freien Abende mit Freunden oder im Kino und nicht im ruhigen persönlichen Gespräch, durch das sie wieder emotional miteinander in Berührung kommen könnten. Und ihre sexuelle Beziehung ist zu diesem Zeitpunkt auch ziemlich schal, wie Sie sich vorstellen können. Es ist mehr nötig als nur gute Eltern zu sein, wenn man Intimität am Leben halten will.

Wenn Sie glauben, Dave und Deirdre seien schon überfordert, was halten Sie von Marc und Liz, einem wiederverheirateten Paar mit ihren Kindern im Haus und seinen jede zweite Woche zu Besuch? Ebenso wie viele andere wiederverheiratete Paare haben Marc und Liz große Schwierigkeiten, ihrer Partnerschaft den wichtigsten Stellenwert einzuräumen, ohne einen zu großen Abstand zu den Kindern zu schaffen. In Woche eins versucht Marc, abends etwas Zeit mit Liz zu verbringen, doch ihre Kinder bestehen auf ihrer Hilfe bei den Hausaufgaben, wenn sie vom Fussballspielen zurückgekommen sind. Sie fühlt sich zwischen ihrem Mann und den Kindern hin- und hergerissen und beschließt dann, die Zeit mit ihren Kindern zu verbringen, weil sie sich von ihnen mehr gebraucht fühlt. In Woche zwei, wenn Marcs Kinder bei ihnen sind, ist er für sie ein Vollzeitvater, verplant sich jeden Abend mit ihren Unternehmungen und ist auch sonst jede Minute für sie da. Wenn sich Liz darüber beschwert, dass er in diesen Wochen kein Ehemann mehr ist, antwortet er, dass er seine Kinder doch nur jede zweite Woche hat. Und mit der Zeit bekommen die Kinder das Gefühl, dass ihnen die Zeit und Aufmerksamkeit dieses einen Elternteils zusteht, und sie würden ein großes Theater machen, wenn sich das Paar so verhielte, als seien sie verheiratete Liebende. Die Situation von Marc und Liz ist eine beträchtlichere Herausforderung für ihre Ehe als bei Dave und Deirdre, denn bei Wiederverheirateten vergrößert die Zeit, die einer der Partner allein mit seinen oder ihren Kindern verbringt, den Abstand zum anderen mehr als in einer ersten Ehe, bei der die Kinder beiden Eltern gleichermaßen gehören.

Warum überlassen wir unsere Ehe unseren Kindern?

In einer Zwei-Eltern Familie ist die Ehe das Fundament der Familie, die Basis der Familienpyramide. Es ist die zentrale Beziehung, die den Kindern und der Eltern-Kind-Beziehung voraus ging. Wir verlieben uns ineinander, bevor wir unsere Kinder lieben. Wenn sie aus dem Haus gehen, haben wir uns immer noch, oder zumindest hoffen wir das. Unsere Kinder sind auf das Gleichgewicht und die Sicherheit unserer Beziehung für ihr eigenes Gleichgewicht und ihre eigene Sicherheit angewiesen. Das alles ist uns bekannt; ich schreibe hier keine Raketenforschung. Warum aber ziehen sich so viele von uns, wie Dave und Deirdre, aus der Partnerrolle zurück, sobald sie Eltern werden?

Teilweise ist es deshalb, weil viele von uns nicht wissen, wie wir unsere Ehe nach der Phase des Jungverheiratetseins gestalten können. Das ist das, was wir bereits diskutiert haben: Wir steigen in unser Kanu und lassen uns vom Fluss nach Süden treiben. Aber es geht noch um mehr, wenn wir Kinder großziehen. Kinder sind ganz natürlich bereitwillige Verbraucher jedweder Zeit, Aufmerksamkeit, allen Besitzes und aller Dienstleistungen, die Eltern erbringen können. Es ist die Aufgabe der Eltern zu entscheiden, wie viel genug ist, wie viel zu viel ist, und den Unterschied auch durchzusetzen. Die meisten Eltern verstehen dies heute, solange es um die Versorgung der Kinder mit materiellen Gütern geht. Die Kinder in materiellen Dingen zu verwöhnen, ist gesellschaftlich inakzeptabel, es sei denn, es handele sich um den Kauf elektronischer Geräte, für die es heute keine Einschränkungen zu geben scheint. Aber den Kindern Grenzen zu setzen, wenn es um Zeit und Aufmerksamkeit geht, die wir ihnen zukommen lassen, und wie viele Möglichkeiten und Unternehmungen wir ihnen anbieten, darauf wird in unserer Gesellschaft kein besonderer Wert gelegt. Die Kinder heutzutage besitzen ihre Eltern. Im schnellen Wechsel von einer oder zwei Generationen gaben wir die Regel auf, nach der Kinder zwar gesehen aber nicht gehört werden sollten, wenn Erwachsene dabei waren; stattdessen ist jetzt die Regel, dass es nur die Kinder sein sollten, die gesehen und gehört werden, wenn Erwachsene anwesend sind.

Betrachten wir das Thema fester Bettzeiten. Dave und Deirdre sind typisch für die Eltern von Kleinkindern auf diesem Feld. Untersuchungen weisen nach, was viele von uns beobachtet haben: dass die Zubettgehzeiten der Kinder von der Bildfläche der Familie verschwinden, sobald die Kinder erst einmal alt genug sind, um ihren Vorlieben lautstark Ausdruck zu verleihen. Manche der arbeitenden Eltern sagen, sie wollen so lange wie möglich abends ihre Zeit mit den Kindern verbringen; also lassen sie sie so lange auf wie sie wollen, bis sie von selbst einschlafen. (Natürlich sind die Kinder dann müde, wenn es morgens in die Schule geht, und den Eltern entgeht auch die Möglichkeit gute Zubettgeh-Rituale mir ihren Kindern zu entwickeln.) Aber es gibt auch noch andere Gründe, die man sich noch weniger eingestehen mag. Wie bringen Sie Ihre Kinder dazu, etwas zu tun, was sie nicht tun wollen? Warum sollte man sich den Ärger und Streit antun, um eine feste Routine beim Zubettgehen durchzusetzen? Was ist, wenn sie doch wieder aufstehen? Nein, es ist leichter, wenn man sie einfach weiter fernsehen oder ein Computerspiel machen lässt.

Als ich zum ersten Mal auf dieses Szenario traf, glaubte ich, in einer anderen Kultur zu sein. Ich bin mit festen Bettzeiten groß geworden, die später hinausgeschoben wurden, als ich älter war. Ich erinnere mich noch daran, als ich alt genug war und anfing, die *Ed Sullivan Show* zu sehen, die um 20 Uhr auf dem Programm stand. Ein paar Jahre lang konnte ich nur die erste halbe Stunde sehen, und dann, endlich, die ganze Show! Doch wenn ich hätte tun können, was ich wollte, hätte ich selbst über meine Zubettgehzeit bestimmt; zwar machte ich manchmal Aufstand, gab aber dann doch nach.

Als Leah und ich 1973 und 1975 unsere eigenen Kinder bekamen, kam uns nie der Gedanke, wir könnten keine festen Zubettgehzeiten für sie haben. Ich weiß noch, dass 19.30 Uhr der früheste Zeitpunkt war, um sie ins Bett zu bringen, als sie noch sehr klein waren; später viele Jahre um 20 Uhr und dann immer später, bis sie aufs Gymnasium gingen. Als Teenager bestimmten sie selbst, wann sie zu Bett gehen wollten, beraten von uns, wenn es uns so schien, als seien sie müde. Ich war gewöhnlich für die Zubettgeh-Rituale zuständig, die mit einem Bad eine halbe Stunde vor der verabredeten Zeit begannen, dann kamen die Bettgespräche oder Vorlesen und schließlich der Gutenacht-Kuss. Als sie in die Schule kamen, verlangten wir nicht länger, dass sie das Licht ausmachten; sie konnten lesen oder spielen, bis sie müde waren. Aber sie durften nicht mehr aus ihrem Zimmer kommen oder etwas von uns verlangen, es sei denn, es war etwas Wichtiges. Wir hatten frei als Eltern.

In der Rückschau kann ich drei wichtige Funktionen des Doherty-Zubettgeh-Arrangements erkennen. Es ließ den Kindern Entspannung und genügend Schlaf zukommen. Es gab uns die Möglichkeit für ein Ritual unter vier Augen mit jedem Kind; die Gespräche beim Zubettbringen gehören zu den liebsten Erinnerungen an meine Zeit als Vater. Und es ermöglichte mir und Leah, den Erwachsenen, Zeit miteinander zu verbringen. Es war gar nicht so, dass wir uns die ganze Zeit über nur miteinander befassten, aber zumindest gehörte uns als Paar das Haus allein.

Mir wurde die Abschaffung der Gewohnheit, Kinder zu festen Zeiten ins Bett zu bringen, vor einigen Jahren bewusst, als ich Ehetherapie machte. Ich arbeitete mit einem Ehepaar, zwischen dem es äußerst wenig funkte, abgesehen vom regelmäßigen Gerangel über die Arbeitsaufteilung und die Kindererziehung. Ich fragte danach, wie viel Zeit sie zu zweit miteinander verbrachten. So gut wie keine, entgegneten sie. Sie gingen nie allein zusammen aus, obwohl sie ziemlich oft die weitere Familie besuchten. Ich fragte sie, ob sie nach der Zubettgehzeit der Kinder zusammen waren. Sie sahen mich ungläubig an. Zubettgehzeit? Sie kannten keine Kinder, die zu einer bestimmten Zeit ins Bett gingen. Ich hatte das Gefühl, mich plötzlich in einer transkulturellen Beratung zu finden. Dieses Paar hatte nie feste Zubettgehzeiten für ihre Kinder eingeführt und konnte sich das jetzt, wo die Kinder zehn und zwölf Jahre alt waren, auch nicht vorstellen. Das abendliche Muster war, dass die Ehefrau als erste im Haus schlafen ging, gefolgt von dem zehnjährigen Kind, dann das zwölfjährige und schließlich der Vater. Ich konnte nie sicher herausfinden, ob die Kinder die Mutter zudeckten, aber ich weiß jedenfalls, dass es der Vater nicht tat.

Wie passt dieses nicht seltene Scenario zur Bettzeit zusammen mit der Vorstellung von einer Konsumenten-Elternschaft? Die Elternrolle hat sich dahin gewandelt, dass es darum geht, einen Laden rund um die Uhr an sieben Tagen der Woche offen zu halten, mit Bedienung nach Anforderung. Natürlich war es immer eine Vollzeitbeschäftigung, Eltern zu sein, aber heutzutage geht es nicht nur darum, in Rufbereitschaft für die Grundbedürfnisse der Kinder zu sein, sondern auch bereit zu sein, augenblicklich, Tag und Nacht, auf all ihre Wünsche und Launen einzugehen. Wenn Kinder klein sind, wünschen sie sich ständigen Blickkontakt mit Ihnen, den Eltern, oder zumindest möchten sie, dass Sie sich im Zimmer nebenan aufhalten und auf alle ihre Bedürfnisse, Wünsche und Einfälle (die für kleine Kinder denselben Stellenwert haben) zu reagieren bereit sind. Wenn sie unternehmungslustige Teenager werden, möchten sie 24 Stunden am Tag eine Telefon-Standleitung haben, für den Fall, dass sie Informationen brauchen oder die Erlaubnis etwas zu tun. Eine Zeitungs-Kolumnistin beschrieb kürzlich ihren Ärger und ihren Widerstand dagegen, ständig ihr Handy anschalten zu müssen für eine Tochter, die sich beschwerte, sobald sie es abschaltete.

Wer, könnte man fragen, sind die Eltern, und wer sind die Kinder?

In der häuslichen Arena haben die Kinder aller Altersgruppen heute ein neues menschliches Universalrecht, die Unterhaltung der Erwachsenen zu jeder Zeit und aus jedem Anlass zu unterbrechen. Die Erwachsenen müssen im Gespräch innehalten und sich sofort dem Kind zuwenden. Viele Eltern betrachten heute nicht als ungezogen, wenn ein Kind aus nichtigem, keineswegs dringlichem Grund unterbricht, sondern wenn Erwachsene das Kind zurückhalten, während sie ihren Satz zu Ende sprechen! Es wäre auch eher unerzogen, weiterzusprechen oder das Kind zu bitten, «Entschuldigung» zu sagen und um Erlaubnis zu bitten, bevor es dazwischen reden darf. Können Sie sich vorstellen, dass Sie Ihrem Siebenjährigen, der in diesem Augenblick wissen will, ob Sie morgen mit ihm zum Schwimmen gehen, sagen, er solle warten, bis Sie und Ihr Ehepartner eine Sache zu Ende gesprochen haben? Wenn es Ihnen gelingt, widerstehen Sie bereits dem Sog des Konsum-Eltern-Daseins. Sollten Sie zwar dazu nicht in der Lage sein, es jedoch am liebsten tun wollen, dann sind Sie schon auf dem richtigen Weg.

Wem gehört Ihre Ehe – Ihnen oder Ihren Kindern?

Es ist leicht, Gründe dafür zu finden, weshalb die Bedürfnisse Ihrer Kinder ganz zentral im Vordergrund stehen, doch wenn Sie Ihren Partner/Ihre Partnerin über Ihren Elternaufgaben vernachlässigen, werden Sie damit Ihren Kindern nichts Gutes tun. Wenn Sie diese Behauptungen lesen und mehr als drei Mal mit «ja» beantworten, geben Sie Ihr Eheleben zu Gunsten der Kinder auf, und Sie sollten daran arbeiten, Grenzen zu setzen und wieder zu einem Zusammenleben mit Ihrem Partner zurückzukehren.

1. An fünf von sieben Abenden gehen Ihre Kinder unter zehn Jahren ins Bett, wann sie wollen, und gewöhnlich weit später als um 21 Uhr.

2. Wenn Sie endlich einen Augenblick der Gemeinsamkeit mit Ihrem Partner/ihrer Partnerin gefunden haben, und sei es auch nur im Auto auf der Fahrt zu einem Fußballspiel, bitten Ihre Kinder Sie unweigerlich, die Musik anzustellen, ihnen eine Safttüte zu geben oder wollen, dass Sie zuhören, wenn sie Ihnen über das neueste Videospiel berichten, und es fällt Ihnen leichter, Ihre Aufmerksamkeit ihnen zuzuwenden, als sie zu bitten, doch so lange zu warten, bis Sie mit Ihrem Partner/Ihrer Partnerin zu Ende gesprochen haben.

3. Sie sind in einem Monat kein einziges Mal allein miteinander ausgegangen – und Sie können sich nicht einmal mehr daran erinnern, wann es das letzte Mal davor war.

4. Das Schloss an der Schlafzimmertür rostet, weil es nicht gebraucht wird.

5. Die Zeit, die Sie früher gemeinsam zu zweit verbrachten, wird immer zu einer Zeit für die Familie, in der Sie z. B. ein Disney-Video mit den Kindern ansehen, statt auf dem Balkon Jazz zu hören, während die Kinder den Film allein im Haus sehen.

6. Wenn Sie zu einem Zeitpunkt wählen können, ob Sie mit Ihrem Partner/Ihrer Partnerin über seinen/ihren Tag sprechen oder mit den Kindern Ball spielen, wählen Sie fast immer die Kinder.

7. Wenn Sie schließlich die Kinder zur Geigenstunde und zum Schwimmtraining gefahren haben und gerade mit dem Physikprojekt fertig sind, das – wie Sie gerade herausgefunden haben – bis morgen fällig ist, und Ihr Part-

ner/Ihre Partnerin möchte sich hinsetzen und sich in Ihrer Gesellschaft entspannnen, können Sie einfach nicht widerstehen, Jans Wäsche zusammenzulegen oder an Lenas Puppenhaus weiterzubauen «so beim Sprechen».

Ihre Kinder werden gemischte Gefühle haben

Ich muss Sie warnend darauf hinweisen, dass Ihre Kinder die Veränderung nicht unmittelbar schätzen werden, wenn Sie sich dazu entschließen, Ihre Ehe ihren Konsumforderungen zu entziehen. Wer könnte ihnen das schon vorwerfen? Wer hätte nicht gerne einen Diener und eine Dienerin in ständiger Bereitschaft? Und wer würde es nicht übel nehmen, wenn diese Diener auf einmal ein Eigenleben beanspruchen? Ich hoffe, Sie glauben nicht, ich würde einer Vernachlässigung der Kinder das Wort reden – obwohl die Kinder selbst dies anfänglich denken könnten – ich meine vielmehr eine ausgewogene Gestaltung des Familienlebens, die eine geglückte Ehebeziehung ermöglicht. Der Entschluss, Ihr Kind aus dem Fußballverein mit den vielen Auswärtsspielen zu nehmen, weil das Opfer für die ganze Familie und für Ihr Privatleben als Ehepaar zu groß ist, wird Sie keinen Beliebtheitswettbewerb bei Ihrem Kind gewinnen lassen und Ihnen vielleicht auch Kritik von anderen Eltern eintragen. Um Eltern bei diesen Entscheidungen zu unterstützen, war ich daran beteiligt, eine Initiative namens «Familienleben an die 1. Stelle» zu gründen. (Näheres können Sie darüber im Internet erfahren unter familylife1st.org.) Die Außer-Haus-Unternehmungen der Kinder in den Griff zu bekommen, ist grundsätzlich wichtig, wenn man eine Ausgewogenheit des Familienlebens erreichen will, und diese ist Voraussetzung dafür, dass eine Ehe hält.

Regelmäßigkeit beim Zubettgehen Ihrer beleidigten Kinder einzuführen, wird Beharrlichkeit auf Ihrer Seite erfordern. Wenn Sie Ihrem Kind in der ersten oder zweiten Klasse des Gymnasiums sagen, dass Sie nur bis 20.30 Uhr dazu bereit sind, ihm/ihr bei den Hausaufgaben zu helfen, und sie hinterher frei haben, wird Ihr Kind das zuerst als egoistisch ansehen. Wenn Sie Ihrer Tochter sagen, dass Sie und ihr Stiefvater über das Wochenende verreisen und jemand anders sie zu ihrem Fußballspiel fahren wird, ruft dies sicher ihren Protest hervor (Was kümmert sie Ihre neue Ehe?), gleichzeitig auch die Opposition der anderen Fußballeltern, die denken, Sie vernachlässigen Ihre Tochter, wenn Sie nicht am Rande des Fußballfelds erscheinen. Wenn Ihre Kinder die Erfahrung gemacht haben, dass ihr Wunsch nach Aufmerksamkeit immer Ihre Ehe ausgestochen hat, dann werden Sie geduldig ihre Klagen anhören müssen, während Sie den Kurswechsel vornehmen. Erklären Sie ihnen, weshalb Sie von ihnen etwas verlangen, was ihnen so vorkommen könnte, als spielten sie zeitweilig nur die zweite Geige. Sagen Sie ihnen, dass Sie Zeit für sich als Paar brauchen, damit Sie auch weiter eine gute Ehe führen können. Entschuldigen Sie sich nicht dafür, wenn Sie für das richtige Gleichgewicht sorgen. Laden Sie sie dazu ein, als Mitbürger der Familie ihren Beitrag zu leisten und sich nicht nur als unglückliche Kunden zu fühlen, die Ihre Dienstleistungen erwarten. Gehen sie entschieden vor bei Ihren Veränderungen. Ziehen Sie nicht gleich zurück, sobald sie Widerstand leisten, sondern gehen Sie vernünftige Kompromisse ein; räumen Sie beispielsweise einen Zeitraum ein, in dem die Schlafzimmertür zwar geschlossen, das Licht aber noch nicht notwendigerweise ausgeschaltet sein muss; lassen sie Ihr Kind in einem Verein spielen, der keine auswärtigen Spiele hat oder versprechen Sie Ihrer Fünfjährigen, dass Sie ihr jeden Abend vor der Elternzeit ein Buch vorlesen.

Wenn Sie selbst von diesen Veränderungen überzeugt sind und den Kindern die Gründe für diese Zeit zu zweit eindeutig darlegen, werden sie mit der Zeit die Schwerpunktverlagerung im Familienleben zu schätzen wissen. Und wenn Sie damit anfangen, solange die Kinder noch klein sind, werden sie von Anfang an das Gleichgewicht im familiären Ablauf akzeptieren.

Als unsere Jüngste ungefähr vier Jahre alt war, führten Leah und ich unsere Gesprächsrunde nach dem Abendessen ein. Ich werde dies später noch weiter ausführen, wenn wir über diese Rituale sprechen; jetzt will ich nur darauf hinweisen, dass wir unseren Kindern beibrachten, uns 15 Minuten jeden Tag nach dem Essen allein zu lassen, damit wir über den Tag und das, was uns innerlich beschäftigte, reden konnten. Gelegentlich mussten wir sie daran erinnern uns nicht zu stören, es sei denn aus triftigem Grund, aber meist hielten sie sich an die Abmachung. Jahre später sagte uns unsere erwachsene Tochter, sie habe sich durch diese Zeit, die wir jeden Abend miteinander beanspruchten, gut gefühlt und sicherer, weil wir ein richtiges Paar waren. Ich kann mich an dasselbe Gefühl erinnern, wenn meine Eltern nachts in der Küche zusammen Tee tranken und leise miteinander sprachen. Irgendwie empfand ich meine Welt dann als sicher.

Strategien, um eine Ehe nicht zu Gunsten der Elternrolle aufzugeben

Ich möchte gern meine Vorschläge zu der schwierigen Aufgabe, großartige Eltern in einer großartigen Ehe zu sein, noch einmal zusammenfassen. Aus Ihrer Ehe eine Priorität zu machen, bedeutet nicht die Kinder zu vernachlässigen. Wie auch sonst in unserem Leben ist es eine Frage der Balance. Doch für die meisten von uns ist es schwieriger, Gewicht auf die Seite der Ehe zu verlagern. Kindern gelingt es eher, Zeit und Aufmerksamkeit einzuwerben als uns als Ehepartnern.

- Wenn Sie verheiratet sind, denken Sie immer wieder daran, dass Ihre Ehe die Basis für Ihre Familie darstellt und den Grundstein für die Sicherheit Ihrer Kinder. Sie steht an erster, nicht an zweiter Stelle für das Wohlergehen jedes einzelnen. Dies will nicht heißen, dass Kinder nicht in der Familie eines/einer Alleinerziehenden gedeihen können (viele tun es), doch eine eheliche Gemeinschaft mit zwei Eltern hat die Ehe zur Grundlage. Wenn sie schlecht läuft, geht es auch der Familie schlecht. Umfassende Untersuchungen zur Zwei-Eltern-Familie weisen nach, dass gute Ehen zu gutem Elternverhalten führen und Konfliktehen die Eltern-Kind-Beziehungen ungünstig beeinflussen.

- Denken Sie immer wieder daran, dass Ihre Kinder durchaus fähig sind, selbst ihre Wünsche geltend zu machen – sie sind von Natur aus besser dazu programmiert, unsere Aufmerksamkeit zu erregen –, als es Ihnen und Ihrem Partner/Ihrer Partnerin gelingt, die Bedürfnisse Ihrer Ehe durchzusetzen. Sie sollten sich eher auf die Seite Ihrer Ehe schlagen, damit Sie eine Ausgewogenheit zwischen Ihrem Eheleben und den Kindern erreichen.

- Schränken Sie die Aktivitäten außerhalb ein, damit Sie über zwei Optionen verfügen können, die beide in den modernen Familien selten sind: Zeit zusammen mit der Familie und Zeit als Ehepaar allein zu verbringen.

- Führen Sie feste Zubettgehzeiten für die Kinder ein, nach denen Sie sich frei fühlen und als Ehepaar miteinander allein sein können.

- Lassen Sie Ihre Kinder nicht jedes Gespräch unterbrechen. Wenn Sie wirklich mit dem, was Sie sagen wollen, noch nicht zu Ende sind oder einer von Ihnen einen aufmerksamen Zuhörer braucht, nehmen Sie sich die Freiheit, Ihre Kinder höflich darum zu bitten, später wiederzukommen, nach Beendigung Ihrer Unterhaltung. Und bringen Sie ihnen bei zu fragen, ob sie Sie unterbrechen dürfen.

- Sie sollten den Kindern auch sagen, dass Sie in Ihr Schlafzimmer gehen, wenn Sie wichtige Gespräche führen und nicht gestört werden wollen, es sei denn aus triftigem

Grund, wenn sich etwa eines von ihnen verletzt haben sollte.

- Begrenzen Sie die Zeit, die Sie am Abend mit den Hausaufgaben Ihrer Kinder verbringen. Lehrer klagen darüber, dass manche der gebildeten Eltern ihre Kinder nicht allein lernen lassen. Wenn Ihr Kind nicht besondere Lernschwierigkeiten hat, sollten Sie es sich nicht zur Regel machen, jeden Abend als Nachhilfelehrer zu fungieren, teilweise auch deshalb nicht, weil Sie dann keine Zeit mehr für Ihre Zweisamkeit haben.

- Reservieren Sie Privatzeit für sich zu zweit. Selbst wenn es nur 15 Minuten am Tag sein sollten, ist es wundervoll, wenn es Ihnen jeden Tag gelingt. Es kann beim Kaffee nach dem Abendessen sein, wie es meine Frau und ich gehalten haben, oder wenn die Kinder ins Bett gebracht sind. Sobald Ihre Kinder alt genug dazu sind, können Sie nach dem Essen einen Spaziergang durch die Nachbarschaft machen.

- Sichern Sie Ihre Privatsphäre ab. Sorgen Sie dafür, dass Ihre Kinder merken: Wenn die Tür geschlossen ist, gehört das Schlafzimmer zu Ihrer Privatsphäre, und dann sollten sie anklopfen. Die Botschaft dabei ist, dass es bestimmte Dinge gibt, die nur Angelegenheit der Ehepartner sind und an denen die Kinder nicht selbstverständlich Anteil haben.

- Suchen Sie sich Babysitter und gehen Sie regelmäßig aus. Das ist nicht nur für Ihre Beziehung gut, sondern zeigt auch den Kindern, dass Sie wirklich ein Paar sind und besondere Dinge zusammen unternehmen: Sie ziehen sich gut an, sehen gut aus und gehen weg, um etwas Schönes miteinander zu erleben. Selbst wenn sie protestieren sollten, auch kleine Kinder können mit einigen Stunden

Trennung von ihren Eltern zurechtkommen. Größere Kinder freuen sich vielleicht, wenn sie Sie für eine Weile los sind und gute Babysitter haben (unsere Kinder schlugen immer vor, wir sollten ausgehen, damit ihre Lieblingsbabysitter kamen), und haben dann ein größeres Gefühl von Sicherheit, weil sie spüren, dass Sie es genießen, zusammen zu sein. Jugendliche werden beeindruckt sein, dass solche Altertümer wie Sie noch miteinander ausgehen.

- Beklagen Sie sich nie bei den Kindern über Ihren Partner/Ihre Partnerin. Denn das würde Ihren Kindern zeigen, dass Sie in erster Linie Verbindung zu ihnen haben und nicht zu Ihrem Partner. Dabei beziehe ich mich auf schwerwiegende Klagen über die Person und den Charakter eines Partners, nicht die gelegentlichen Enttäuschungen, weil jemand etwa zu spät kommt oder vergisst, die Lichter auszuschalten.

- Wenn Sie in Hörweite der Kinder einen hitzigen Streit austragen (manchmal lässt sich dies nicht vermeiden), dann zeigen Sie ihnen auch, dass Sie hinterher wieder zärtlich miteinander sind und sich wieder versöhnt haben. Das hilft den Kindern zu erkennen, dass Ihre Beziehung stark genug ist, um sich von Ärger und Missverständnissen zu erholen, und Ihnen Ihre Ehe wichtig ist. Sie können sich auch mit den Kindern darüber aussprechen, ob sie sich wegen Ihres Streits belastet fühlen. Bei unserem Abendgespräch fragte ich unsere Tochter, die damals etwa sieben Jahre alt war, ob sie sich Gedanken mache, weil sie den Streit zwischen ihrer Mutter und mir gehört hatte, und ich werde ihre Antwort nie vergessen: «Nein, es macht mir nichts aus, weil ich weiß, dass Ihr Euch nicht verscheidet.» (Das war ihr Wort für «scheiden lasst».) Ich sagte ihr, dass sie damit Recht habe.

- Wenn Ihre Kinder alt genug sind und Sie es sich leisten können, fahren Sie ab und zu weg für ein gemeinsames Wochenende ohne die Kinder. Auch das ist eine Möglichkeit, Ihre Ehe wieder zu beleben.

- Sprechen Sie offen mit Ihren Kindern darüber, was Sie für Ihre Ehe tun und warum Sie es tun. Sie brauchen keine Vorlesung zu halten, aber machen Sie Ihren Kindern deutlich, dass Sie Ihre Aufmerksamkeit und Verfügbarkeit für sie auch in bestimmten Grenzen halten, weil Sie sich lieben und sicher gehen wollen, dass Sie sich nahe bleiben. Ihre Erklärungen werden natürlich unterschiedlich, den Entwicklungsstufen der Kinder entsprechend, ausfallen, aber alle Kinder nach der Kleinkindphase können Ihre Zuneigung verstehen und akzeptieren, dass Sie auch einmal allein sein und zusammen etwas unternehmen wollen. Mit Heranwachsenden ergeben sich Augenblicke, in denen Sie in aller Ruhe Ihre Ehephilosophie darlegen können. Ich habe es mit meinen Kindern so gemacht.

Die Familie mit der Ehe im Mittelpunkt

Im Verlauf der Jahre bin ich nur einer Handvoll von Menschen begegnet, bei denen ihre Ehe so ausschließlich im Vordergrund stand, dass sie ihre Kinder vernachlässigten. Dabei handelte es sich um reichlich selbstzentrierte Paare, die wahrscheinlich besser kinderlos geblieben wären. Aus diesem Grunde mache ich mir kaum Gedanken darüber, dass Ehepaare meinen Rat falsch auffassen, wenn ich über «die Familie mit der Ehe im Mittelpunkt» spreche. Die größere Gefahr für die meisten von uns liegt darin, dass wir unsere Ehe zu Gunsten der Anforderungen, die die Elternschaft an uns stellt, zu kurz kommen lassen und nicht, dass wir unsere Kinder verlieren, weil wir die Anforderungen der Ehe zu sehr in den Vordergrund stellen (obwohl dies manchmal in Stieffamilien vorkommt). In einer Familie mit beiden Eltern kämpfen wir entweder, um eine ehezentrierte Familie aufzubauen oder zu behalten, in der das Paar der stabile Kern der Familie ist, und das Paar sorgt zusammen für die Kinder oder wir werden zu einer Familie, in der die Kinder im Mittelpunkt stehen und die Ehe auf dem Abstellgleis landet. Dort können Ehen zwar zeitweilig bleiben ohne Schaden zu erleiden, wenn beispielsweise einmal ein Kind krank ist oder alte Eltern eine Zeit lang Entlastung bei anstrengender Pflege brauchen. Wenn Ehen aber über längere Zeit vernachlässigt werden, schwinden und vertrocknen sie und sind unkenntlich, wenn wir sie schließlich wieder hervorholen.

Einer meiner Freunde, dessen Tochter gerade angefangen hat zu studieren, erzählte mir, dass mehrere der neuen Studienkollegen seiner Tochter entsetzt über die Neuigkeiten beim Weggehen waren: Die Ehen der Eltern waren genau dann zu Ende, als das letzte Kind auf den Weg gebracht war. Glauben Sie nicht, es sei keine große Krise für eine 19-Jährige. Die größte Gefahr der kinderzentrierten Ehe besteht darin, dass die Ehe gleichzeitig mit dem Weggang der Kinder aufhört. Es ist so, als hätten Sie einen Arm 20 oder mehr Jahre nicht mehr gebraucht. Er geht Ihnen verloren. Niemand wünscht sich das, wenn er/sie heiratet, aber die Strömungen werden reißend, wenn die Kinder in unser Leben gekommen sind. Es ist nicht so, dass uns die Kinder unweigerlich trennen müssen; Tatsache ist, dass Kinder zusätzlichen Leim für unsere eheliche Bindung darstellen können. Doch wenn wir nicht achtsam mit unseren Beziehungen umgehen, ist es die Sorge für die Kinder in unserer heutigen Welt, die uns Aufmerksamkeit für das Erhalten unserer Ehe abzieht.

Die zweite Gefahr ist, dass wir auch dann, wenn wir nach dem Fortgehen der Kinder zusammenbleiben, als Paar auf Dauer reduziert sind. Wir haben uns zu einer vitalen Elternschaft entschlossen, aber dabei unsere Ehe ihrer Lebendigkeit beraubt. Es war zwar kein bewusster Entschluss, doch wir haben unsere ganze Energie, Aufmerksamkeit und Kreativität nur auf die Bedürfnisse der Kinder gerichtet und dabei die Bedürfnisse unserer Ehe vernachlässigt. Unsere Ehe gewinnt dann nie wieder ihren Glanz zurück. Viele Menschen sagen, das störe sie nicht weiter, aber ich kann nicht glauben, dass sie das in erster Linie beabsichtigt haben, als sie zusammen ihr Leben anfingen.

Die dritte Gefahr ist die am wenigsten gravierende, doch auch sie ist bedauerlich. Wir finden uns wieder in die Ehe, wenn die Kinder aus dem Haus sind. Es wird wieder hell. Es geht gut aus, es ist aber doch aus zwei Gründen traurig: die vielen Jahre unausgelebter ehelicher Möglichkeiten und das mangelnde eheliche Rollenmodell für unsere Kinder. Ich mache mir auch Gedanken darüber, ob diese Paare die Kraft haben werden zusammenzubleiben, wenn ihre Gesundheit nachlässt, denn sie haben keine Erfahrungen, auf die sie in ihrer Ehe zurückgreifen können, wenn eine andere große Anforderung auf ihre Energie und Rücksichtnahme zukommt.

Ich will meine eigene Ehe nicht als Vorbild für alle anderen Ehepaare hinstellen. Und ich möchte damit auch nicht sagen, dass wir keine Kämpfe mit unseren Kindern auszufechten hatten oder keine Fehler gemacht haben. Wir hatten ausreichend von beidem. Aber ich weiß, dass uns etwas gut gelungen ist: Wir haben unseren Kindern gezeigt, dass wir unsere Ehe schätzten ohne die Kinder abzuwerten, dass ein Mehr für uns auch ein Mehr für sie war, dass wir zuerst Ehepartner waren und dann erst Eltern, und dass in dem Sonnensystem unserer Familie unsere Ehe die Sonne und die Kinder die Planeten waren und nicht umgekehrt.

Kapitel 4

Nehmen Sie sich wieder Zeit für Ihre Ehe

Eine der Hauptironien der Ehe von heute liegt darin: Wenn Sie sich noch sehr lieben, sind Sie wahrscheinlich ganz ausgehungert nach Zeit miteinander. Die Paare, die sich nicht danach sehnen, mehr Zeit miteinander zu verbringen, sind im Allgemeinen diejenigen, die sich nicht mehr besonders mögen. Sie fühlen sich entlastet, wenn sie getrennt sind. Doch viele von uns, besonders wenn wir Kinder großziehen und angestrengt arbeiten, leben ihre Ehen mit dem chronischen Gefühl, nicht genügend Zeit für einander als Paar zu haben. Ironischerweise wollen selbst Menschen, die in bestimmten Bereichen von ihrer Beziehung enttäuscht sind, mehr Zeit zusammen haben um herauszufinden, ob es ihnen dabei helfen könnte, den Partner/die Partnerin lieb zu gewinnen.

Warum? Denn die Wettbewerber um unsere tägliches Zeitkontingent gehen viel bestimmter vor als wir, wenn es um unsere Ehe geht. Wir haben bereits über die Kinder gesprochen, die sich zumindest höchst verdienstvoll an diesem Wettrennen beteiligen! Wir werden hier noch über vier andere sprechen: Beruf, Erwachsenenpflichten, individuelle Hobbys und Freizeitbeschäftigungen, Fernsehen und das Internet. Die meisten von uns geben ihre Ehe auf für eine Kombination dieser gefräßigen, umsichgreifenden Lebenspartner.

Ich erwähnte das Gefühl, ausgehungert nach Zeit für die Ehe zu sein. Im Allgemeinen emfindet es einer der Partner mehr als der/die andere, was zu der «häufigen Kälte in der Ehe» führt, wie es mein Mentor an der Universität, Robert Ryder, zu nennen pflegte – der sich wiederholende Kreis des Verfolgens und Sich-Distanzierens. Er wird auch als das «Muster von Nähe und Distanz» bezeichnet; es tritt auf, wenn sich einer der Partner chronisch unzufrieden über das Maß an Verbundenheit zwischen ihnen fühlt und versucht, den anderen dazu zu bringen, mehr Zeit für sie/ihn zu haben. (Es kann sich auch um anderes als Zeit drehen – Gespräche und Sex sind häufige Beispiele – doch Zeit ist bei den meisten dieser Muster am vordringlichsten.) Fordern die Verfolger mehr Zeit, empfinden die Sich-Distanzierenden das als Bedrohung; sie fürchten um ihre Unabhängigkeit und machen sich auf die Socken. Die Distanzierenden verweigern nicht nur ein Mehr an Zeit, sondern entziehen sich auch emotional noch weiter. Das wieder ängstigt die Verfolger, die nun noch dringlicher mehr Zeit und Nähe fordern. Dies wiederum schreckt die Flüchtigen, die fürchten, ein Kompromiss werde unvernünftige Forderungen nach sich ziehen; also distanzieren sie sich noch weiter.

In gewisser Ausprägung und im Lauf der Zeit zeigt sich dieser Kampf in fast jeder Ehe. Am häufigsten ist die Frau die Verfolgerin, die gerne mehr Zeit mit ihrem Mann verbringen würde, und er derjenige, der die Entfernung sucht. Die meisten Paare schaffen es, dieses Muster in den Griff zu bekommen, bevor es sich als zu destruktiv erweist, doch die meisten lösen es nie vollständig auf. Traurigerweise würde auch der Distanzierer oft gerne mehr angenehme Zeit mit der anderen Seite verbringen, doch in dem Kampf kommt er nie dazu, seinen Wunsch zu äußern. Was noch trauriger ist: Viele Paare bekommen nie den Überblick über ihr Leben um festzustellen, worum es bei dem Kampf in ihrer Ehe eigentlich geht. Sie fassen nur den einen

Konkurrenten ins Auge, wie etwa die Arbeit des Partners oder die Hobbys des anderen, und damit bekommen sie nie Übersicht über das, wogegen sie eigentlich angehen. Deshalb bleiben ihre Veränderungsstrategien allzu einfach und einseitig: «Wenn du nur weniger arbeitetest ... weniger spieltest ... deine Versammlungen aufgäbst ... weniger fernsehen würdest, dann hätten wir viel Zeit für einander.» Der andere antwortet: «Wenn du nicht immer so hinter mir her wärst, würden wir ganz gut miteinander auskommen.» Dahinter steht: «Einer hier muss sich ändern, und, verflixt, nicht ich!»

Nehmen wir uns zusammen die häufigsten Rivalen um die Zeit eines Ehepaars vor und überlegen, was dabei zu machen ist. Manches im folgenden Abschnitt stimmt vielleicht mit Ihren Erfahrungen überein, manches nicht. Nehmen Sie das, was passt und schätzen Sie sich glücklich über den Rest.

Vergebene Liebesmüh': die Forderungen der Arbeit

Fangen wir mit dem Extremfall an: Manche Arbeitsbedingungen sind unvereinbar mit der Art von gemeinsamem Leben und der Intimität, die sich die meisten Menschen wünschen. Ich weiß noch, wie mir das zum ersten Mal klar wurde, als ich mit einem Ehepaar in den Vierzigern arbeitete, die unterschiedliche Arbeitszeiten hatten; er hatte Nachtschicht, und sie arbeitete bei Tag. Sie waren nur etwa eine halbe Stunde am Tag gleichzeitig zu Hause. Ein gelegentlicher gemeinsamer Tag am Wochenende wurde mit Streitereien und Besorgungen verbracht. Die einzige wirkliche Unterhaltung fand jede Woche während der Therapiesitzung bei mir statt! Ich bezweifelte, dass sie ihre bröckelnde Ehe bei ihrem damaligen Arbeitspensum retten könnten, und sagte es ihnen auch. Sie sahen zwar das Problem ein, doch ihre Bereitschaft, zu diesem Zeitpunkt die Bindung einer zweijährigen, stürmischen zweiten Ehe aufrechtzuerhalten, war so gering, dass keiner von beiden seine Berufsposition durch eine Veränderung aufs Spiel setzen wollte. Sie kamen schließlich überein, sich scheiden zu lassen. Man kann nicht an etwas festhalten, was nicht zusammenhält. Manche Arbeitszeiten sind einfach unvereinbar mit einer Ehe, besonders dann, wenn diese Ehe reparaturbedürftig ist.

In weniger extremen Fällen arbeitet ein Partner übermäßig lange, während der andere nicht so beschäftigt ist. Kommt ersterer nach Hause, ist wenigstens der andere schon da und kontaktbereit. Ich denke dabei an einen jungen Immobilienmakler, der, als der Immobilienmarkt noch boomte, 100 Stunden in der Woche arbeitete. Man soll das Eisen schmieden, solange es heiß ist, war seine Devise. Er glaubte, dies für seine Frau, die zu Hause blieb, und beider dreijährige Tochter zu tun. Idealerweise hätte er lieber einen 50-Stunden-Job gehabt, aber das war schließlich die Karriere, die er gewählt hatte. Er erinnerte seine Frau daran, was sie sich aufgrund seines Berufs an Haus und Lebensstil leisten konnten. Doch sie fühlte sich einsam und sehnte sich nach Zeit mit ihm zusammen. Wenn sie sich beklagte, antwortete er ihr, dass er nicht die Phasen des Immobilienmarktes steuern könne, sondern arbeiten müsse, solange Arbeit da war. Er sagte ihr nie, dass er sie vermisse und lieber in einer anderen Situation mit ihr leben würde. Als er dies alles während der Therapie äußerte – und ich glaube, er sagte damit die Wahrheit – gab sie in ihren Forderungen nach, denn sie fühlte sich ihm wieder näher. Er gab sich mehr Mühe, sie am Tag anzurufen und sonntags nicht mehr zu arbeiten. Da dieses Paar nur für einige Sitzungen in Therapie blieb, weiß ich nicht, was weiter aus ihnen geworden ist. Doch ich habe die Befürchtung, dass noch gründlichere Veränderungen nötig gewesen wären, als sie erreicht hatten. Ihre Ehe hing wie an einem Faden, abhängig von den Schwankungen des Immobilienmarkts.

Wenn wir von den extremen Arbeitsbelastungen absehen und uns den üblichen Arbeitsanforderungen zuwenden, liegt die Herausforderung eher darin, wie ein Paar mit dem Wettbewerb zwischen der Alltagsarbeit und der Ehe fertig wird. Ich sehe vier häufige Probleme für Paare, wenn zumindest eine/r von beiden einen anstrengenden, wenn auch nicht unmöglichen Beruf hat.

- Wenn die Arbeitszeit wichtige Familienvorgänge stört, wie etwa das gemeinsame Abendessen oder die Zubettgehrituale, muss einer der Ehepartner die Last der Verantwortung für die Gestaltung des Abends allein tragen, was häufig zu einer Entfremdung in der ehelichen Beziehung führt. In vielen Fällen wäre es besser für Ihre Ehe, wenn Sie früher zum Abendessen heim kommen und nach dem Essen zu Hause arbeiten könnten oder das Frühstück in der Familie zugunsten des gemeinsamen Familienabendessens aufgeben.
- Wenn Sie nicht sicher zu bestimmten Zeiten zu Hause sein können. Die meisten Ehepartner kommen nicht gut mit Unvorhersehbarem zurecht. Mein Rat ist zu telefonieren, damit Ihr Partner/Ihre Partnerin so sicher wie möglich weiß, woran sie ist. Geben Sie augenblicklich Bescheid, wenn Sie erfahren, dass etwas Ihrem Nachhausekommen dazwischenkommt, und sagen Sie, dass Sie es bedauern. Das größte Problem liegt darin, wenn man das Gefühl hat, dem Arbeitsprogramm des Partners gegenüber die zweite Geige zu spielen. Es kann aber sehr hilfreich sein, wenn der Partner/die Partnerin mit der größeren Arbeitsbelastung Bedauern und Enttäuschung über diese Anforderungen zeigt, statt sie als naturgegeben und unvermeidbar hinzustellen. Bemerken Sie den Unterschied zwischen den nackten Tatsachen – «Ich muss länger arbeiten, weil sich meine Ablösung gerade krank gemeldet hat; ich komme heim, sobald es geht.» – und «es tut mir wirklich leid, dass ich nicht rechtzeitig zum Abendessen da sein kann; ich bin ganz sauer, dass sich meine Ablösung gerade krank gemeldet hat; ich würde mich jetzt lieber auf den Heim-

weg machen.» Denken Sie daran: Meistens sind es die Gefühle und nicht die Zeit.

- Wenn Ihre Arbeit einem wichtigen Fest in die Quere kommt, beispielsweise einem Hochzeitstag oder einem Geburtstag. Ich habe mit Ärzten gearbeitet, die am Abend eines Jubiläumsfestessens zu einem Notfall gerufen worden waren. Auch hier liegt das Problem eher darin, wie man mit der Situation umgeht als in der Störung an sich. Wenn Sie nur sachlich oder defensiv reagieren («Tut mir leid, da ist ein Notfall in der Klinik; was soll ich da machen?»), wird zu der Enttäuschung Ihres Partners/Ihrer Partnerin nur noch das Gefühl addiert, dass es Ihnen nicht viel ausmacht, weil Ihre Arbeit ohnehin immer vorgeht. Stattdessen rate ich Ihnen, Ihre eigene Enttäuschung deutlich zu machen und sich gründlich zu entschuldigen. (Besonders den Männern fällt dies schwer, wenn sie eindeutig wissen, dass es nicht ihre Schuld ist.) Und dann machen Sie es auf großartige Weise wieder gut. Organisieren Sie das Abendessen erneut und an einem noch eleganteren Ort oder planen Sie eine schönere Geburtstagsfeier für ein späteres Wochenende. Und sorgen Sie das nächste Mal für eine Vertretung bei der Arbeit!

- Wenn Sie körperlich zwar zu Hause, gedanklich aber bei der Arbeit sind. Das war meine größte Herausforderung während vieler Jahre meiner Ehe. Weil ich wissenschaftlich arbeitete, konnte ich meinen Zeitplan selbst steuern. Zum Abendessen zu Hause zu sein, war kein Problem, und ich musste mich mit meiner Arbeit auch nicht an den Zeitplan eines Vorgesetzten halten. Meine Schwierigkeit war aber, dass ich oft an ein Arbeitsprojekt dachte oder an ein Problem in meiner Arbeit, wenn ich mit meiner Frau oder meinen Kindern sprach. Das kann einen Partner wütend machen und noch schlimmer sein als ein anderer Partner, der außerhalb arbeitet. Mit der Zeit lern-

> te ich, dass es weder etwas für die Arbeit noch für das Familienleben brachte, wenn ich über der Arbeit brütete. Wenn jetzt bei mir ein Arbeitsproblem im Vordergrund steht, bringe ich diese Tatsache eher zur Sprache, statt zu versuchen, mich auf Leah zu konzentrieren und heimlich an die Arbeit zu denken. Statt den Versuch zu unternehmen, die arbeitsbezogenen Gedanken abzuwehren, merke ich jetzt, wenn sie in meine häuslichen Gespräche eindringen, und dann versuche ich darauf zu reagieren, indem ich beispielsweise sage: «Mir fällt es heute abend schwer, mich zu konzentrieren, weil ich mir über ... Sorgen mache.» Einige Minuten (nur einige!) mit einem direkten Gespräch über das, was mich beschäftigt, hilft mir oft, dass ich Leah hinterher besser zuhören kann. Merkwürdig, wenn ein Therapeut mit einer Praxis so etwas sagt, aber ich musste erst lernen, das auszusprechen, was mich bedrückt, damit ich es dann leichter loswerden kann; doch funktioniert es nur, solange ich entschlossen bin, einer solchen Mitteilung von vornherein nur kurze Zeit einzuräumen, damit sie nicht den ganzen Abend dominiert.

Für die meisten Ehepaare ist die Arbeit eines oder beider Partner ein größerer Eherivale aufgrund der Zeit, die sie von ihrer Ehe abzieht. Doch zu allen Zeiten haben Ehepaare auch hart in ihrem Leben gearbeitet. Das Hauptproblem liegt im Allgemeinen nicht in der eigentlichen Summe der Arbeitsstunden, sondern in dem Gefühl, dass für den anderen die Arbeit gefühlsmäßig und gedanklich wichtiger ist als man selbst. Wenn man daran denkt, erfordern viele der Kurskorrekturen keine so drastische Veränderung der Karriereausrichtung, obwohl auch dies in Extremfällen zu Gunsten der Ehe notwendig werden kann. Vielmehr geht es um die nötige Achtsamkeit, mit der Zeit für die Ehe angesichts der Arbeitsanforderungen gewonnen wird. Beispielsweise beschloss eine Frau, die im Allgemeinen noch einige Stunden zwischen dem Abendessen und dem Zubettgehen arbeitete (es wäre ihm lieber gewesen, sie hätte mit ihm ferngesehen) morgens früher aufzustehen, um mit ihrem Mann in aller Ruhe zu frühstücken. Ein Geschäftsmann, der erkannte, dass seine Frau das Gefühl brauchte, einen wichtigen Platz in seinem Zeitplan einzunehmen, griff in einer Ehetherapiesitzung zum Handy, rief seine Sekretärin an und buchte für seine Frau einen Termin zum Mittagessen für Donnerstag (den Tag, der für sie am besten passte) jeder Woche auf unbestimmte Zeit. Das reichte zwar noch nicht aus für die Verbesserungen, die sie vorzunehmen hatten, aber es war doch immerhin ein wichtiger Anfang.

Zu viele Termine im Leben

Mir fällt dabei Anne ein, die aktiver in der Kirche tätig war als jedes andere Gemeindemitglied. Wenn jemand gebraucht wurde, Anne war zur Stelle. Die meisten dieser Aktivitäten fanden natürlich an den Werktagsabenden statt. Was bedeutete, dass sie abends meist nicht zu Hause war. Ihr Mann war beruflich sehr eingespannt, doch abends war er bei den Kindern zu Hause, während sie abwesend war. Er arbeitete bis spät in die Nacht, noch nachdem sie wieder zurückgekommen war. Er gehörte der Kirche nicht an und war auch nicht gläubig. Können Sie sich vorstellen, welchen Kurs dieses eheliche Boot einschlug? Affären – ihre mit der Kirche und seine später mit einer Kollegin – setzten ihrer Ehe ein Ende.

Wir haben schon die Überbetriebsamkeit der Kinder und Jugendlichen besprochen. Hier nehme ich mir dasselbe Problem bei Erwachsenen vor; nicht die allgemeine Arbeitsbelastung, sondern das Überhäufen mit positiven Tätigkeiten in unseren Kommunen, wie etwa in Ausschüssen, bei gemeinnütziger Tätigkeit, Clubmitgliedschaften und Aufgaben in den kirchlichen Gemeinden. Alle sind verdienstvoll und kommen anderen zugute. Das Problem ist nur, wenn wir kein Ausgleichsprogramm für unseren Partner aufstellen, verschlingt unser eigener Zeitplan alle Zeit für unsere Ehe.

Wären die meisten Eltern nicht ohnehin schon so überbucht durch die Unternehmungen ihrer Kinder, fielen die Planungen der Erwachsenen gar nicht so ins Gewicht. Doch was dann in Wahrheit zuletzt in Ihrem Leben kommt, zwischen dem Chauffieren Ihrer Kinder und Ihrem persönlichen Engagement für zwei oder drei Aufgaben, das ist Ihre Ehe. Es ist eine Funktion von dem, was auf dem Programm steht, und dem, womit wir uns mit unserer Zeit verpflichtet fühlen. Wir fühlen uns verantwortlich für unsere Kinder und die Verabredungen, die wir mit und für sie getroffen haben. Wir fühlen uns an das Versprechen dem Buchclub gegenüber gebunden, einmal monatlich teilzunehmen; wir fühlen uns dem Ausschuss für religiöse Erziehung verpflichtet, weil wir einmal beigetreten sind, auch dem Förderverein für Jugendsport. Aber die meisten von uns fühlen sich nicht dazu verpflichtet, ungestört durch Dritte unter vier Augen mit unserem Partner/unserer Partnerin zusammenzusein, weil wir es nie in unseren Terminkalender eingetragen haben.

Unsere Ehe bekommt das, was nach unseren festgelegten Programmen übrig bleibt. Übersehen Sie auch nicht das Muster des Verfolgens/Sich-Entziehens, das hier zu Tage tritt. Ihr Partner akzeptiert vielleicht Ihre Arbeits- und Kinderbetreuungszeiten, nimmt aber Ihr freiwilliges Programm an Diensten für die Allgemeinheit übel. Nach der Arbeit nach Hause hetzen, belegte Brote packen und die Kinder zum Training fahren, nach Hause stürzen, umziehen und dann wieder ab in Richtung Ausschusssitzung der Kirchgemeinde. Um 10 Uhr dann wieder nach Hause zu einem vergrämten Partner. Klingt wie das gute Leben!

Wenn Ihr Partner/Ihre Partnerin dabei mithält und sich ebenso verplant, könnten Sie sich erleichtert fühlen. Sie beide brechen dann um 10 Uhr gemeinsam vor dem Fernseher zusammen. Aber wir wissen aus Untersuchungen an Ehepaaren, dass eine Ehe wirklich in Gefahr ist, wenn der Verfolger/die Verfolgerin den Versuch aufgibt, mehr Nähe zu erreichen. Wenn beide

Parteien die aktive Bürgerschaft in der Ehe quittieren, kann es schnell damit aus sein. Oder es kann jahrelang der automatische Pilot eingeschaltet werden, mit unbekanntem Ziel, aber der Golf von Mexico ist eine ernstzunehmende Möglichkeit.

Ich möchte nicht die gemeinnützigen Tätigkeiten diffamieren. In mancher Hinsicht brauchen wir eher mehr davon als weniger. Es geht nur darum, dass die Prioritäten stimmen müssen und es nötig ist, dass wir Zeit für unsere Ehe einplanen. Wir sollten auch Möglichkeiten für Ehepaare zu gemeinsamer Arbeit in Kommunen und Kirchengemeinden bieten, damit sie gleichzeitig etwas für die Allgemeinheit tun können und dabei auch ihre Ehe stärken. Viele Jahre lang haben meine Frau und ich zusammengearbeitet und den Weihnachtsbasar geleitet, etwas, was gut für die Gemeinschaft und unsere Ehe war. Ein günstiger Nebeneffekt, den ich dabei beobachtet habe, ist, dass uns die anderen als Paar in der Öffentlichkeit wahrnehmen und uns auch in der Zukunft auf diese Weise sehen. Die Kirche wird zu einem Werkzeug für unsere Ehe, und unsere Ehe ist ein Werkzeug für die Kirche. Auch in anderer Beziehung kann Gemeindearbeit eine Ehe festigen, wenn nämlich jeder der Partner die Einzelbeiträge des anderen offen unterstützt und ihn/sie dabei ermutigt. Eine gute Ehe aufzubauen bedeutet nicht, den Gefährten zu besitzen, sondern vielmehr für eine Balance zu sorgen zwischen förderlichem Umgang miteinander im inneren Bereich und sozialem Wirken nach außen. Ich kann keine Regeln oder Vorschriften dafür anbieten, wie eine solche Balance zu erreichen ist, ich kann nur sagen, dass wir dazu ständige Wachsamkeit und Bereitschaft zu Korrekturen brauchen. Ein Verhaltensmuster, das Leah und ich als hilfreich empfunden haben, ist es, wennn wir daran denken, dass Zeiten größeren Engagements in der Gemeinde wieder durch Perioden abgelöst werden sollten, in denen wir uns mehr auf unser Privatleben zu Hause konzentrieren.

Individuelle Hobbys und Freizeitgestaltung

Wie können wir angesichts der übervollen Terminkalender für die Familie auch noch einzelnen Hobbys und Freizeitbeschäftigungen nachgehen, ohne dabei unsere Ehen vollständig zu blockieren? Es ist mir in den Jahren meiner Arbeit mit Ehepaaren aufgefallen, wie selbstverständlich sich Ehemänner das Recht für ihre Freizeitunternehmungen außer Hause nehmen, während ihre Frauen dies nicht tun. Über Christians Jagdwochenenden im Herbst war nicht zu verhandeln, denn die Daten waren von Christian und seinen Freunden schon Monate vorher festgelegt worden. Weil sich Sarah als Mutter allein während der vier ereignisreichen Herbstwochenenden belastet fühlte, handelte sie sich freie Nachmittage an den Wochenenden zwischen Christians Jagdunternehmungen aus. Es wäre ihr zwar lieber gewesen, wenn Christian an den Wochenenden im Herbst zu Hause geblieben wäre; dann hätte sie auch nicht das Gefühl gehabt, sie müsse für sich eigene Freizeit beanspruchen. Aber wenn er schon so selbstsüchtig war, dann wollte sie nicht zurück stehen.

Ebenso wie mit der Arbeit und dem Engagement für gemeinnützige Aufgaben sind die individuellen Hobbys und Freizeitaktivitäten für gewöhnlich nicht das Problem an sich. Es geht vielmehr darum, wie die Entscheidungen darüber fallen, und wie sie gehandhabt werden. Vier Wochenenden im Jahr für eine lebenslange Leidenschaft für die Jagd müssen eine Ehe nicht belasten. Aber Christian ging damit um, als seien sie sein selbstverständliches persönliches Recht und erwartete, dass Sarah und die Kinder sich danach richteten. Sarah empfand es so, als bliebe ihr keine andere Wahl als nachzugeben, obwohl sie sich darüber beklagte und ihr eigenes Recht auf Freizeit während der freien Wochenende anmeldete. Fällt Ihnen auf, dass es dabei um eine individualistische Planung geht? Weder Christian noch Sarah machten sich für irgend etwas stark, das die Einzelunternehmungen zugunsten der gemeinsamen Partnerschaft ausgleichen könnte.

Wie kann ein Paar wie dieses ein solches Verhaltensmuster möglicherweise aufgeben? Christian müsste damit anfangen, indem er im nächsten Jahr nicht einfach annimmt, er könne automatisch vier Wochenenden für die Jagd verplanen, wenn gerade im Herbst so viel für die Familie auf dem Programm steht. Hobby und Freizeit müssen den Interessen der Familie und der Ehe deutlich nachgeordnet sein. Nachgeordnet heißt nicht gestrichen werden, bedeutet aber, dass sie um die wichtigen Belange der Familie und Ehe herumgruppiert und, falls nötig, eingeschränkt werden. Sarah sollte ehrlich sagen, wie die Jagdausflüge aus ihrer Sicht in die wichtigen Angelegenheiten der Familie und ihrer Ehe passen. Wenn vier Wochenenden zu viel erscheinen, sollte sie dies direkt äußern. Um die emotionalen Aspekte dieses Gesprächs aufzuschlüsseln, sollte vermieden werden, dem anderen selbstsüchtige Motive zu unterstellen oder aber angesichts der Forderungen des Partners nur klein beizugeben. Mit meiner Unterstützung konnten Christian und Sarah zum ersten Mal ruhig miteinander über dieses alljährliche Problem sprechen; keiner wurde selbstsüchtig genannt und keiner trug hinterher etwas nach. Im weiteren Verlauf dieses Kapitels werde ich Möglichkeiten aufzeigen, wie Sie sich selbst und Ihrem Partner/Ihrer Partnerin dabei helfen können, diese Streitfragen zu behandeln.

Wenn beide sich dafür entscheiden, dass einer der Partner etwas allein unternimmt, dann sollte für beide der nächste Schritt darin bestehen, darüber nachzudenken, wie sie die verlorene Zeit wieder ausgleichen könnten. Christian und Sarah besprachen, wie auch sie im Herbst etwas «frei» bekommen könnte, weil sie in Christians Abwesenheit die ganze Last zu übernehmen hatte. Nachdem beide der Überzeugung waren, Christian solle sein Jagd-Hobby weiter verfolgen, sollten sie auch gemeinsam dafür sorgen, dass einige von Sarahs Wünschen erfüllt werden. Und dann sind da ‚auch noch die Bedürfnisse der

Ehe und der Kinder. Christian und Sarah sammelten Ideen, wie sie als Paar sicher durch den Herbst kommen könnten und auch vermeiden, dass sich die Familie durch die wechselnde elterliche Fürsorge auseinander gerissen fühlt. Beispielsweise könnte die ganze Familie an den Sonntagabenden, wenn Christian zurückkommt, ein Festessen machen. Vielleicht könnte das Paar in der Woche vor einem seiner Ausflüge besonders nett mit einander ausgehen. Möglicherweise sagt er auch ein Wochenende ab, und die Eltern machen einen Wochenendausflug zusammen.

Das Wichtigste dabei ist, dass sie den individuellen Hobbys und Freizeitinteressen gegenüber nicht in eine Konsumentenhaltung verfallen. In der Konsumenten-Ehe verhandeln die Ehepartner über ihre einzelnen Vorlieben, statt in Zusammenarbeit möglichst gut die Ausgewogenheit ihres gemeinsamen Lebens zu erreichen. In unserer Gesellschaft bedeutet die Konsumhaltung meistens, dass es nach dem Willen der Ehemänner geht, weil sie es öfter sind, die sich keinen Zwang antun sondern fordern, was sie für sich tun wollen, während die Frauen üblicherweise sicher sein wollen, dass alle zufrieden sind, bevor sie auf die Erfüllung ihrer eigenen Wünsche dringen. Die Ehemänner der Mittelschicht werden mit größerer Sicherheit darauf bestehen, dass lange Golfunternehmungen wichtig für ihren Arbeitserfolg sind. Diese gestörte Balance führt zu Ressentiments bei den Ehefrauen und Schuldgefühlen bei den Männern, weil ihnen Selbstsüchtigkeit vorgeworfen wird. Die Alternative ist die Haltung eines mündigen Bürgers, mit der jeder geradeheraus seine Bedürfnisse und Wünsche auf den Tisch legt, unter Berücksichtigung dessen, was gut für die Ehe und für die Familie ist.

Zeit vom Fernsehen und Internet zurückgewinnen

Die Auswirkungen des Fernsehens auf die Anpassungsleistung von Kindern sind allgemein schon deutlich kommentiert wor-

den, doch wenig wurde darüber gesagt, wie es sich auf die ehelichen Beziehungen auswirkt. Wir wissen, dass im Durchschnittshaushalt mit Kindern annähernd drei Fernseher stehen und häufig zumindest einer die meiste Zeit, in der die Familienmitglieder zu Hause sind, angeschaltet ist. Wir wissen, dass die Hälfte der amerikanischen Familien jeden Abend bei laufendem Fernseher zu Abend isst. Doch es gibt nur wenige Untersuchungen über die Auswirkung des Fernsehens auf die Ehe. Ich werde Ihnen erzählen, wie es für mich aussieht.
Ehepaare berichten mir, dass sie meist vor dem Fernsehen zusammenklappen, wenn sie endlich ihre Kinder im Bett haben oder mit ihrer Arbeit fertig sind. Häufig war einer der Partner zuerst da, sieht sich eine Show an und möchte vielleicht nicht unterbrochen werden. Wenn der andere anfängt zu reden, sieht ihn der Fernsehzuschauer nicht an und antwortet nur kurz angebunden. «Ist irgendwas?», fragt der andere. «Nein, ich versuche nur gerade, mir das hier anzusehen. Wart' noch bis zur Werbung.» Den ersten Augenblick am Tag, in dem das Paar allein ist, müssen sie auf Fernseh-Werbung warten.

Wenn man sich nicht gezielt zum Fernsehen hinsetzt und es nur so im Hintergrund laufen lässt, führt es zu Missverständnissen, wenn ein Partner beim Gespräch mit dem anderen anfängt fernzusehen. Sie nahmen an, Ihr Partner/Ihre Partnerin hörte Ihnen zu, und wenn Sie aufsehen, sind die Augen und Ohren auf den Fernseher gerichtet, und was Sie sagten, ist gar nicht gehört worden. Das geschieht immer wieder und bei allen Paaren; es liegt in der Natur der An-und Aus-Aufmerksamkeit, die wir dem Fernsehen mehr als den anderen Medien zukommen lassen.

Geht das Paar zu Bett, gibt es mit großer Wahrscheinlichkeit einen Fernseher im Schlafzimmer. Aus meiner Sicht ist das einer der größten Fehler, die ein Ehepaar machen kann, denn damit lädt es den größten Zeit-und Aufmerksamkeitsschlucker des Hauses direkt in das intime Allerheiligste einer Ehe. Es ist mir klar, dass diese Entscheidung völlig unbewusst ist und manche Paare sich dadurch entspannen, dass sie sich gemeinsam die Nachrichten oder Günther Jauch ansehen, aber das können sie auch auf dem Sofa im Wohnzimmer. Das Schlafzimmer sollte meiner Ansicht nach medienfrei sein und dadurch das Paar einladen, sich durch Wort und Berührung näher zu kommen.

Beim Internet weiß man wenigstens, wohin der Partner seine Aufmerksamkeit richtet. Anders als beim Fernsehen handelt es sich beim PC und dem Internet um Alles-oder-Nichts-Medien. Der Vorteil ist, dass jemand wahrscheinlich nicht erwartet, dass man gehört wird, wenn der andere in Wirklichkeit auf etwas anderes achtet. Der Nachteil ist, dass das Internet seinen Fans übermäßig viel Zeit und Aufmerksamkeit abzieht. Seit der Mitte der 90er Jahre begannen die Therapeuten Paare zu sehen, von denen einer von beiden, meist der Ehemann, seine gesamte Freizeit im Internet verbringt. Bei manchen trat die Zeit im Internet als Konfliktstoff an die Stelle die Arbeitszeiten. Für andere wurde inzwischen die Versuchung durch Internet-Affären zu einem ernsthaften Problem. Was die Internet-Affären anbelangt, ist mein Rat, so schnell wie möglich therapeutische Hilfe einzuholen. Zu den täglichen Auseinandersetzungen über das Internet und das Gleichgewicht der Ehe sollten Sie meine früheren Ratschläge über Arbeit sowie die individuellen Hobbys und Freizeitbeschäftigungen nachlesen. Für gewöhnlich ist es nicht die-Nutzung des Internets selbst, in der das Problem liegt, sondern eher, welche Bedeutung es für den jeweiligen Partner hat und was stattdessen sonst unterbleibt.

Gewinnen Sie Ihre Zeit wieder zurück

An dieser Stelle möchte ich meine Anleitungen zu Ehe und Zeit zusammenfassen. Ich fange damit an, wie das Bild der Zeit in Ihrer Ehe im Ganzen zu sehen ist, und dann fahre ich im Einzelnen mit Vorschlägen fort, die sich bei mir und den Paaren, die ich bei meiner Arbeit und in meinem Privatleben kennen lernte, bewährt haben.

- Wenn Sie sich Sorgen machen, weil Sie selbst so viel Zeit entfernt von Ihrem Ehepartner und Ihrer Familie sind, verschaffen Sie sich einen Überblick darüber, wie Sie über einen bestimmten Zeitraum hinweg Ihre Stunden verbracht haben. Ich habe dies kürzlich gemacht und mir im Terminkalender des vergangenen Jahres die Vorträge und Besprechungen an den Abenden und Wochenenden und zusätzlich noch die Reisen angesehen. Ich stellte ohne weiteres fest, dass ich für diese Tätigkeiten mehr Zeit verbrauchte, als es für meine Ehe und mein eigenes Befinden gut sein konnte, besonders zu bestimmten Zeiten des Jahres. Ich bemerkte auch, dass Wochenendreisen und Zusammenkünfte an mehr als einem Abend in der Woche ihren Tribut forderten. Verschaffen Sie sich selbst einen solchen Überblick und dann besprechen Sie mit Ihrem Partner/Ihrer Partnerin, was Sie herausgefunden haben, und sammeln Sie Einfälle für Veränderungen, falls sie nötig sein sollten. Führen Sie aber nicht über die Tätigkeiten Ihres Partners Buch, sonst wird es wie Kontrolle aussehen. Wenn Sie Ihren Stundenplan nicht augenblicklich abändern können (was oft der Fall ist, wenn man die Verpflichtungen bereits übernommen hat), dann planen Sie im voraus schon für den Zeitpunkt, zu dem sie wieder neue Entscheidungen treffen können. Als mir erst einmal klar war, dass ich zu viel Programm an den Abenden und Wochenenden hatte, sagte ich zwar nichts ab, zu dem ich zugesagt hatte, aber ich fing an, zu vielen neuen Einladungen «nein» zu sagen. Ich erzählte meiner Frau von jeder einzelnen und auch, weshalb ich es tat, so dass sie erkennen konnte, dass ich daran arbeitete, Veränderungen einzuführen, und damit sie es auch anerkannte.

- Planen Sie Zeit für Ihre Ehe ein. Als ich mit meinem Studium noch nicht ganz zu Ende war, wir beide arbeiteten und kleine Kinder hatten, war unsere Arbeitsbelastung ganz fürchterlich. Also beschlossen wir, jeden Freitagmorgen lange und ausführlich außer Haus zu frühstücken und dann noch eine Weile zusammen bummeln zu gehen. Diese allwöchentliche Zeit half uns beieinander zu bleiben, bis wir uns einen normalen Zeitplan leisten konnten.

- Wenn sich weitere Anforderungen in die für Ihre Ehe nötige Zeit fressen, denken Sie daran, was Ihnen entgeht, und sagen Sie Ihrem Partner/Ihrer Partnerin, wie schlecht Sie sich dabei fühlen. Es ist gerade dieses Unvermögen, Bedauern auszudrücken und sich manchmal zu entschuldigen, was dem anderen das Gefühl gibt, nur die zweite Geige zu spielen.

- Nützen Sie die Ihnen zur Verfügung stehende Zeit besser. Es ist nicht so, dass jeder von uns die Möglichkeiten der beschränkten Zeit, die wir haben, voll ausschöpft. Wir werden dies noch später unter der Überschrift «Eherituale» ausführlicher behandeln. Sie können sehr viel für Ihre Ehe durch kleine Veränderungen in Ihrem Zeitplan erreichen.

- Verfolger, vermeiden Sie es darüber zu nörgeln, dass Sie mehr Zeit miteinander haben wollen. Bringen sie Ihr Anliegen immer wieder zur Sprache, in einem ruhigen Augenblick, eher als Hoffnung für Ihre Ehe und nicht ständig oder als Kritik an dem, was Ihrem Partner/Ihrer Partnerin wichtig erscheint.

- Distanzierer, stellen Sie sich der Frage, was Sie sich von Ihrer Ehe erhoffen und was notwendig ist, damit sich diese Hoffnungen erfüllen. Denken Sie lieber aktiv als defensiv um mehr Zeit für Ihre Ehe zu finden. Und seien

Sie erfinderisch, damit Sie die Zeit, die Sie bereits haben, besser nützen.

Sollte alles hier Vorgeschlagene nichts ausrichten, könnten Sie ein grundsätzliches Problem im Umgang mit Ihrer Zeitstrukturierung haben. In anderen Worten, Sie könnten einen Lebensstil haben, der sich mit den Vorstellungen von der Ehe, die Sie und Ihr Partner/Ihre Partnerin haben, nicht vereinbaren lässt. Sollten Sie zu diesem Schluss kommen, dann möchte ich Sie dazu ermutigen, über eine Veränderung in Ihrer Karriere, Ihren Hobbys oder anderem, was Ihre Zeit und Energie absorbiert, nachzudenken. Denken Sie an Ihr Treuegelöbnis bei der Hochzeit, «alle anderen aufzugeben»? Das könnte auch bedeuten, alles zu lassen, was Ihre Zeit und Ihr Denken abzieht. Eine Ehe ist nicht nur durch eine sexuelle Affäre gefährdet. Es kann sich ebenso gut auch um eine Affäre mit der Zeit drehen.

Kapitel 5

Wehren Sie sich gegen Familie und Freunde, wenn sie Ihre Ehe stören

Vermutlich gibt es niemanden in Ihrem Leben, der es absichtlich darauf anlegt, Ihrer Ehe Schaden zuzufügen, es sei denn, Sie hätten großes Pech oder einen rachsüchtigen früheren Ehepartner. Doch unabsichtliche Sabotage ist nicht selten und in mancher Hinsicht auch gefährlicher. Wir haben uns bereits damit befasst, wie die «Ich-verdiene-das-Beste»-Konsumgesellschaft Botschaften sendet, die unsere Bindung an die Ehe untergraben. Hier werden wir besprechen, wie bestimmte Menschen in unserem Leben unsere Versprechen unterminieren können, weil auch sie unter dem Einfluss derselben Kräfte stehen. Ich will nicht etwa dem Misstrauen Vorschub leisten, dass es Menschen gibt, die es darauf anlegen, Sie unterzukriegen. Machen Sie auch keine Fehler: Eine hilfsbereite Familie und Freunde sind von ausschlaggebender Bedeutung für den Erfolg einer Ehe, aber wie bei allen wichtigen Menschen in unserem Leben kann ihre Beeinflussung zweischneidig sein. Hier will ich nur beleuchten, wie sie Ihre Ehe schädigen können und was Sie unternehmen sollten, um diesen Schaden zu verhindern. Das Trojanische

Pferd sind die Menschen, die sich mehr um Ihre persönlichen, kurzfristigen Interessen sorgen, als um die langfristige Perspektive Ihrer Ehe.

Wenn Eltern zu sehr klammern

Was sie auch immer über Ihren Partner/Ihre Partnerin gedacht haben mögen, als Sie sich besser kennen lernten, die meisten Familienmitglieder sind spätestens bei der Verlobung mit auf dem Dampfer. Sind die Würfel erst gefallen und ist die Ehe unvermeidlich, finden sich die Familien zurecht und bewillkommnen die neue Partnerschaft. Auf vielerlei Weise bezwecken die Heiratszeremonien, alle bei der Hochzeit um einen Tisch zu bekommen. Doch manchmal wollen Eltern ihren Sohn oder ihre Tochter so ungern an diesen neuen Ehegefährten verlieren, dass sie versuchen, das Leben des jungen Paares zu steuern, und damit verursachen sie Belastungen und Konflikte für die Neuverheirateten. (Natürlich spreche ich hier darüber, wie die meisten in der westlichen Gesellschaft üblicherweise mit einer jungen Ehe umgehen; in anderen Kulturen sind die Erwartungen anders, und es ergeben sich andere Störfelder zwischen Jungverheirateten und ihren Familien.)

Nehmen wir die Ehe von Dirk und Johanna als Beispiel. Dirks Mutter wäre es am liebsten gewesen, wenn alle ihre Kinder im selben Block wohnten wie sie selbst. Sie bestand darauf, dass alle wichtigen Familienereignisse bei ihr gefeiert wurden. Sie organisierte Weihnachten, Ostern und alle Geburtstage. Johanna akzeptierte diese Übereinkunft mehrere Jahre lang, bis sie und Dirk selbst ihre Familie gegründet hatten. Zu diesem Zeitpunkt wollte sie, dass die großen Feste wechselweise auch bei ihrer eigenen Familie gefeiert würden. Dirks Mutter wollte davon nichts hören. Sie sagte Johanna, sie könne ihre eigenen Eltern ja auch mit einladen, bestand aber darauf, dass alles in ihrem Haus stattfand. Es ging jedoch nicht nur um die Festtagsrituale; selbst Johannas eigener Geburtstag sollte bei der Schwiegerfamilie gefeiert werden. Dirk hatte sich nie den Wünschen seiner Mutter widersetzt und wollte es jetzt auch nicht tun. Ohne die Unterstützung ihres Mannes fühlte sich Johanna hilflos ihrer Schwiegermutter gegenüber und sie nahm es Dirk übel, dass er auf der Seite seiner Mutter und damit auf ihrer Gegenseite war. Dirk wollte nur, dass die beiden wichtigsten Frauen in seinem Leben gut miteinander zurechtkamen.

Dirks Mutter hielt ihren Sohn und die Schwiegertochter davon ab, Familientraditionen zu entwickeln, die in ihrer eigenen Ehe gegründet waren, und belastete damit die Beziehung der beiden. Natürlich war es nicht nur allein ihr Werk; Dirk unterstützte sie, indem er ihrem Machtbedürfnis keine Grenzen setzte, und damit blieb er in einem Loyalitätskonflikt zwischen seiner Mutter und seiner Frau verhaftet. Bis zu einem gewissen Grad sind diese Bindungskonflikte vorprogrammiert, wenn wir unsere Familie und unseren Partner/unsere Partnerin lieben. Verschiedene Herausforderungen ergeben sich zu unterschiedlichen Zeiten unserer Ehe: Zu Anfang, wenn uns unser Partner wichtiger wird, und wir trotzdem unsere Familie nicht aufgeben; nachdem wir selbst Eltern geworden sind, finden wir einen neuen Stellenwert für unsere Eltern und die Verwandten, die sich um unsere Kinder kümmern; und im mittleren Lebensalter, wenn wir versuchen, eine Balance zu finden zwischen der Sorge für hinfällige Eltern und die weiter bestehenden Bedürfnisse des Partners und der Kinder. Wie bei allen Herausforderungen in unserem Leben hilft ein glücklicher Anfang auch bei später auftretenden Schwierigkeiten. Bei Dirk und Johanna fing es mit seiner Familie nicht so gut an.

Nachdem Johanna an einem meiner Kurse über Familienrituale teilgenommen hatte, bat sie mich um einen Termin, damit ich ihr dabei helfen sollte herauszufinden, wie sie weiter vorgehen könnte. Zusammen erstellten wir den folgenden Handlungsplan. Sie bat Dirk um Unterstützung bei seiner Familie und sagte ihm, dass sie von jetzt an eine Veränderung einleiten wolle.

Zuerst ließ sie nun ihre Truppen aufmarschieren, als es um die Feier ihres Geburtstags ging, den sie unbedigt, und sie bestand hartnäckig darauf, bei sich zu Hause veranstalten wollte. Sie ließ ihrer Schwiegermutter einfach keine Wahl. Nachdem sie diese Schlacht gewonnen hatte, überredete sie auch Dirk dazu, sie dabei zu unterstützen, dass sie Weihnachten abwechselnd auch bei ihren Eltern feiern wollten. Er hielt auch Wort, und bei der Einstimmigkeit des Paares blieb der Schwiegermutter nichts anderes übrig, als damit anzufangen, die Grenzen der Einmischung in die Ehe ihres Sohnes und seiner Familie zu akzeptieren. Es würde nie eine unbeschwerte Beziehung zu Dirks Mutter werden, aber zumindest fühlte sich Johanna erleichtert in Hinblick auf ihre Ehe.

Nasser und Edith mussten zwar auf Dauer Abstand zu ihren Eltern halten, konnten aber ihre Ehe retten. Ediths Eltern, Baptisten aus dem südlichen Oklahoma, konnten nicht ertragen, dass ihre Tochter einen syrischen Muslim heiratete. Sie unterstellten ihm, er benutze sie nur, um die U.S.- Bürgerschaft zu bekommen, und selbst zehn Jahre und drei Kinder später forderten sie ihre Tochter immer noch auf, sich scheiden zu lassen. Obwohl Edith und Nasser nicht im selben Staat wohnten wie ihre Eltern, belastete diese Feindseligkeit sie und ihre Ehe sehr. In den ersten Jahren verschärfte Nasser die Situation zusätzlich dadurch, dass er in Gesprächen mit Edith andauernd ihre Familie herabsetzte, was sie dazu brachte, ihre Eltern zu verteidigen. Sie wollte weder die Beziehung zu ihren Eltern noch zu ihrem Mann aufgeben. Schließlich, nachdem sie in Ehepaartherapie waren, um ihre Ehe erhalten zu können, dämmerten ihnen einige neue Erkenntnisse. Edith und Nasser wurde klar, dass sie die Einstellungen ihrer Eltern nicht steuern konnten; sie würden nie erreichen, dass sie ihre Ehe akzeptierten. Edith merkte aber auch, dass sie erwachsen werden müsse und dann die Zustimmung ihrer Eltern nicht mehr so nötig haben werde wie als junge Frau. Für seinen Teil kam Nasser zu der Einsicht, dass seine Kritik auf seinen eigenen Konkurrenzgefühlen zu Ediths Eltern beruhte.

Als er sich ihrer wieder sicher fühlte, konnte er seine Unsicherheit größtenteils aufgeben. Er verstand, dass er aufhören müsse, seine Schwiegerfamilie zu kritisieren, denn dies führte zu einem Loyalitätskonflikt bei ihr und lähmte sie dabei, ihnen Grenzen zu setzen.

Die meiste Zeit hörten Edith und Nasser auf, über ihre Eltern zu streiten, was dabei half, Ediths Eltern aus ihrer Beziehung herauszuhalten. Edith bestand aber darauf, dass ihre Eltern ihren Mann zu bestimmten Familienbesuchen in ihrem Haus zu empfangen, doch meistens gingen Edith und die Kinder allein zu Besuch. Ihre transkulturelle Ehe war nicht ohne Belastungen, doch sie konnten zugunsten ihrer Ehe und den Kindern zuliebe eine klare Linie verfolgen.

Wenn diese Loyalitätsfragen zwischen dem Partner und den Eltern nicht am Anfang einer Ehe geklärt werden, können Eltern und andere Familienmitglieder auf lange Sicht eine Ehe aushöhlen. Die Ehepartner verwickeln sich in unlösbare Meinungsverschiedenheiten darüber, wessen Familie wichtiger ist, und fangen an, sich über die mit den gegenseitigen Familien verbrachte Zeit zu ärgern. Manche Ehepartner lassen es überhaupt sein, außer bei größeren Anlässen, die angeheirateten Verwandten zu besuchen. Die Ursachen dafür sind in den widerstreitenden Loyalitätsgefühlen zwischen der Ehe und der Ursprungsfamilie zu sehen, aber auch der Konkurrenz zwischen den Partnern selbst um diese Prioritäten. Alle Paare müssen sich mit diesen Themen herumschlagen. Hier möchte ich nur illustrieren, wie Verwandte durch unfaire Forderungen nach Zeit, Beachtung und Loyalität eine Ehe untergraben können. Sobald sich das zeigt, müssen Sie um Ihre Ehe kämpfen, oder Sie werden sie an Ihre weitere Familie verlieren.

Die Schlüsselfigur in der Auseinandersetzung zum Erhalt sowohl der Ehe als auch der angeheirateten Familie ist der Partner/die Partnerin, dessen/deren Verwandte das Problem sind. Angeheiratete können nur unterstützende Nebenrollen, nicht aber die Hauptrolle übernehmen. Wenn ich mit Klienten diesen Prozess einübe, empfehle ich ihnen oft, sie sollten sich auf grundlegende, minimale Erwartungen an das Verhalten ihrer Verwandten dem Partner/der Partnerin und ihrer Ehe gegenüber festlegen. Der Partner wird beispielsweise zu allen größeren Familienanlässen eingeladen, es wird unaufgefordert keine Kritik am Partner geäußert und es gibt keine Diskussionen zu dem Thema, ob die Eheschließung auch richtig war. Sie teilen Ihren Angehörigen die Grundregeln mit, und wenn sie sie brechen sollten, können Sie die Technik der «Schallplatte mit Sprung» zur Anwendung bringen, die darin besteht, dass Sie ruhig immer wieder aufsagen, was Sie erwarten, bis sie aufhören. Zum Beispiel: «Mama, Du weißt, dass ich nur zu der Party komme, wenn Martha auch eingeladen wird.», oder «Kritik an Jakobs Religion ist tabu.»

Fast alle Verwandten werden den Kampf einstellen, wenn Sie Grenzen setzen und ruhig auf ihnen bestehen. Sollten sie Ihnen weiterhin zu nahe treten, dann können Sie einen Brief schreiben und ihnen mitteilen, dass Sie wegen ihres Verhaltens für eine Weile nicht zu Besuch kommen werden. Später rufen Sie dann wieder an und fragen, ob sie nun bereit sind, den Kontakt unter den von Ihnen festgelegten Grundregeln wieder aufzunehmen. Bedenken Sie aber, dass Ihre Regeln nur ein Minimum an grundsätzlicher Achtung für Ihre Ehe darstellen dürfen und nicht einen Gesinnungswandel auf Seiten Ihrer Familie. Sind sie aber höflich, können Sie sich gerne mit Ihren Verwandten freuen, trotz aller Schwächen, denn Sie lassen nicht zu, dass Ihre Ehe von ihnen gestört wird.

Ist Ihre Ursprungsfamilie schädigend für Ihre Ehe?

Eltern und andere Familienmitglieder schädigen Ihre Ehe nur, wenn Sie es zulassen. Hier sind einige Fragen aufgeführt, die

Ihnen zu entscheiden helfen, ob dies zutrifft. Eine Antwort mit «ja» auf mehr als zwei dieser Fragen könnte anzeigen, dass hier ein Problem liegen könnte. Eine bejahende Antwort auf mehr als vier bedeutet, dass Sie genau überprüfen sollten, wo Ihre Loyalitäten im Erwachsenenleben liegen. Beantworten Sie jedoch acht oder mehr mit «ja», sollten Sie sich lieber darum kümmern, ob Ihr altes Zimmer in Ihrem Elternhaus – oder das Ihres Partners/Ihrer Partnerin bei seinen/ihren Eltern – noch frei ist.

1. Geht es bei vielen oder Ihren schwersten Auseinandersetzungen darum, wie Sie von der Schwiegerfamilie behandelt werden oder den Umfang der Forderungen, die sie an Ihr Leben stellt?

2. Stellen Sie fest, dass Sie vor Ihrem Partner/Ihrer Partnerin Heimlichkeiten haben, die mit Gesprächen zusammen hängen, die Sie mit Ihrer Familie geführt haben?

3. Stellen Sie fest, dass Sie kleinere Schwächen Ihres Partners/Ihrer Partnerin der schlechten Erziehung seiner/ihrer Eltern anlasten?

4. Beklagt sich einer von Ihnen darüber, dass den Familien beider ungleich viel Wichtigkeit oder Zeit zugemessen wird?

5. Stellen Sie fest, dass Sie Einladungen angeheirateter Verwandter dadurch zuvorkommen wollen, dass Sie selbst mit Ihren eigenen Eltern Pläne für die Ferien und zu anderen Anlässen machen, ohne sich mit Ihrem Partner/Ihrer Partnerin abzusprechen?

6. Fühlen Sie sich unter Druck, Plänen Ihrer eigenen Familie zuzustimmen ohne sich vorher mit Ihrem Partner/Ihrer Partnerin abzusprechen?

7. Finden Sie es sehr schwierig, Ihren Eltern Bitten abzuschlagen?

8. Verbringen Sie alle Ferien oder feiern Sie alle besonderen Feste entweder im Haus Ihrer Eltern oder bei den Eltern Ihres Partners/Ihrer Partnerin?

9. Haben Sie das Gefühl, dass Ihr Partner/Ihre Partnerin niemals den Forderungen seiner/ihrer Eltern Grenzen setzt, selbst wenn es klar ist, dass sie unvernünftig sind?

Sollten Sie sich Sorgen machen wegen Ihrer Antworten auf einige dieser Fragen, hier ist einiges, das Sie zum Schutz Ihrer Ehe unternehmen und trotzdem weiter in engem Kontakt zu Ihren beiden Familien bleiben können.

1. Wenn Sie sich mit Ihrem Partner/Ihrer Partnerin über eine Ihrer Familien streiten, vermeiden Sie einen Gegenangriff auf die Familie des anderen.

2. Vermeiden Sie kritische Äußerungen über die Persönlichkeit oder familiäre Charaktereigenschaften Ihrer angeheirateten Verwandten, die nicht Ihr Partner/Ihre Partnerin schon selbst erwähnt hat. Seien Sie nicht leichtfertig in Ihrer Kritik an der Schwiegerfamilie, sonst wecken Sie in Ihrem Partner/Ihrer Partnerin nur das Bedürfnis, sie zu verteidigen.

3. Die Blutsverwandten (oder Adoptierten) sollten im Allgemeinen das Wort führen, wenn ihre Familien in die Schranken gewiesen werden sollen. Machen Sie Ihren Partner nicht zum bösen Buben in Ihrer Familie und werden Sie nicht zur Hexe in der seinen, oder umgekehrt.

4. Wenn Sie darüber klagen, dass Ihre Schwiegerfamilie Sie unterdrückt, kann das Problem gut darin liegen, dass Ihr Partner/Ihre Partnerin ihnen gegenüber zu zimperlich auftritt. Sichern Sie sich die Unterstützung Ihres Partners und bestehen Sie darauf, dass er/sie auch dasselbe in Hinsicht auf Ihre Familie tut.

5. Fühlen Sie sich zwischen Ihrem Partner und Ihrer Familie hin und hergerissen, sollten Sie die Mittelposition aufgeben, indem Sie zuerst den Konsens mit Ihrem Partner erreichen, und dann vertreten Sie bei Ihrer Familie die gleiche Linie. Dazwischen zu stehen, heißt illoyal dem Partner gegenüber zu sein. Tragen Sie es erst mit ihm/ihr aus, damit Sie zu einer gemeinsamen Lösung kommen, mit der Sie beide leben können. Wenn Sie Eltern, die zu viel erwarten oder sich unfair verhalten, Grenzen setzen, konzentrieren Sie sich nur auf das, was Sie wollen oder erwarten, wiederholen Sie es auch, falls es nötig sein sollte, aber hüten Sie sich zu sagen, weshalb sie das Vorgehen der Eltern überhaupt für «falsch» halten.

Wenn Ex-Partner sabotieren

Wenn Sie Kinder aus einer früheren Ehe haben, dann spielt auch Ihr früherer Partner/Ihre frühere Partnerin in Ihrer neuen Ehe mit. Haben Sie Glück, akzeptiert Ihr/e Ex Ihre neue Ehe, oder er/sie ist zumindest neutral. Wenn Sie weniger glücklich sind, kann der frühere Partner/die frühere Partnerin eine Bedrohung für Ihre Ehe werden, manchmal sogar absichtlich. Ich habe erlebt, dass die früheren Partner die neue Stieffamilie durch Belästigungen sabotieren. Ein Mann rief seine geschiedene Frau ein dutzend Mal am Tag an, um sich über die Regelung der Finanzen und des Sorgerechts zu beklagen. Sie versuchte dann immer, abzuwiegeln und zu versichern, dass die Absprachen ihre Richtigkeit hätten. Die emotionale Belastung war für sie schwer zu ertragen, und ihr neuer Ehemann klagte darüber, dass sie allem Anschein nach noch in ihrer früheren Ehe lebte, weil sie dort all ihre emotionale Energie ließ. Sie hatte deswegen Schuldgefühle, regte sich aber auch über ihren neuen Ehemann auf, weil er ihr nicht mehr zur Seite stand.

In unseren Therapiesitzungen verhalf ich dem Paar zu der Einsicht, dass sie den Ex-Ehemann in ihre Ehe einbrechen ließen. Die Frau würde etwas tun müssen, was ihr schon in der früheren Ehe nicht gelungen war: seinem Kontrollverhalten eine Grenze zu setzen. Von ihrem neuen Ehemann unterstützt beschloss sie, zu Hause nicht mehr ans Telefon zu gehen, bevor sie nicht am Telefonbeantworter festgestellt hatte, dass nicht ihr früherer Ehemann am Apparat war. Sie schrieb ihm auch einen Brief, in dem sie ihm mitteilte, sie würde im Augenblick mit ihm nur noch Briefkontakt halten, bis er gelernt habe, mehr Rücksicht zu nehmen. Ihr neuer Ehemann empfand diese Grenzziehung zu dem Ex-Ehemann als ermutigend und unterstützte sie nun noch intensiver. Nach einigen Tagen unangenehmer Nachrichten auf dem Telefonbeantworter gab der geschiedene Ehemann seine Zudringlichkeit auf. Er weigerte sich zwar, Briefe zu schreiben, hinterließ aber die notwendigen telefonischen Nachrichten für die zeitlichen Absprachen mit den Kindern während des Tages, wenn niemand zu Hause war, um ans Telefon gehen zu können. Sie waren mit diesem Mann zwar immer noch nicht aus dem Gröbsten heraus, aber wenigstens bedrohte er nicht länger die neue Ehe.

Eine Wiederverheiratung bedeutet oft, dass sich die Beziehung zu einem früheren Ehepartner zugunsten der Ehe wandeln muss. In der Zeit als Alleinerziehender/ Alleinerziehende haben Sie es vielleicht zugelassen, dass Ihr früherer Ehemann seine Wochenenden mit den Kindern abgesagt hat, weil Sie die Kinder ohnehin lieber bei sich hatten. Oder möglicherweise hatten Sie auch nie gelernt, mit seiner Unzuverlässigkeit umzugehen, aus dem Gefühl heraus, dass sich der Streit nicht lohnt, wenn er in letzter Minute anrief um abzusagen. Doch jetzt, nachdem Sie wiederverheiratet sind, wird Ihre Ehe gestört, wenn Ihr früherer Partner Sie auf diese Weise manipuliert. Ihr neuer Mann wird sich auf die Wochenenden ohne seine Stiefkinder freuen, wenn Sie zu zweit allein sein können, und annehmen, Ihr früherer Mann wolle Sie beide herumschubsen. Wenn Sie so darauf reagieren, dass Sie sagen, sie fühlen sich zwischen dem neuen und dem geschiedenen Mann «hin und hergerissen», verschlimmern Sie das Problem nur. Warum? «Hin und hergerissen» erweckt die Vorstellung, dass Sie sich beiden Seiten gleichermaßen verpflichtet fühlen. Stattdessen werden Sie die Kröte schlucken und Ihren Ex-Ehemann dafür verantwortlich sehen müssen, dass er die Kinder nimmt, wenn er sich vorher dazu bereit erklärt hat. Sollte er mittwochs anrufen um zu sagen, er könne die Kinder am Wochenende nicht nehmen, dann müssen Sie ihm antworten: «Ach, ich glaube, Du wirst Dir dann jemand suchen müssen, der sie beaufsichtigen kann.» (Das setzt natürlich voraus, dass er jemand hat, der verantwortlich für sie sorgen könnte.) Sonst wird es Ihr früherer Partner sein, der darüber bestimmt, wann Sie mit Ihrem neuen Partner allein zusammensein können, und das wird Ihre Ehe aushöhlen.

Manchmal besteht die Gefahr auch darin, dass man sich einem früheren Partner/einer früheren Partnerin zu nahe fühlt. Nach etwa einem Jahr voller Bitterkeit, etablierten Leo und seine geschiedene Frau Ruth eine freundliche Zusammenarbeit bei gemeinsamem Sorgerecht für ihre Kinder. Sie waren beispielhafte geschiedene Ehepartner, trafen gute Entscheidungen und tauschten Zeiten für die Kinder aus, je nach Veränderungen in ihren Arbeitsplänen. Mit der Zeit begann Ruth, in ihren täglichen Telefonaten wegen der zeitlichen Verabredungen mit den Kindern auch von ihren eigenen Sorgen und Belastungen zu erzählen. Das festigte ihre Arbeitspartnerschaft, bis Leo sechs Jahre später erneut heiratete. Seine neue Frau Barbara hatte gewusst, dass Ruth häufig anrief, aber als das neue Paar zusammenzog, war sie entsetzt, weil sich herausstellte, dass Ruth jeden Abend nach 10 Uhr anrief und Leo mit ihr eine halbe Stunde oder länger sprach. Es war Barbara klar, dass sich nur die ersten wenigen Minuten um die Kinder drehten, und sie glaubte, Ruth rufe absichtlich zu Zeiten an, von denen sie wusste, dass Leo und Barbara frei waren.

Leo konnte für seinen Teil nicht verstehen, dass sich Barbara darüber aufregte. Leo hatte eine großartige Fähigkeit zuzuhören, ein Zug, dessentwegen sich Barbara zu ihm hingezogen gefühlt hatte, aber dies schien ihr fehlgeleitetes Mitleid zu sein. Er behauptete, kein romantisches Interesse an Ruth zu haben, aber Ruth tat ihm Leid; sie hatte nicht wieder geheiratet und brauchte jemand, mit dem sie über ihre Sorgen sprechen konnte. Und er befürchtete, eine Entfremdung zu ihr würde ihre positive Beziehung bei der gemeinsamen Sorge für die Kinder in Frage stellen. In unseren Beratungssitzungen sah Leo mit der Zeit ein, dass sich Barbara zu Recht über die Zeit und Energie beklagte, die er in diese persönliche Beziehung zu seiner geschiedenen Frau steckte, und er beschloss zwei Veränderungen vorzunehmen: mit Ruth früher am Abend zu sprechen, die Gespräche mehr um die Kinder betreffende Fragen kreisen zu lassen und allmählich die Zeit für Ruths persönliche Belange abzubauen. Barbara fühlte sich erleichtert, weil er sich bereit zeigte, ihre neue Ehe vor der Eindringlichkeit einer allzu nahen Beziehung zu seiner früheren Frau zu schützen.

Wenn Sie wiederverheiratet sind, hängt der Erfolg Ihrer zweiten Ehe wesentlich davon ab, wie Sie die Beziehung mit Ihrem früheren Partner gestalten. Eine zu negative oder zu positive Einstellung können eine Bedrohung darstellen. Gegen den früheren Partner/die frühere Partnerin anzukämpfen, zieht emotionale Energie von Ihrer Ehe ab, aber auch dann, wenn Sie sich das Opfer sind. Sich selbst manipulieren zu lassen bedeutet, dass sich auch Ihr neuer Partner manipuliert vorkommt – und auf Sie böse wird. Und wenn Sie mit dem früheren Partner/der früheren Partnerin auf allzu gutem Fuß stehen, kann sich Ihr neuer Partner vielleicht fragen, ob Sie überhaupt auf dem richtigen Dampfer sind.

«Lass' Dich nicht durch eine Ehe festlegen»

Wenigstens akzeptierte Dirks Mutter doch noch die Realität seiner Ehe; sie wollte einfach nur über diese Ehe bestimmen. Manchmal fällt es unverheirateten Freunden oder Freundinnen eines Frischverheirateten schwer, die Tatsache anzunehmen, dass ihr Freund oder ihre Freundin sich nun in einer anderen Lebensphase befindet. Sie ermutigen ihren Freund/ihre Freundin, wieder einmal die alten Schuppen der Singles für eine «Nachttour» aufzusuchen. Ich habe dies besonders an Paaren beobachtet, die jung geheiratet haben, etwa als späte Teenager oder in ihren frühen Zwanzigern. Das Problem besteht nicht darin, dass man unverheiratete Freunde hat, sondern dass man an den Unternehmungen der Singles teilnimmt, beispielsweise tanzen geht oder durch die Bars zieht. Der/die eine der Eheleute findet nichts dabei, wenn er/sie diese Einladungen in eine Bar für Singles annimmt, und argumentiert mit dem skeptischen Teil, er/sie unternehme das nur aus Spaß, und nicht um sich jemanden zu angeln. Die Freunde sind glücklich über dieses Arrangement, weil sie damit ihren ungebundenen Freund oder ihre Freundin nicht «verlieren» , doch die Ehe leidet für gewöhnlich unter der Eifersucht des einen und der Defensivhaltung des anderen und manchmal an einer bedrohlichen Verwicklung mit einer anderen Person. In den meisten Fällen, die ich gesehen habe, sei es nun eine «Herrenpartie» oder eine «Damenpartie» ist es eine Form von Nicht-richtig-verheiratet-Sein. Alleinstehende Freunde können die ersten sein, die auf diesen gefährlichen Weg lokken, und die letzten, die zu seiner Beendigung raten. Weshalb? Nicht etwa, weil sie absichtlich die Ehe stören wollen (obwohl dies unbewusst auch der Fall sein könnte), sondern weil sie ihre eigenen Freunde mit den vertrauten Gewohnheiten an sich binden wollen. Doch sie sind keine Freunde der Ehe.

Enge Freunde, sollten sie auch unverheiratet sein, sind ein wichtiger Bestandteil unseres Lebens. Doch Ihre engen Freunde stützen, oder aber sie unterminieren die Ehe. Es gibt keine neutrale Zone. Es ist dasselbe wie beim Eltern-Sein; entweder Ihre Freunde unterstützen die Wichtigkeit Ihrer Rolle als Vater oder Mutter, oder sie lassen es sein. Entweder akzeptieren sie den Gedanken, dass Ihrer Ehebeziehung die erste Priorität zukommt, oder sie verhalten sich so, als komme sie bei Ihnen nicht an erster Stelle. Sie erzählen Ihrer Freundin, dass Sie schon immer nach Hawaii reisen wollten, Ihr neuer Ehemann aber die Idee zunichte gemacht habe, weil er Hawaii hasse. Ihre Freundin platzt mit dem Kommentar heraus: «Dann fahr'doch allein hin!» Der Hintergrund dafür ist, dass Sie und Ihr Mann jeweils nur zwei Wochen für den ersten gemeinsamen Urlaub in Ihrer jungen Ehe haben. Ihre Freundin ist ein Advokat Ihres persönlichen Rechts auf ein selbst gewähltes Ferienziel, ohne von Ihrem Ehemann herumkommandiert zu werden, doch sie ist keine Freundin Ihrer aufblühenden Ehe.

Wir haben bisher über Familienangehörige und Freunde gesprochen, die Sie dazu verleiten sich so zu verhalten, als hielten Sie nicht zu Ihrem Partner/Ihrer Partnerin, sondern eher zu ihnen oder als blieben Sie nur sich selbst treu. Dieses Unterminieren kann sich zeigen, auch wenn es gar keine Probleme in Ihrer Partnerschaft gibt, und tritt wahrscheinlich in den Anfangsjahren einer Ehe auf, wenn es der Familie und den Freunden schwer fällt, die neue Verbindung als real anzusehen. Als Nächstes werden wir uns ansehen, was geschehen kann, wenn Sie jemandem, der Ihnen nahesteht, von Belastungen und Schwierigkeiten in Ihrer Ehe erzählen. Sie geben damit einem anderen Menschen die Gelegenheit, entweder Ihnen und Ihrer Ehe oder nur Ihnen allein beizustehen.

Ein Freund in Not

Mir fällt dazu Tina ein, die einiges an persönlichen und partnerschaftlichen Kämpfen durchgemacht hat, nachdem sie jung geheiratet hatte, in rascher Folge zwei Kinder bekam und gleichzeitig noch studierte. Die meisten ihrer Freunde und Freundinnen sind noch ledig und nicht ernsthaft gebunden. Tina ist ein Typ von Mensch, der offen und häufig davon spricht, was sie belastet. Sie liebt ihren Mann Mark und steht zu ihrer Ehe, beklagt sich aber darüber, dass er ihre Stimmungen nicht versteht und sie nicht genügend unterstützt. Wenn Mark von ihren Klagen über das Studium genug hat, beendet er beispielsweise manchmal die Unterhaltung, indem er sagt: «Warum hörst Du dann nicht auf damit?» – ein Kommentar, den sie nicht als hilfreich für die Beendigung ihrer Ausbildung ansieht. Obwohl er für ihre kleinen Jungen ein sehr engagierter Vater ist, übernimmt Tina doch den Hauptanteil an Hausarbeit und Erziehung. Mark unterstützt die Familie durch seinen guten Job.

Mark und Tina sind wie viele Ehepaare mit der Belastung durch kleine Kinder und dem zusätzlichen Stress eines noch studierenden Partners. Ihre Klagen sind gleichlautend wie diejenigen vieler Frauen über ihre Ehemänner – nicht genügend Einfühlungsvermögen und Mitarbeit im Haus und bei den Kindern. (Mark hatte auch seine Klagen über Tina, aber er behielt sie bei seinen Freunden für sich.)

Tina, wie schon gesagt, war bei ihren Freundinnen ganz offen, was ihre Ehe anging. Sie erhoffte sich in diesen Gesprächen Unterstützung, doch nicht die Art von Hilfe, die sie erhielt. Sie müssen wissen, fast alle ihre Freundinnen waren ledig und studierten ebenfalls. Nachdem sie ihre Geschichte angehört hatten, waren sie sich in den folgenden Bemerkungen einig:

- «Du hast etwas Besseres verdient.»
- «Er ist völlig daneben, und ich würde mir das einfach nicht gefallen lassen.»

- «Ich könnte einen solchen Ehemann nicht weiter aushalten.»
- «Bist du wirklich glücklich in deiner Ehe?»
- «Du tust mir leid.»
- «Du bist so ein kluger, liebenwerter Mensch. Ich verstehe nicht, warum er dich nicht besser behandelt.»
- «Warum bist du noch bei ihm?»

Gerade die Doppeldeutigkeit dieser Bemerkungen macht sie so bedrohlich für eine Ehe. Einerseits sind sie für Tina als Individualperson so bestärkend und anerkennend. Ihre Freundinnen teilen ihren Standpunkt, können sich in ihre Missstimmung einfühlen und ermuntern sie dazu, sich zur Wehr zu setzen. Alles prima, oder etwa nicht? Auf der anderen Seite unterhöhlen sie ihre Ehe. Ihre Freundinnen nehmen ihr nur ihre Version der Geschichte ab. Sie stellen Tinas eigenes Verhalten nicht in Frage. Sie versuchen auch nicht zu verstehen, was vielleicht in Mark vorgeht. Sie behandeln sie, als wäre sie das Opfer in dieser Partnerschaft. Und (ich hoffe Ihren Ohren ist es nicht entgangen) sie singen das Lied der Konsumenten-Ehe – du hast mehr verdient, du hast ein Recht auf mehr, du musst glücklich sein, koste es, was es wolle.

Könnte es Umstände geben, unter denen die Kommentare der Freundinen völlig angebracht wären? Wenn sie sich darüber beklagte, dass Mark sie missbrauchte, ihr untreu sei oder unverantwortlich mit Alkohol oder Geld umginge, hätten die einseitigen Reaktionen der Freundinnen eher ihren Sinn gehabt. Aber die Freundinnen gingen grundsätzlich eben davon aus, dass die meisten Ehen irgendwann in ihrem Verlauf so belastet sind, dass derartig unterminierende Bemerkungen gerechtfertigt erscheinen.

Als weiteres Beispiel möchte ich hier anführen, was mir eine berufstätige Frau berichtete, die sich sehr an ihre Ehe gebunden fühlt: Wenn sie ihren Freundinnen die Enttäuschung zeigt, dass sich ihr Mann darüber beklagt, sie sei nicht zärtlich genug, sagen ihre Freundinnen häufig so etwas wie: «Warum hältst du diese Ehe immer noch aufrecht?» Sie hat jetzt aufgehört, mit ihren Freundinnen über ihre Ehe zu sprechen.

Solche Bemerkungen von Freunden wären eher für andere Verhältnisse als für eine Ehe angemessen, etwa die Beziehung zu einem Arbeitgeber. «Du verdienst es besser... Warum hast du es so lange ausgehalten...? Ich würde gehen...» Diese Worte passen zu einer Geschäftsverbindung, in der Tina nicht versprochen hätte, ihn zu lieben und in Ehren zu halten in guten und in schlechten Tagen, bis dass der Tod sie scheidet. Es ist genau dieses Gelübde und die sich daraus ableitende Verpflichtung, die manchmal in diesen, von Freunden fallen gelassenen Kommentaren zu einer Ehe in Schwierigkeiten unbeachtet bleibt.

Katrin erzählte mir davon, wie enttäuscht sie darüber war, wie viele ihrer Freunde vor einigen Jahren auf ihre Ehekrise reagierten. Sie und ihr Mann kämpften sich durch die schwierige Pubertät ihres Sohns, der von ihnen nach Missbrauch in der frühen Kindheit adoptiert worden war, als er fünf Jahre alt war. Katrin und ihr Mann hatten vehemente Unstimmigkeiten über den Umgang mit ihrem Sohn und darüber, wer mehr Verantwortung für seine Überwachung übernehmen sollte. Jeder gab dem anderen die Schuld, als Vater oder Mutter nicht effektiv genug zu sein, obwohl sie doch beide innerlich davon überzeugt waren, dass ihr Sohn mit vielen emotionalen Handicaps zu ihnen gekommen war. Diese Belastung, zusätzlich zu ihren anstrengenden beruflichen Verpflichtungen, brachte ihre 25-jährige Ehe zum ersten Mal an den Rand des Scheiterns. Als Katrin sich ihren Freundinnen über die Probleme anvertraute, erhielt sie die durchgehende Botschaft: «Wichtig ist, dass du jetzt für dich selbst sorgen musst.» Das machte sie wütend, denn niemand forderte sie dazu auf nachzuforschen, wie weit sie selbst zu den Problemen beigetragen hatte (sie meinte: «vielleicht habe ich mich ja zu sehr darauf konzentriert, mich um mich selbst zu kümmern.»). Und niemand schien einen Rat zum Besten ihrer langjährigen Ehe zu haben.

Auf der anderen Seite gibt es auch Freunde, die sowohl Sie als auch Ihre Ehe stützen. Sie hören sich an, was Sie an Ihrem Partner/Ihrer Partnerin traurig macht, nehmen Teil an Ihrem Kummer, deuten aber nicht an, ohne offensichtliche gute Gründe, dass er/sie schwerwiegende Fehler hat, dass Sie bei Ihrer Ehe schlecht wegkommen oder noch einmal überlegen sollten, ob Sie die Ehe aufrecht erhalten wollen. Es ist eine Kunst, Klagen über eine Ehe anzuhören, ohne Öl ins Feuer zu gießen oder Partei zu ergreifen. Ihre Freunde/Freundinnen könnten Sie beispielsweise fragen, wie Ihr Partner/Ihre Partnerin die Situation empfindet. Anteilnehmende Freunde könnten Sie auch in einem passenden Augenblick daran erinnern, was an Ihrem Partner oder in Ihrer Ehe positiv ist. Ein Freund der Ehe zu sein, ist eine wichtige, wenn auch vernachlässigte Fertigkeit im Erwachsenenleben.

Eine Kollegin erzählte mir, wie eine ihrer Freundinnen, die auch ihren Mann gut kannte, eine Bemerkung machte, die ihr unglaublich half in einer überaus düsteren Zeit ihrer Ehe, in der meine Kollegin sich aktiv mit dem Gedanken an eine Scheidung trug. Der Kommentar war: «Ich weiß, dass du im Moment eine harte Zeit durchlebst und du dich vielleicht dazu entscheidest, deinen Mann zu verlassen, aber ich möchte dich doch an etwas sehr Wichtiges erinnern: er liebt dich wirklich sehr.» Diese Bemerkung von einem Menschen, dem meine Kollegin, ihr Mann und beider Ehe überaus viel bedeutete, ließ meine Kollegin augenblicklich umkehren. Viele Jahre später ist sie immer noch dankbar, dass sie damals nicht wie viele ihrer Freunde und Freundinnen den Weg zu einer Scheidung beschritten hat.

Welches sind nun die Freunde, die Sie wahrscheinlich eher als Individualperson stützen werden, nicht aber als Ehepartner? Freunde, die selbst nie verheiratet waren, können möglicherweise die normalen Belastungen einer Ehe nicht verstehen und dadurch Ihre Klagen als Zeichen dafür werten, dass etwas ernsthaft nicht stimmt. Diejenigen, die nie eine Bindung auf Dauer eingegangen sind, werden es vielleicht ebenso wenig verstehen. (Natürlich gibt es auch viele Nie-Verheiratete, die sehr wohl einsehen, worum es geht, und die Ihnen bei Ihrer Ehe zur Seite stehen können.) Freunden, die getrennt leben oder geschieden sind, könnte daran liegen, dass Sie Ihre Ehe beenden, denn dann würde ihre eigene Trennungsentscheidung aufgewertet, und es könnte auch bedeuten, dass Sie für eine Freundschaft verfügbarer werden. (Natürlich wollen aber auch viele getrennt Lebende und Geschiedene nicht, dass Ihre Ehe scheitert.) Und wenn Sie in einer richtig dramatischen Ehekrise stecken, gibt es vielleicht auch Mitglieder Ihrer Familie, die sich um Sie sammeln und Ihren Partner/Ihre Partnerin dämonisieren. Wenn er/sie sich nicht tatsächlich teuflisch verhält, unterminiert diese Haltung Ihre Ehe.

Noch vor einer Generation lebten wir in einer Gesellschaft, in der die anderen Sie noch dazu aufgefordert hätten, bei einem Partner zu bleiben, der/die Sie geschlagen und das Geld der Familie in Alkohol umgesetzt hätte (wie Angela McCourt, die bei ihrem Mann blieb, aus dem Buch *Die Asche meiner Mutter*). Heute leben wir in einer Kultur, in der die meisten Sie dazu ermahnen, zuerst auf Ihre eigenen Bedürfnisse zu achten und das Weite zu suchen, sobald Ihr Mann oder Ihre Frau Sie psychisch belastet (wie der Woody Allen-Typ in dem Film *Celebrity*, der seine Frau nach langjähriger Ehe verließ, weil er nicht «glücklich» war und das Gefühl hatte, er «könne mit seiner Frau nicht reden»). Glücklicherweise sind da auch Menschen, die Ihnen als Einzelperson und als Ehepartner zur Seite stehen, doch Sie wissen nicht immer, wer die Helfer und wer die Saboteure sind, bis Sie sie in Ihre eigene Gefühlswelt einladen.

Was können Sie tun, um denen Widerstand zu leisten, die Ihre Ehe schädigen würden, sind sie erst einmal nahe genug gekommen? Wir werden im Weiteren darüber sprechen, wie Sie sich ein stützendes soziales Netz für Ihre Ehe schaffen können. An dieser Stelle werden wir uns darauf beschränken, uns nur gegen jene zu wehren, die bei dem Versuch zu helfen nur Ihre Ehe stören. Dazu kann ich Ihnen mehrere Ideen anbieten:

- Wählen Sie sorgfältig aus, wem Sie sich mit Ihren Eheproblemen anvertrauen. Tina, die junge verheiratete Frau mit den beiden kleinen Kindern, machte den Fehler, mit zu vielen Freunden offen zu sprechen, von denen manche eine eheliche Bindung nicht verstanden oder nicht zu schätzen wussten. Menschen, die Sie beide kennen und gern haben, werden eher Ihre Ehe zu stützen versuchen und weniger leicht Öl ins Feuer gießen.

- Gehen Sie zu einem Menschen, der für sein Einfühlungsvermögen und seinen gesunden Menschenverstand bekannt ist und möglicherweise vor allem Sinn für Humor hat.

- Sprechen Sie mit jemandem, der auch Ihre Fehler gut kennt und sich nicht davor fürchtet, auch Ihren eigenen Beitrag zu den Eheproblemen darzulegen.

- Wenn Sie mit Ihrer Familie und Ihren Freunden über Ihre Ehe sprechen, stellen Sie auch mit Sicherheit ein Gleichgewicht zwischen dem Positiven und dem Negativen her. Vermeiden Sie es, nur dann von Ihrer Ehe zu sprechen, wenn Sie sich beklagen, denn das könnte den anderen die Botschaft geben, dass Sie unglücklicher sind, als es in Wirklichkeit zutrifft.

- Sagen Sie den anderen, welche Art von Beistand Sie brauchen. Wenn Sie sich über Ihren Partner/Ihre Partnerin auslassen wollen, sagen Sie ihnen, dass Sie sich nur gerade einmal aussprechen wollen und die Lage morgen sicher wieder besser aussehen werde. Wenn Sie keinen Rat suchen, sagen Sie dies.

- Wenn Ihre Klagen ernst gemeint sind oder Sie glauben, der andere wertet sie noch schwerer als Sie es tun, dann sagen Sie ihm/ihr ohne Umschweife, dass Sie Ihre Ehe erhalten wollen und Sie nicht daran denken zu gehen.

- Wenn der andere etwas sagt, was Ihnen ein Gefühl von Entmutigung gibt, sagen Sie, dass dies im Augenblick keine Hilfe ist; z.B.: «Wenn du mich jetzt fragst, warum ich noch mit Georg zusammenbleibe, ist das für mich keine Hilfe, weil ich mich schon dazu entschlossen habe, damit zurechtzukommen. Was ich brauche, ist deine Hilfe, damit meine Ehe wieder in Ordnung kommt und nicht, damit ich gehe.» Man braucht Mut, um so etwas zu sagen, und einen guten Freund oder eine gute Freundin, die sich so etwas anhören. Mein Rat ist, einen ruhigen Augenblick dafür abzuwarten, einige Zeit nach dem Gespräch, das Sie beunruhigt hat.

- Bis Sie wissen, wo sie stehen, seien sie vorsichtig bei geschiedenen Freunden mit Ihren Eheproblemen. In der Tat ist eines der frühen Anzeichen dafür, dass jemand dabei ist, sich von seiner Ehe zu verabschieden, wenn er geschiedene Menschen zu seinen neuen Freunden wählt. Ich möchte nicht den Anschein erwecken, als wolle ich Ihnen abraten in Ihrem Leben geschiedene Freunde zu haben, oder dass geschiedene Freunde Ihrer Ehe nicht aufhelfen könnten. Viele Geschiedene möchten anderen dabei helfen, nicht dieselben schmerzlichen Erfahrungen zu machen. Aber manche geschiedenen Freunde werden ein unbewusstes Motiv haben, Sie in ihre soziale Welt einzuführen, besonders dann, wenn sie Ihren Partner oder Ihre Partnerin nicht kennen.

Dem Ruf nach niedrigen Erwartungen widerstehen

Es gibt noch eine weitere heimtückische Weise, wie unsere Familie oder unsere Freunde unabsichtlich unsere Ehen schwächen können, indem sie nämlich die Botschaft niedriger Erwartungen an das Leben in einer Ehe aussenden. Dies ist eine Variation der Konsumgesellschaft auf dem Gebiet der Ehe, so als würde man sagen, dass der Lebensstil des Verheiratet-Seins nicht seinem Versprechen gerecht wird, und deshalb solle man sich lieber in sein Schicksal ergeben und sich sein Glück woanders suchen. Ich erinnere mich an eine Freundin, frisch verheiratet und überaus glücklich, die mir erzählte, was ihre Schwestern und Schwägerinnen zu ihr gesagt hatten: «Es ist großartig, bis du Kinder bekommst und dann geht's abwärts. Aber dann hast du ja immer noch deine Kinder.» Diese Frauen planten nicht, ihre Ehen hinter sich zu lassen. Sie sahen sich als Realisten und wollten nur, dass sich meine Freundin auf das Kommende vorbereitete.

In einer Umziehkabine wurde ich einmal zufällig Zeuge, wie ein erfahrener Mann mit einem jung verheirateten Mann sprach. Der ältere Mann fragte, wie es sei, verheiratet zu sein. Die Antwort war: «Super.» Der erfahrene Ehemann sagte dann etwas in dem Sinn: «Es ist toll am Anfang, aber es ändert sich. Zum ersten Mal im Leben kann man Sex haben, wann immer man will. Aber nach einer Weile ist der Kick raus, und dann hat man gar nicht mehr so oft Sex.» So weit die Stimme der Resignation zum Sex in der Ehe.

Ich habe zwei Anmerkungen zu solchen Reden über die Ehe. Erstens nehmen manche Menschen die Vorteile des Verheiratet-Seins einfach so hin, und dann reden sie nur noch über die Schattenseiten. Beispielsweise ergaben unglaublich viele Untersuchungen, dass Verheiratete ein erfüllteres Sexualleben als Unverheiratete oder Geschiedene haben. Und zweitens, die Menschen, die fatalistische Aussagen über die Ehe machen, haben häufig schon Jahre zuvor aufgehört, an ihrer Ehe zu arbeiten. Jedes Flugzeug, Auto oder Boot kann auf unbestimmte Zeit gut weiter funktionieren, solange es routinemäßig gewartet und von Zeit zu Zeit ausgebessert wird. Nicht nur die außergewöhnlich gut gebauten Fahrzeuge, sondern wirklich jedes, das in seinen Anfangsjahren gut gefahren ist, kann auf ewig erhalten werden. Dasselbe trifft auf die Ehen zu, was manche aber nicht wissen.

Als Gegengift gegen das unmerklich Unterminierende der geringen Erwartungen ist, daran zu denken, dass fast alles in der Ehe mit den Jahren besser werden kann. Ihre emotionale Nähe kann wachsen. Ihre sexuelle Beziehung kann intensiver, variierter und genussreicher werden, selbst wenn Sex mit zunehmendem Alter seltener wird. Ihre Fähigkeit, sich miteinander zu amüsieren, kann sich steigern, weil Sie sich entspannen und besser gegenseitig akzeptieren können. Die Freude, die es macht, wenn man die Kinder groß werden sieht, kann jede andere Freude an gemeinsamer Arbeitserfahrung während eines ganzen Lebens übertreffen. Und Sie können in der sozialen Gemeinschaft Ihrer Umgebung tiefer und stärker verwurzelt sein, weil Sie beide an diesem Prozess teilhaben.

Die Herausforderung besteht darin, dass Sie mit den vielerlei, auf Ihre Ehe bezogenen Botschaften von anderen umzugehen verstehen und doch Ihren eigenen Kurs halten und gleichzeitig begreifen, dass auch die anderen ihren eigenen Kurs fahren. Die meisten der negativen Äußerungen über die Ehe treffen auf die meisten Ehen zu gewissen Zeiten zu und für manche Ehen die ganze Zeit über. Das heißt aber nicht, dass wir uns darauf konzentrieren müssen, was uns unsere Ehe, die im Übrigen gut genug ist, nicht gibt. Es liegt eine gewisse Heimtücke in den «Sorge-für-dich» Botschaften, die wir manchmal von unseren Angehörigen bekommen, die selbst von der Konsumenten-Ethik infiziert sind. Deshalb widerspricht eine glückliche Ehe, die überzeugt und bewusst geführt wird und auf die soziale

Gemeinschaft gegründet ist, dem gesellschaftlichen Trend der modernen westlichen Welt.

Kapitel 6

Wehren Sie sich gegen Therapeuten

Es macht mir keinen Spaß auf meinem eigenen Terrain die Alarmglocken zu läuten, aber es ist jetzt fällig. Wenn Sie in den U.S.A. mit einem Therapeuten über Ihre Eheprobleme sprechen, laufen Sie meiner Meinung nach ein großes Risiko, Ihrer Ehe Schaden zuzufügen. Später werde ich darüber diskutieren, was Sie dagegen tun können: wie Sie einen guten Therapeuten/eine gute Therapeutin aussuchen und wie Sie von einem/einer schlechten wieder loskommen. An dieser Stelle will ich das Problem beschreiben, wie die Therapeuten die Konsumgesellschaft in die Ehe aufgenommen haben und damit die Ehen, die sie behandeln, gefährden.

Denken Sie daran, dass ich ein überzeugter Therapeut bin. Ich bilde Therapeuten aus. Ich bin sicher, dass eine Therapie Ehepaaren sehr helfen kann, wenn sie von Therapeuten/ Therapeutinnen kommt, die an eine Verpflichtung zu hervorragender Qualität in ihrer Arbeit und an die Verpflichtung in einer Ehe glauben. Aber überall gibt es auch viele Therapeuten, die keine dieser beiden Verpflichtungen sehen. In meinem 1995 erschienenen Buch, *Soul Searching*, begann ich, zuerst davon zu sprechen, und seither ist meine Besorgnis noch gewachsen. Ich mache mir nicht nur Gedanken über die Eheberatung oder die Ehepaartherapie allein, sondern auch um die Einzelberatungen oder -therapie, im Rahmen derer die meisten Menschen über ihre Eheschwierigkeiten als einem Teil ihrer Lebensproblematik sprechen. Ich stelle eine Geschichte an den Anfang.

Paulas und Norberts knappes Entkommen

Kurz nach der Hochzeit hatte Paula das Gefühl, etwas liefe schrecklich falsch in ihrer Ehe. Sie und ihr Mann Norbert waren nach einer kirchlichen Trauung und großen Hochzeit in ihrer Heimatstadt ans andere Ende des Landes gezogen. Paula war angstbesessen, dass sie einen großen Fehler gemacht hatte, als sie Norbert heiratete. Sie machte sich Gedanken, weil Norbert ambivalent dem christlichen Glauben gegenüberstand, persönlichen Themen im Gespräch auswich und sie kritisierte, wenn sie ihre Sorgen und Befürchtungen äußerte. Paula suchte Hilfe bei der Studentenberatung der Universität, an der sie und Paul nach dem Grundstudium weiterstudierten. Die Beraterin arbeitete mit ihr einige Sitzungen allein und lud dann Norbert zu einer Ehepaartherapie ein. Norbert, der enttäuscht und ärgerlich darüber war, dass sich Paula so weit von ihm entfernt hatte und so reizbar war, nahm nur widerwillig an den Sitzungen teil.

Zusätzlich zu den Eheproblemen litt Paula nun an einer klinischen Depression: Sie konnte weder schlafen noch sich konzentrieren; sie war ständig traurig und kam sich wie eine Versagerin vor. Durch Medikamente wurden einige dieser Symptome gemildert, aber sie war immer noch beunruhigt über den Zustand ihrer Ehe. Nach einer höchst angespannten Sitzung mit dieser verzweifelten Ehefrau und dem verärgerten, unwilligen Ehemann traf sich die Beraterin in der nächsten Woche mit Paula allein. Sie sagte Paula, sie werde sich nicht von ihrer Depression erholen, solange sie nicht anfange «auf ihre Gefühle zu hören», was ihre Ehe betraf. Es folgt nun Paulas spätere Wiedergabe des Gesprächs mit der Therapeutin:

- Paula: Was meinen Sie mit « auf meine Gefühle hören»?
- Beraterin: Sie wissen, dass Sie in Ihrer Ehe nicht glücklich sind.
- Paula: Ja, das ist richtig.
- Beraterin: Vielleicht brauchen Sie eine Trennung um herauszufinden, ob Sie diese Ehe wirklich wollen.
- Paula: Aber ich liebe Norbert und ich fühle mich fest mit ihm verbunden.
- Beraterin: Sie haben natürlich die Wahl, aber ich bezweifle, dass es Ihnen besser gehen wird, bevor Sie anfangen, Ihren Gefühlen zu vertrauen und sich mit Ihrem Unglücklich-Sein zu konfrontieren.
- Paula: Meinen Sie damit, ich sollte mich scheiden lassen?
- Beraterin: Ich fordere Sie nur auf, Ihre Unglücksgefühle wirklich ernst zu nehmen; vielleicht würde eine Trennung Ihnen dabei helfen, dass Sie für sich die Siuation klären könnten.

Eine verblüffte Paula beschloss, nicht wieder zu dieser Beraterin zu gehen, eine Entscheidung, die in den Augen der Therapeutin nur Paulas Unwilligkeit reflektierte, die Verantwortung für ihr eigenes Glück zu übernehmen.

Doch es kommt noch schlimmer: Paula sprach in dieser Krise mit ihrem Seelsorger. Der Priester riet ihr abzuwarten um zu sehen, ob ihre Depression die Eheproblematik verursachte oder die Eheprobleme die Depression auslösten – ein kluger Ratschlag. Aber ein paar Minuten später sagte er, dass er

Paula helfen würde, eine Annullierung zu erreichen, wenn sich herausstellen sollte, dass die Eheschwierigkeiten die Schuld an der Depression trugen. Paula war nun noch überraschter als bei der Therapeutin. Die Geschichte endete damit, dass sie schließlich doch einen guten Ehepaartherapeuten fanden, der ihnen dazu verhalf, die Eheprobleme zu lösen; Paulas Depression legte sich, und gegenwärtig geht es ihnen gut, auch wenn Paula weiß, dass sie möglicherweise immer wieder in ihrem Leben mit einer Depression zu tun haben könnte. Sie hatten zwei Versuche einer, wie ich es bezeichne, «Therapeuten-induzierten ehelichen Selbsttötung» überstanden.

Nun, Norbert war ein netter Kerl. Aber er war jung und er kannte sich nicht gut mit Gefühlen aus. Als ich so alt war wie er, wusste ich auch nichts über Gefühle, und er war nur einfach durcheinander, weil seine junge Frau die ganze Zeit deprimiert war. Ich hatte sechs Monate zuvor an ihrer Hochzeit teilgenommen und war nun entsetzt über die Wendung der Dinge bei der Therapie. Wieso sind wir an einen solchen Punkt gekommen? Es verhält sich doch nicht so, als hätten es die Therapeuten oder Seelsorger darauf angelegt, die Menschen zu verletzen und absichtlich die Ehen zu untergraben. Was geht hier eigentlich vor?

Wo wir hergekommen sind und wo wir jetzt stehen

Ich möchte Ihnen jetzt meine Version eines historischen Überblicks über das hier von mir bereits umrissene Problem geben. Es war zum ersten Mal in den 1950er Jahren, dass Eheprobleme systematisch zum Thema wurden. Damals begann sich das Fach der Eheberatung zu entwickeln. Wenn wir aus unserer heutigen Perspektive auf die 1950er Jahre zurückblicken, sehen wir im Fokus die traditionell ausgerichtete Ehe mit den überlieferten Geschlechterrollen und eine gewisse Zurückhaltung, Frauen das Recht auf eigene Arbeit zuzugestehen. Wir sehen, dass eine Scheidung ein persönliches Versagen bedeutete. Falls Sie sich noch daran erinnern, eine geschiedene Frau war lebenslang einer gewissen Ächtung ausgesetzt. War sie in einen Verkehrsunfall verwickelt, lautete die Zeitungsüberschrift: «Geschiedene hatte einen Autounfall.» Die Scheidung war mit einem ausgesprochenen Stigma behaftet. Therapeuten empfanden eine Scheidung als Therapieversagen, weil sie auf die Persönlichkeitsprobleme eines Einzelnen zurückzuführen war. Im Rückblick stellen wir häufig fest, dass die Therapeuten bestimmte Geschlechsstereotypien stützten, die später von der Gesellschaft revidiert wurden. Und in den 1950er Jahren achteten die meisten, die auf dem Gebiet der Ehetherapie arbeiteten, nicht auf Gewalt in ehelichen Beziehungen; erst in den 1970ern begannen wir, dieses Problem wahrzunehmen.

Was wir also in unserer Gesellschaft machen, ist ganz natürlich, wir hangeln uns von einem Modell zum anderen. Als wir in den 1960er und 1970er Jahren den Aufschwung des Individualismus-Kults hatten, war Pflicht auch nicht länger die Grundlage für die Ehe, sondern das persönliche Glück. Die dunkle Seite der Ehe wurde offenbar, als uns jetzt das Ausmaß des begangenen Missbrauchs klar wurde. Die Scheidungsrate schnellte raketenartig in die Höhe; die Schuldfrage wurde in den frühen 70ern aus der Scheidungsgesetzgebung ausgeklammert, und wir erlebten eine gesellschaftliche Revolution, die uns als Einzelne von den überlieferten Einengungen konventioneller Moralvorstellungen befreite.

Vieles bei diesem gesellschaftlichen Umschwung war eine Bemühung um notwendige Veränderungen. Scheuklappen zum Verheimlichen der Schattenseiten des ehelichen Verpflichtet-Seins wurden abgenommen. Die älteren Formen der Ehe basierten auf der Ungleichheit von Mann und Frau, eine Situation, die die Feministinnen ans Licht holten. Weil eine Scheidung so stigmatisierend war, unterblieben viele notwendige Scheidungen. Von viel zu vielen Frauen war erwartet worden, Ehen aufrechtzuerhalten, in denen Missbrauch stattfand und sie gedemütigt wurden. Die Forderung nach eigenen Rechten in der Ehe musste die Forderung nach gleichem Recht vor dem Gesetz und bei der Arbeit begleiten. Aber wie bei den meisten anderen gesellschaftlichen Revolutionen ergaben sich viele unerwünschte Nebenerscheinungen, mit denen wir jetzt zu kämpfen haben.

Die Therapeuten nahmen in den 1970er Jahren zwei unterschiedliche Haltungen zur Ehe ein. Die erste war «Neutralität» zum Thema ehelicher Bindung. Innerhalb eines kurzen Zeitraums verließen die Therapeuten eine Ära, in der ein berühmter Psychiater in den 50ern gesagt hatte, er würde niemals den Entschluss eines Paares, sich scheiden zu lassen, unterstützen, zugunsten einer Zeit, in der von den Therapeuten erwartet wurde, neutral zu sein. Eine Umfrage bei den klinischen Mitgliedern der Amerikanischen Gesellschaft für Ehe-und Familientherapie ergab, dass beinahe zwei Drittel angaben, «neutral» zum Thema von Ehe und Scheidung zu stehen. Eine Meinungsumfrage wurde 1999 in Minnesota unter Geschiedenen zu ihren Erfahrungen mit einer Eheberatung durchgeführt. Nur 35 % von ihnen glaubten, der Therapeut/die Therapeutin wollte ihnen helfen, die Ehe zu retten, 14 % nahmen an, der Therapeut/die Therapeutin sei neutral gewesen, was das Überleben der Ehe betreffe, und 14 % sagten, der Therapeut/die Therapeutin habe sie dazu ermutigt, sich scheiden zu lassen. Ich habe schon vorher erwähnt, was ein prominenter Familientherapeut vor einigen Jahren vor der Presse geäußert hat: «Die gute Ehe, die gute Scheidung, darauf kommt es gar nicht an.» Ist es das, was Sie suchen, wenn Sie Hilfe für Ihre Ehe brauchen oder wenn Ihr Sohn oder Ihre Tochter Unterstützung sucht?

Die andere Haltung, die sich in den 1970ern entwickelte, stand jenseits der Neutralität; die Therapeuten sahen sich als Befreier, die anderen Menschen aus ihren unglücklichen Ehen und anderen Verpflichtungen ihres Lebens heraushalfen. Dieser auf die Ehe bezogene Befreiungsgedanke zeigte sich besonders dann, wenn jemand eine Einzeltherapie aufsuchte. Wenn Ihrer Beschreibung nach Ihre Ehe Schmerzen bereitet, dann möchte der Therapeut Sie von diesem giftigen Einfluss befreien. Auf diesem Standpunkt stehen wir heute noch. Wenn sich jemand wegen des Schicksals der Kinder Sorgen macht, haben viele von uns in ihrer Ausbildung gelernt zu sagen, dass es den Kindern gut geht, wenn die Eltern das tun, was sie für sich selbst tun müssen. Das war, was ich am Anfang meiner Laufbahn auch immer sagte.

Wie bereits ausgeführt, die 1980er und 90er Jahre waren eine Zeit, in der die Marktwerte – die Normvorstellungen der Marktwirtschaft – in der amerikanischen Gesellschaft triumphierten. Das Konsumdenken herrschte überall. Waren die 70er die Dekade des «Ich muss zuerst an meine eigenen seelischen Bedürfnisse denken», fügten die 1980er das Element der Gier auf materielle Dinge hinzu. Das Denkmodell eines Geschäftsunternehmens infiltrierte alles. Wie schon gesagt, ich habe nichts gegen ein Unternehmensmodell im Geschäftsleben, doch achten Sie einmal darauf, wie das gesamte Berufsleben davon durchdrungen ist, wenn die Einrichtungen des Gesundheitssystems von «Gastbeziehungen» sprechen und die Universitäten «Kunden» haben (früher «Studierende» genannt). Es kann also nicht überraschen, dass Therapeuten begannen, die Konsumenten-Ehe als Norm aufzufassen und verheiratete Menschen wie auf ihr eigenes Wohl bedachte Parteien in einer «GmbH» zu behandeln.

Wie Therapeuten die Verpflichtung in einer Ehe untergraben

Ich bin der Auffassung, dass viel unnötiges Unglück und viele überflüssige Scheidungen durch unfähige Therapeuten herbeigeführt werden und durch Therapeuten, die einen hyper-individualistischen Ansatz für eine Ehe verfolgen. Unter diesem Aspekt ist die Ehe ein Vehikel für die persönliche Erfüllung, ethischer Verpflichtungen entkleidet. Und Scheidung ist eine streng private, durch Eigeninteresse geleitete Wahl, ohne weitere wichtige Risikobeteiligte, von dem einzelnen erwachsenen Klienten abgesehen. Das Resultat ist meiner Meinung nach, dass es im Amerika von heute gefährlich ist, wenn Sie mit Therapeuten über Ihre Eheprobleme sprechen, es sei denn, Sie kennen deren Einstellung und Befähigungsniveau.

Jetzt werde ich über die häufigsten Arten sprechen, in denen Therapeuten die eheliche Bindung untergraben. Und wieder möchte ich unterstreichen, dass ich an Therapie glaube. Ich lebe davon. Ich denke, Therapie in den richtigen Händen kann eine überaus wirksame Hilfe sein. Doch ich sehe vier grundlegende Vorgehensweisen, mit denen Therapeuten ein Ehegelöbnis stören können: durch Inkompetenz, durch Neutralität, indem sie nur Falsches in der Ehe sehen und durch aktives Untergraben der mit der Ehe eingegangenen Verpflichtung.

Als erstes: unfähige Therapeuten. Ich sehe das größte Problem auf diesem Gebiet darin, dass die meisten Therapeuten nicht dafür ausgebildet sind, mit Paaren zu arbeiten, und sie betrachten die Arbeit mit Paaren als eine Erweiterung der Einzelpsychotherapie. Das ist aber nicht der Fall. In der Einzeltherapie, je nach Schule, können Sie sich zurücknehmen. Sie können einfühlsam sein und aufdeckend arbeiten, Sie können sogar ziemlich passiv bleiben, wenn Sie wollen, und doch einem Einzelnen in der Therapie sehr hilfreich zur Seite stehen. Die Menschen wollen ihre Geschichte erzählen, sie wollen angehört werden und sie möchten ihre Bedenken und die Möglichkeiten, die sie haben, überdenken. Was aber Ehetherapeuten mit Erfahrung wissen und auch die Forschung zur Ehetherapie ergeben hat: Therapeuten scheitern bei einer Ehetherapie, wenn sie sich passiv zurücknehmen. Wenn Sie sich in Ihrer Praxis einem streitenden Paar gegenüber sehen und keine klare Struktur für diese Sitzung vorgeben, werden Sie von ihm überwältigt. Die Partner werden das wiederholen, was sie zu Hause schon tun. Viele Therapeuten beenden dann eine stürmische Sitzung mit einem: «Nun, wir haben wohl einiges geklärt, oder nicht?» in anderen Worten, es wurde das dem Paar ohnehin bekannte häusliche Durcheinander in psychologische Begriffe gefasst. Und damit zeigen diese Therapeuten keine Richtung auf, bieten keine Struktur und Verhaltensregeln an – unter dem Vorwand, dies sei hilfreich. Das kann vielleicht manchen in Einzeltherapie weiterhelfen, doch es ist keine Hilfe für Paare.

Ein weiteres Vorgehen unfähiger Therapeuten ist, dass sie ausschließlich die Probleme des einen Partners im Blickfeld haben, eine Ehetherapie damit zur Einzeltherapie machen und dabei den anderen Partner vom Haken verlieren.

Worauf Sie bei Ihrem Therapeuten achten sollten: Was für oder gegen einen Ehetherapeuten/eine Ehetherapeutin spricht

Die meisten Menschen wissen nicht, was man von einem fähigen Ehetherapeuten erwarten sollte. Hier sind einige Fertigkeiten und Vorgehensweisen aufgeführt, die sich nach Meinung von Forschern auf dem Gebiet als förderlich für eine wirkungsvolle Ehetherapie erwiesen haben.

Dafür

1. Der Therapeut/die Therapeutin kümmert sich einfühlsam um Sie beide.

2. Der Therapeut/die Therapeutin versucht aktiv, Ihrer Ehe zu helfen, und drückt die Hoffnung aus, dass Sie Ihre Eheprobleme lösen werden. Das ist mehr als nur die Probleme aufzuzeigen.

3. Der Therapeut/die Therapeutin strukturiert die Sitzungen aktiv.

4. Der Therapeut/die Therapeutin bietet vernünftige und hilfreiche Perspektiven an, um Ihnen dabei zu helfen, die Ursache für Ihre Probleme zu verstehen.

5. Der Therapeut/die Therapeutin fordert Sie beide dazu heraus, Ihre eigene Beteiligung an den Problemen und auch Ihre Fähigkeit zu erkennen, welche individuellen Veränderungen Ihre Probleme lösen könnten.

6. Der Therapeut/die Therapeutin zeigt spezifische Verhaltensweisen auf, mit denen Sie Ihre Beziehung verändern können, und trainiert mit Ihnen, wie sie einzusetzen sind.

7. Der Therapeut/die Therapeutin achtet auch auf individuelle Gegebenheiten wie etwa eine Depression, Alkoholismus und somatische Erkrankungen, die Ihre Eheproblematik beeinflussen könnten.

8. Der Therapeut/die Therapeutin ist sich bewusst, dass körperlicher Missbrauch ein Problem sein könnte, und schätzt ein, ob einer der Partner möglicherweise dadurch gefährdet ist.

Dagegen

1. Der Therapeut/die Therapeutin nimmt nicht Partei.

2. Der Therapeut/die Therapeutin gestattet Ihnen und Ihrem Partner/Ihrer Partnerin nicht, sich gegenseitig zu unterbrechen, übereinander zu sprechen oder für den anderen zu sprechen.

3. Der Therapeut/die Therapeutin lässt während der Sitzung nicht zu, dass Sie sich mit ihrem Partner immer wieder ärgerlich auseinander setzen.

4. Obwohl der Therapeut/die Therapeutin vielleicht danach forscht, wie Ihre Ursprungsfamilien als Hintergrund Ihre Probleme beeinflussen, richtet er/sie die Aufmerksamkeit eher darauf, wie Sie mit ihren aktuellen Eheproblemen umgehen sollten, als nur darauf, dass Sie erkennen, wie es bei Ihnen überhaupt zu diesen Problemen gekommen ist.

5. Der Therapeut/die Therapeutin ist nicht der Auffassung, dass es bestimmte geschlechtsspezifische Verhaltensweisen in der Ehe gibt.

In der Paartherapie kommt dies manchmal vor, wenn Therapeuten mit einem Konflikt innerhalb einer Sitzung nicht umgehen können und sich dadurch überwältigt fühlen. Diese Arbeit ist nicht leicht. Das Gezerre, die Dreieckssituation, der mitten im Raum schwelende Konflikt machen diese Therapieform zu einer Herausforderung für die Therapeuten. Das Problem liegt nicht nur darin, dass manche Therapeuten damit nicht umgehen können. Das Problem ist vielmehr die mangelnde Einsicht dafür, dass sie dem nicht gewachsen sind und annehmen, dass in einem oder beiden Partnern viel psychisch Krankhaftes steckt. Und sie hören auf, dem Paar zu helfen, weil sie annehmen, dass einer oder beide Ehepartner erst Einzeltherapie haben müssen, bevor sie an ihrer Ehe arbeiten können. In der Zwischenzeit hängt die Ehe in der Luft. Aufgrund dieses Szenarios habe ich eine Menge unnötiger Scheidungen erlebt.

Zweitens: neutrale Therapeuten. In den 1970er und 1980er Jahren war ich als Therapeut Ehen und Scheidungen gegenüber neutral eingestellt, was die Mehrheit der Ehe- und Familientherapeuten auch jetzt noch von sich behauptet. Ich half den Menschen dabei, eine Kosten-Nutzen-Analyse aufzustellen – darüber, was der Einzelne gewinnt und verliert, wenn er verheiratet bleibt oder sich scheiden lässt. Die konsumorientierte Kosten-Nutzen-Analyse gibt sich in dieser Verkleidung neutral. Eine ausschließliche Betonung der Aspekte: «Was brauchen Sie, was sollten Sie für sich tun?» und «Was haben Sie davon, wenn Sie zusammenbleiben/wenn Sie nicht zusammenbleiben?» sind nicht neutral, weil sie nur das berücksichtigen, was der Einzelne als seinen oder ihren persönlichen Gewinn oder Verlust sieht. Neutralität, wenn jemand vorher vor der Familie und Gesellschaft und vielleicht vor Gott gelobt hat, mit diesem Menschen verheiratet zu sein bis der Tod sie scheidet – Neutralität darüber, ob jemand dies Versprechen halten kann – ist ein unterminierender Standpunkt, keine neutrale Einstellung. Neutralität bedeutet oft, für den egozentrischeren Partner Partei zu ergreifen. Wenn Menschen ernsthaft erwägen, eine Ehe aufzugeben, sollten Sie einmal auf ihre Sprache achten. Sie gebrauchen oft die Sprache des individuellen Eigeninteresses, nicht die Sprache der sozialen Verpflichtung. «Ich brauche das und das.» «Ich habe ein Recht auf Glück.» Ohne die Sprache der Verpflichtung in der Gleichung ist dies die Sprache des Eigeninteresses, des psychologischen Marktverhaltens. Redet der Therapeut auch in dieser Sprache, entsteht eine Allianz zwischen dem widerwilligen, sich distanzierenden Ehepartner und dem Therapeuten/der Therapeutin, eine Kollusion, die eine eheliche Beziehung auf eine Weise unterminiert, die dem Therapeuten wahrscheinlich gar nicht bewusst wird.

Als Alternative zur Neutralität lasse ich die Paare wissen, dass ich, außer wenn es um Missbrauch und Gefährdung geht, versuchen will, die Möglichkeit zu fördern, dass sie ihre Ehe retten. Ich bin Advokat ihrer Ehe. Sie können mich ausschalten, aber sie werden mir dabei in die Augen sehen müssen. Ich werde versuchen, sie dabei zu unterstützen, damit sie es bewältigen können, auch wenn ich weiß, dass auch sie es selbst wollen müssen und es auch nicht immer möglich ist. Andere Therapeuten können dies auf unterschiedliche Weise sagen, aber sie werden den Gedanken, Ihre Ehe in erster Linie retten zu wollen, äußern, es sei denn, es lägen eindeutige Gründe vor, um einen anderen Kurs einzuschlagen.

Drittens: Therapeuten, die nur pathologische Persönlichkeiten sehen. Das ist wirklich tückisch. Sie gehen in eine Einzeltherapie, Sie kritisieren Ihren Partner, und Ihr Therapeut/Ihre Therapeutin rückt vielleicht mit einer Diagnose für Ihren Ehepartner heraus. «Ich fürchte, Sie sind mit einer narzisstischen Persönlichkeitsstörung verheiratet.» Wenn Therapeuten so weit gehen, dass sie Ihnen Fachbegriffe an die Hand geben, um Ihren Partner/Ihre Partnerin für krank erklären zu können, führt dies in die Hoffnungslosigkeit. Manchmal erklären Therapeuten bereits den Grund dafür, dass Sie geheiratet haben, für pathologisch. Bei fast jeder Ehe können Therapeuten herausfinden, auf Grund welcher Pathologie sie ursprünglich zustande kam. Das kann zu einem Gefühl von Fatalismus und Hoffnungslosigkeit führen. Sie hätten das Auto von Anfang an gar nicht kaufen sollen; es war vom ersten Augenblick an eine Montagsarbeit.

Eine weitere Version wäre, die gegenwärtige Beziehung für krankhaft zu erklären, dem Einzelnen oder dem Paar zu sagen, dass Ihnen die Ehe nichts bringt, dies eine kranke Beziehung sei und dass jeder, der daran festhält, von fraglicher psychischer Gesundheit sei. Nehmen wir einmal an, Sie suchen einen Therapeuten für eine Einzeltherapie auf, nachdem Ihr Partner/Ihre Partnerin eine Affäre hatte, und Sie wollen Ihre Partnerschaft aufrecht erhalten. Sie werden vielleicht als gestört angesehen, gerade weil Sie sich verpflichtet fühlen, es noch einmal mit ihm/ihr zu versuchen. Was könnte falsch dabei sein, wenn Sie in dieser Situation ausharren? Der Therapeut/die Therapeutin kann es als einseitiges Übernehmen einer Opferrolle interpretieren. Oder den Begriff «Missbrauch» einführen, um einen der üblichen Ehekonflikte zu beschreiben. Es findet viel Missbrauch statt, wirklicher körperlicher und seelischer Missbrauch, und ein erfahrener Therapeut wird auch in Ihrer Ehe nach Missbrauch forschen (und auch einzeln mit beiden Partnern darüber sprechen, wenn dies angezeigt scheint). Doch mit dem Begriff «Missbrauch» wird auch reichlich fahrlässig umgegangen. Sie können auch gewöhnliches Unglück und Streit in das Gefühl missbraucht zu werden umwandeln. Sie waren unglücklich, es war reichlich Negatives bei Ihrem Nehmen und Geben, aber dann hat Sie Ihr Therapeut/Ihre Therapeutin davon überzeugt, dass Sie das Opfer Ihres Partners/Ihrer Partnerin sind, und das wirft Sie dann aus Ihrer Ehe.

Eine letzte Form der Pathologie in dieser Ära des Superverbraucherdenkens ist: sich in einer Ehe zu «langweilen.» Ich habe gesehen, wie viele Therapeuten darin geübt wurden, sich über die Schrecken einer langweiligen Ehe auszulassen und ganz verständnisvoll zu reagieren, wenn diese Ehepartner Affären haben und sich neue Partner suchen. In einer Konsumgesellschaft, in der wir ständig Anregung und Befriedigung brauchen, ist die Langeweile eine neue Ehekrankheit.

Viertens: offenes Untergraben. Eine häufige Art, mit der Therapeuten eine Ehe stören, sind provokante Fragen und Herausforderungen. «Wenn Sie nicht glücklich sind, warum unternehmen Sie dann nichts?», ist eine eindeutig untergrabende Frage. Sie suggeriert: «Sie sind ein Idiot, wenn Sie bleiben, denn Ihr Hauptziel im Leben ist, glücklich zu sein.» Eine meiner Studentinnen bekam nach der Geburt ihrer beiden Kinder eine Wochenbettpsychose. Sie ging zur Beratung, weil sie Hilfe brauchte, wobei sie sich auch über ihren Ehemann beklagte, weil er unsensibel auf ihre emotionale Belastung reagierte, doch zu keinem Zeitpunkt äußerte sie Zweifel über ihre Ehe an sich. Doch jedes Mal fasste der Therapeut am Ende der ersten Sitzung zusammen, wie er die Lage sah: «Ich kann nicht verstehen, weshalb Sie noch mit ihm verheiratet sind.» Das bescheinigt nur die Überzeugung des Therapeuten, dass dieses Paar grundsätzlich nicht zusammenpasst, dass sie Besseres verdient und eine intelligente Klientin wegrennen, nicht weggehen und diese Ehe hinter sich lassen sollte. Es ist erstaunlich, wie viele Therapeuten so etwas nach der ersten oder zweiten Sitzung sagen.

Was sie aber ohne es zu wissen preisgeben ist nicht, dass das Paar grundsätzlich nicht zusammengehört, sondern vielmehr, dass «ich Ihnen grundsätzlich nicht helfen kann.» Natürlich passt dies in das Programm eines Partners, der auf Abstand geht und an Scheidung denkt.

Dann ist da noch das Unterminieren durch direkte Ratschläge. Es verstößt gegen den Verhaltenskodex der meisten Therapieschulen, den Menschen direkt zu sagen, was sie tun sollten, ob sie zusammenbleiben oder sich scheiden lassen sollten; aber viele Therapeuten tun es jedenfalls durch ihren direkten Rat, doch für sich selbst zu sorgen. Sie sagen zwar nicht: «Ich finde Sie sollten gehen», doch empfehlen sie: «Ich glaube, Sie könnten vielleicht eine Trennung gebrauchen», oder: «Zu Ihrem eigenen Wohl sollten Sie ausziehen.» In einem Fall hatte eine Frau mit Mann und zehn Kindern einen Rückfall in ihre Alkoholabhängigkeit. Ihr Therapeut, bei dem sie in Einzeltherapie war, sagte ihr, sie müsse von zu Hause ausziehen und dürfe mit Rücksicht auf ihre gesundheitliche Wiederherstellung nur Minimalkontakt zu ihrem Mann und den Kindern halten. Der Familientherapeut wiederum, mit dem ich sprach, und der versuchte, den Scherbenhaufen zu bearbeiten, der bei dem Mann und den Kindern angerichtet war, konnte nicht verstehen, weshalb ein solcher Abbruch der Beziehungen Voraussetzung für die «Gesundung» der Mutter sein sollte.

Monika und Robert wehren den Angriff eines Therapeuten ab

Ich möchte Ihnen noch eine Geschichte erzählen, diesmal von einem Paar, das ich selbst kannte. Das war auch der Vorfall, der mich dazu trieb, in die Offensive zu gehen und Alarm zu schlagen.

Monika war wie vom Donner gerührt, als ihr Mann, mit dem sie seit 18 Jahren verheiratet war, verkündete, dass er eine Affäre mit ihrer besten Freundin hatte und sich eine «offene» Ehe wünsche. Als Monika diesen Vorschlag ablehnte, brach Robert völlig zusammen und raste aus dem Haus. Er verbrachte die nächste Woche in einem psychiatrischen Krankenhaus, wegen einer akuten psychotischen Depression, und wurde dann in ambulante Behandlung entlassen. Obwohl er während seines stationären Aufenthalts behauptet hatte, er wolle eine Scheidung, war seine Therapeutin klug genug ihm zuzureden, keine wichtigeren Entscheidungen zu treffen, bevor es ihm nicht wieder besser ginge. In der Zwischenzeit war Monika außer sich vor Trauer, Angst und Wut. Sie hatte zwei kleine Kinder zu Hause, einen anspruchsvollen Arbeitsplatz und kämpfte gegen eine schwere chronische Erkrankung an, die 12 Monate vorher diagnostiziert worden war. Robert war es tatsächlich nie gelungen, sich mit ihrer Diagnose abzufinden, oder auch mit seiner eigenen Kündigung sechs Monate darauf. (Er hat jetzt wieder Arbeit.)

Ganz offensichtlich hatte dieses Paar im Jahr zuvor ungewöhnliche Belastungen gehabt, u.a. auch einen Umzug in eine andere Stadt, wo sie niemand vor Ort hatten, der sie unterstützen konnte. Robert verhielt sich völlig uncharakteristisch für einen überaus konventionell ausgerichteten Mann von strengen religiösen und moralischen Grundsätzen. Monica war deprimiert, unruhig und verwirrt. Sie ließ sich den besten Therapeuten empfehlen, den es in der Stadt gab. Es stellte sich heraus, dass es ein höchst angesehener klinischer Psychologe war. Robert setzte seine ambulante Psychotherapie fort und lebte allein in einem Appartement. Er wollte sich immer noch scheiden lassen.

Wie Monika mir später den Verlauf der Dinge berichtete, schlug ihr der Therapeut nach zwei Sitzungen zu Diagnostik und Krisenintervention vor, in die Scheidung einzuwilligen, und damit dem von Robert geäußerten Wunsch zu entsprechen. Sie weigerte sich und wies darauf hin, dass dies eine lange bestehende Ehe war, sie kleine Kinder hatten und sie hoffte, der echte Robert würde wieder aus seiner Midlife-Krise auftauchen. Sie vermutete, dass die Affäre mit ihrer Freundin nur kurzfristig sein würde (wie es dann auch war). Sie sagte, sie sei zwar wütend und furchtbar verletzt, aber dennoch entschlossen, eine Ehe von 18 Jahren Dauer nicht wegen einer Hölle von nur sechs Wochen aufzugeben. Wie Monika es wiedergab, interpretierte der Therapeut ihren Wiederstand «im Leben weiterzuschreiten» als Unfähigkeit, das Ende ihrer Ehe zu «betrauern». Er brachte dann diese Unfähigkeit zu trauern in Verbindung mit dem unverarbeiteten Verlust ihrer Mutter, als sie noch ein kleines Kind war. Monikas Schwierigkeit von einer missglückten Ehe abzulassen, habe ihren Ursprung in dem nicht abgeschlossenen Trauerprozess nach dem Tod ihrer Mutter. Ich bezeichne dies als einen Therapeuten-induzierten Selbstmord-Versuch einer Ehe.

Glücklicherweise hatte Monika die Kraft, dem Therapeuten den Laufpass zu geben. Nicht viele Klienten hätten das fertiggebracht, zumal es ein anerkannter Experte war, der ihr Gefühl von moralischer Verpflichtung für pathologisch erklärt hatte. Gleichzeitig hatten sie und Robert dann auch noch das Glück, einen guten Paartherapeuten zu finden, der sie durch die Krise begleitete und noch weiterführte in eine wiederhergestellte und am Ende gestärkte Ehe.

Wie Sie Therapeuten finden können, deren Ziel es ist, Ehen zu erhalten

Therapeuten werben nicht damit, dass sie routinemäßig eheliche Verpflichtungen unterminieren, und in Wirklichkeit würden sich ethisch denkende Therapeuten auch nicht in einer solchen Rolle sehen. Viele von ihnen sind auch der ehrlichen Ansicht, dass ihnen das Wohl des Einzelnen am Herzen liegen sollte. Wie einer der hiesigen Therapeuten gerne zu seinen Klienten und Klientinnen sagt: «Ich bin nicht dazu da, Ehen zu retten; ich bin dazu da, um Menschen zu helfen.» Wie können Sie es vermeiden, an einen Therapeuten zu geraten, der das Wohl des Einzelnen vom Wohl der Ehen trennt? Und wie können Sie jemanden finden, der aller Wahrscheinlichkeit nach nicht nur kompetent ist, sondern Sie auch bei allem unterstützt, wozu Sie sich bei Ihrer Eheschließung verpflichtet haben? Hier sind einige Fragen, die Sie telefonisch stellen können.

- «Können Sie mir etwas über Ihren Hintergrund und Ihre Ausbildung zum Ehetherapeuten sagen?» Wenn der Therapeut/die Therapeutin Autodidakt ist oder seine/ihre Ausbildung in Workshops erworben hat und keine reguläre Ausbildung auf diesem Gebiet vorweisen kann, dann überlegen Sie, ob Sie nicht lieber woanders hingehen.

- «Welchen Anteil nimmt in Ihrer Praxis die Paartherapie ein?» Vermeiden Sie Therapeuten, die hauptsächlich Einzeltherapien machen, denn sie sind in den meisten Fällen nicht dazu geeignet, mit Paaren zu arbeiten.

- «Wie viele von den Paaren, mit denen Sie arbeiten, lösen Ihrer Meinung nach ihre Probleme so weit, dass sie ihre Ehe erhalten und bis zu einem realistischen Grad auch dabei zufrieden sind?» «Wie groß ist der Prozentsatz der Paare, die sich während der Behandlung bei Ihnen trennen?» «Wie groß ist der Prozentsatz der Nicht-Gebesserten?» Wenn jemand behauptet, «100%» bleiben zusammen, wäre ich skeptisch, denn manche Ehen sollten beendet werden. Geben Therapeuten an, dass weniger als 70 % der von ihnen behandelten Paare zusammenbleiben und ihre Probleme in den Griff bekommen, dann liegt die Erfolgsrate unter dem Durchschnitt (Grundlage dafür sind Untersuchungen zur Effektivität der Paartherapie). Und wenn sie behaupten, dass zusammenzubleiben für sie kein Maßstab des Erfolgs ist, dann würde ich mich nicht von ihnen behandeln lassen, denn sie sind mit im Lager derer, die neutral zu den Verpflichtungen stehen, die mit der Ehe eingegangenen worden sind.

- «Für wie wichtig halten Sie es, eine Ehe zusammenzuhalten, wenn sich Probleme ergeben?» Antwortet der Therapeut/die Therapeutin in der Sprache des Konsumenten-Eigeninteresses («Ich versuche nur, beiden Parteien dabei zu helfen, das herauszufinden, was sie für sich selbst tun müssen»), dann fragen Sie weiter, ob er/sie irgendwelche eigenen Wertvorstellungen an die Verpflichtungen einer Ehe knüpft. Wenn er/sie aber einfach nur das Mantra wiederholt, dass Menschen das tun sollen, was für sie nötig ist, dann gehen Sie woanders hin, wenn Sie selbst andere Wertbegriffe haben.

Um es Menschen zu erleichtern, Therapeuten zu finden, die Eheverpflichtungen hoch schätzen, habe ich für Therapeuten eine Erklärung über ihre Wertvorstellungen entworfen. Sollte die Darlegung Ihre Zustimmung finden, ist es für Sie vielleicht von Vorteil, wenn Sie sie beim Vorgespräch mit Ihrem Therapeuten im Kopf haben. Falls Sie noch entschiedener vorgehen wollen, könnten Sie diese Erklärung einem Therapeuten/einer Therapeutin vorlesen oder per E-Mail senden, bevor Sie die erste Sitzung verabreden, oder sie mit ihm/ihr zusammen in der ersten Sitzung durchgehen. Sie könnten Ihre Anfrage etwa folgendermaßen einleiten: «In einem Ehebuch, das ich gerade gelesen habe, fand ich eine Aufstellung von Wertvorstellungen, unter denen Therapeuten verheirateten Paaren zu Entscheidungen verhelfen können, ob sie weiter verheiratet bleiben oder sich scheiden lassen sollten. Mir hat diese Auflistung gefallen und ich möchte wissen, ob Sie sich die Liste ansehen und mir mitteilen würden, was Sie davon halten.»

Es ist mir klar, dass dies eine prekäre Unterhaltung werden kann, denn Sie haben vielleicht Angst, kritisch und streitbar auf einen Menschen zu wirken, dem Sie doch vertrauen wollen. Aber ich finde, es lohnt sich, wenn Sie nicht von dritter Seite erfahren können, welche Einstellung der Therapeut hat. Und wenn Sie selbst auf diesem Gebiet tätig sind und Ehepaare in Therapie überweisen, könnten Sie diese Erklärung nützen, um Therapeuten auszuwählen, die ebensolche Wertbegriffe vertreten wie Sie selbst. Ich würde nicht darauf achten, ob ein Therapeut nun jedes Wort oder jeden Satz akzeptiert, doch auf den allgemeinen Grad der Zustimmung oder etwaiges Unbehagen über die grundsätzlichen Aussagen der Werteaufstellung.

Bevor ich Ihnen diese Auflistung gebe, brauche ich noch einen Moment Aufschub, um Ihnen die gute Seite des Konsumdenkens aufzuzeigen, die Haltung, die betont, dass jedem Einzelnen das gute Recht zusteht, volle Aufklärung über alle ihm zum Kauf angebotenen Güter und Dienste zu erhalten. Jeder Therapeut, der kritisch Ihren höflich formulierten Fragen gegenüber erscheint oder der mit seinen Überzeugungen über die Eheverpflichtung zurückhält, behandelt Sie nicht mit der nötigen Achtung, die einem Verbraucher zusteht. Sie sollten sich nach einem anderen umsehen.

Aufstellung therapeutischer Wertvorstellungen zur Eheverpflichtung

1. Ich bin zu der Ehe und der Scheidung nicht neutral eingestellt. Ich stehe zu der Eheverpflichtung.

2. Ich arbeite mit Intensität und aus Überzeugung daran, Menschen dabei zu unterstützen, in ihrer gegewärtigen Beziehung zurechtzukommen.

3. Ich helfe meinen Klienten dabei, sich der möglichen Folgen ihrer die Ehe betreffenden Entscheidungen für ihre Kinder, ihre weitere Familie und ihr soziales Umfeld bewusst zu werden.

4. Ich erkenne an, dass nicht alle Ehen gerettet werden können oder sollten, besonders in Fällen, in denen möglicherweise eine Gefährdung vorliegt.

5. Wenn sich Klienten schließlich zu einer Scheidung entschließen, arbeite ich mit ihnen daran, dass der Schaden für alle Beteiligten möglichst gering gehalten wird, eine erträgliche Zusammenarbeit in der Sorge für die Kinder entsteht, falls sie Kinder haben, und einer erneuten Scheidung für die Zukunft vorgebeugt wird.

Ein gesellschaftlicher Umschwung bahnt sich an

Ich kann beobachten, wie sich schon ein gesellschaftlicher Wandel abzeichnet, während wir die Früchte der Konsumgesellschaft neu in Augenschein nehmen. Wir bewegen uns auf eine bessere Balance zu zwischen der individuellen Befriedigung und der moralischen Verpflichtung, sowie auf die Schaffung neuer Möglichkeiten für Menschen, die lernen wollen, wie es ihnen gelingen kann, lebenslange erfolgreiche Ehen zu führen. Aber ich glaube auch, dass viele Therapeuten ihrer Zeit hinterher sind. Wie die Generäle kämpfen die Therapeuten immer noch den letzten Krieg weiter, nämlich den, der die Einzelnen dazu befreite, unglückliche Ehen hinter sich zu lassen. Viele von uns sehen sich noch als Freiheitskämpfer für die Erfüllung individuellen Glücks gegen unterdrückende moralische Verhaltensnormen und Familienstrukturen. Genau so begann ich mit meiner Laufbahn als Therapeut.

Doch inzwischen hat sich die Gesellschaft gewandelt. Der alte Krieg ist fast vollständig gewonnen. Die meisten von uns haben nun die Freiheit, den durch eine Ehe eingegangenen Verpflichtungen leichter zu entkommen als jedem anderen Vertrag, den wir in unserem Leben geschlossen haben. Wir können uns immer scheiden lassen, wenn «es nicht klappt», und wenn wir es tun, führt das nur zu einer relativ geringen sozialen Stigmatisierung. Aber jetzt sieht es für uns so aus, als würden wir überhaupt die Fähigkeit verlieren, eine Verpflichtung auf uns zu nehmen. Wir haben zwar die Ketten der Ehe abgeschüttelt, sitzen dafür aber zum Schluss mit einem Klettband da, leicht auseinanderzuziehen, aber nicht stark genug, um uns unter Druck zusammenzuhalten.

Wenn ich von Druck spreche, denke ich an eine Ehe von langer Dauer, ebenso wie ich an das Leben in meinem Heimatstaat Minnesota denke, vielleicht an Lake Wobegon. Man lässt sich auf eine Ehe ein im Frühling der Hoffnung, kommt mit der Zeit aber im Winter Minnesotas an mit seiner Kälte und Dunkelheit. Viele von uns sind versucht, aufzugeben und zu diesem Zeitpunkt nach Süden zu ziehen. Wir wenden uns an einen Therapeuten/eine Therapeutin um Hilfe. Manche Therapeuten wissen aber nicht, wie sie uns helfen können, den Winter durchzustehen, und wir bekommen trotz ihrer Fürsorge Frostbeulen. Andere erzählen uns, dass uns der Winter zu Opfern macht, dass wir Besseres verdient haben, dass der Winter nie enden wird und wir, wenn wir uns selbst treu bleiben wollen, unsere Ehe aufgeben und uns in den Süden aufmachen sollten. Natürlich besteht das Problem darin, dass unsere nächste Ehe an einem bestimmten Punkt auch wieder in ihren eigenen Winter geraten wird. Werden wir immer nur weitergehen oder bestimmen wir jetzt unseren Standort – mit diesem Menschen, zu dieser Jahreszeit? Das ist die moralische, existentielle Frage, der wir uns stellen müssen, wenn unsere Ehe problematisch wird.

Ein guter Therapeut, eine mutige Therapeutin werden uns dabei unterstützen, als Paar zusammenzubleiben, uns in der Kälte des Winters gegenseitig zu wärmen und nach dem spärlichen Sonnenlicht, das sich noch zeigt, Ausschau zu halten, während wir mit unserem Schmerz und unserer Ernüchterung zu kämpfen haben. Ein guter Therapeut, eine mutige Therapeutin sind die letzten im Raum, die den Glauben an unsere Ehe verlieren, nicht die ersten, in dem Bewusstsein, dass der nächste Frühling in Minnesota nach dem gemeinsam durchstandenen Winter umso prächtiger sein kann.

Kapitel 7

Unnötige Scheidungen vermeiden

Bis jetzt haben wir uns auf die Kräfte konzentriert, die in unserer modernen Welt trennend auf die Paare einwirken: der natürliche Verlauf intimer Beziehungen, die Konsumgesellschaft, Kinder, die von uns Besitz ergreifen, Zeit, die uns zwischen den Händen zerrinnt und die Familie und Freunde, die parteiisch sind. Nun möchte ich darüber sprechen, wie man seine Ehe wieder zurückgewinnen kann, wenn jene und andere Kräfte bei Ihnen die Überhand gewonnen haben und Sie in die Richtung einer unnötigen Scheidung manövrieren. Dann wird der restliche Teil des Kapitels Ihnen Möglichkeiten aufzeigen, damit Sie Ihre Ehe aufbauen oder wiederaufbauen können.

Es gibt zwei Hauptwege, die Paare zu einer unnötigen Scheidung führen, und Sie sollten wissen, wie Sie diese Wege umgehen oder verlassen können, wenn Sie merken, dass Sie sie bereits eingeschlagen haben. Der erste Pfad ist der langsame Weg der kleinen Entscheidungen, der allmählich eine Ehe zum Scheitern bringt. Der zweite Weg ist die schnelle Spur. In beiden Fällen haben Sie mit Umsicht, Mut und Unterstützung eine gute Chance, Ihre Ehe wieder umzupolen. Eine unnötige Scheidung ist eine der großen Tragödien des Erwachsenenlebens und alle Wege, die dahin führen, sind qualvoll.

Kleine Entscheidungen, große Verluste

Sie können fast jede glückliche Ehe in zwei Jahren ruinieren. Sie fangen damit an, auf das zu achten, was Sie in dieser Beziehung nicht bekommen, und wie sehr es ihrem Partner/Ihrer Partnerin nicht gelingt, Ihren Erwartungen zu genügen. Das Folgende ist eine Spielanleitung, nach der Sie sich richten können; ich habe oft gesehen, wie es wirkt. Das Traurige ist, dieser Weg zum Scheitern der Ehe führt, was der- oder diejenige, die damit anfängt, nicht erkennen kann, bis es zu spät scheint. Es ist ein gleichmäßiger, langsamer Pfad ohne Wegweiser, die etwa «Halt, Umkehren» sagen. Ich werde diese Geschichte aus dem Blickwinkel einer Frau erzählen, denn Frauen reichen in 2/3 der Fälle die Scheidung ein, doch mit einigen Abwandlungen könnte es ebenso auch die Geschichte eines Ehemanns sein. Sie setzt sich zusammen aus den Berichten der vielen Ehepaare, mit denen ich gearbeitet habe.

An Ihrem Ehemann finden Sie keine besonders gute emotionale Stütze. Er liebt Sie zwar, ist ein guter Vater und nur selten unangenehm zu Ihnen, doch weiß er sich nicht besonders geschickt zu verhalten, wenn Sie sich über irgendetwas in Ihrem Leben aufregen. Er hört nicht geduldig genug zu oder versucht Sie durch unwillkommene Ratschläge zu besänftigen. Vielleicht wird es ihm nach einer Weile zu viel und er findet, Sie sollten sich nicht so viele Gedanken machen. In anderen Worten, er verhält sich so, wie es viele Männer tun, die nicht mit langen, einfühlsamen Geben-und-nehmen-Gesprächen groß geworden sind.

Zu einem bestimmten Zeitpunkt in Ihrer Ehe fangen Sie an, mehr darauf zu achten, dass Ihr Mann als enger Vertrauter seine

Schwächen hat. Warum gerade jetzt? Vielleicht sind Sie in diesen Tagen besonders belastet oder es wird Ihnen bewusst, dass Sie sich in Ihrer Ehe allmählich entgleiten, was die emotionale Beziehung angeht, oder Sie merken, dass der Mann einer guten Freundin diese Aufgabe besser löst. Ein gefährlicher Grund wäre, dass Sie einen neuen Freund gefunden haben, der Ihnen wirklich zuhört, über den Sie aber nicht mit Ihrem Mann sprechen. Heimlicher Vertrauter über einem Cappucino zu sein, fällt viel leichter als offener Vertrauter in einer Vollzeitbeziehung mit Haus und Kindern.

Was auch immer der Grund dafür sein mag, dass Sie zum aktuellen Zeitpunkt besonders irritiert sind, so ist es wahrscheinlich nicht deshalb, weil Ihr Mann Farbe gewechselt hat. Es war noch nie seine besondere Stärke, auf diese Weise einfühlsam zuzuhören und so darauf zu reagieren, wie Sie es sich wünschten. Und trotzdem haben Sie ihn wegen seiner vielen anderen guten Eigenschaften geheiratet und Sie waren auch schon ganz glücklich miteinander. Wenn mit der Zeit die emotionale Nähe in Ihrer Ehe abgenommen hat, besonders nachdem Sie Kinder hatten, waren Sie wahrscheinlich ebenso verantwortlich dafür wie Ihr Mann.

Aus welchem Grund auch immer fangen Sie nun an, sich andauernd damit zu beschäftigen, was Sie wegen der Fehler Ihres Mannes verpassen. Steht Ihnen nicht größerer Rückhalt zu? Ist es nicht schrecklich, dass er Ihnen nicht geben kann, was Sie brauchen und verdienen? Wie kommt es, dass Sie mit ihren Freundinnen sprechen können, aber nicht mit Ihrem eigenen Ehemann? Bewältigen Sie Ihre Aufgabe, ihn zu unterstützen nicht viel besser? Die Bücher, die Sie über die Ehe lesen, deuten auf etwas viel Besseres hin. Es ist absolut ungerecht! Wie kann man von Ihnen erwarten, auf diese Weise weiterzuleben? Sie müssen ihn verändern.

In der nächsten Phase können sich zwei Alternativen ergeben, wobei die erste darin besteht, dass Sie kritisieren, wie er auf Sie reagiert; sagen Sie ihm, dass er nicht weiß, wie man miteinander spricht, und dass er nur an sich denkt. Das wird wahrscheinlich bei Ihrem Mann das Bedürfnis sich zu rechtfertigen hervorrufen und Gegenangriffe herausfordern, mit denen er beweisen will, dass er kein emotionaler Tölpel ist, der für Sie weder emotional «da sein» kann noch will. Eheforscher wie etwa John Gottman haben dokumentiert, wie diese negativen Konfliktmuster Paare auf den Weg zur Scheidung treiben.(Ratschläge für wirkungsvolle Problemlösungsstrategien in der Ehe finden Sie in seinem Buch *The Seven Principles for Making Marriage Work*, und Howard Markman, Scott Stanley und Susan Blumbergs Buch *Fighting for Your Marriage.*

Wenn es nur oft genug zu diesen Auseinandersetzungen kommt und über einen genügend langen Zeitraum hinweg, dann könnten Sie oder Ihr Mann damit anfangen, das «S-Wort» (Scheidung) bei Ihren Streitereien zu gebrauchen. Sie oder er führen es ein, nicht weil Sie es wirklich meinen, sondern um beim anderen Aufmerksamkeit zu erregen. Aber die Möglichkeit einer Scheidung hat nun zum ersten Mal in Ihrer Kommunikation Eingang gefunden. Auch wenn es noch nicht auf dem Tisch ist, windet es sich und zischt es auf dem Boden wie eine Schlange, die niemand zur Kenntnis nehmen will.

Sie können auch einen zweiten Weg als Alleingang einschlagen, oder auch deshalb, weil die erste Version nicht die beabsichtigte Wirkung hatte. Hierbei entziehen Sie sich Ihrer Ehe, indem Sie Ihre Gefühle über alles, was Ihnen wichtig ist, für sich behalten. Vermutlich wird Ihr Mann annehmen, dass Sie sich im Augenblick über nichts Gedanken machen, und nicht merken, zumindest für einen gewissen Zeitraum, dass Sie sich verschließen. Sie entziehen sich sexuell, ohne einen Grund dafür anzugeben – was Ihrem Mann mit Sicherheit auffällt. Sie ziehen sich emotional in Ihr Schneckenhaus zurück. Nachdem Sie dort eine Weile in Ihrem eigenen Saft geschmort haben, sehen Sie sich schließlich als Opfer einer entleerten Ehe, die Ihnen in emotionaler Hinsicht die Luft zum Atmen abschnürt. Sie merken nicht, dass Sie einen wichtigen Anteil an dieser Inszenierung hatten, als Sie sich nämlich ins Schneckenhaus zurückzogen.

Nachdem bei Ihnen vor zwei Jahren ein weder seltenes noch auswegsloses Eheproblem aufgetreten war, stehen Sie nun an dem Punkt, an dem die Entscheidung fallen muss, ob Sie sich trennen oder scheiden lassen. Die innere emotionale Logik ist zu diesem Zeitpunkt zwingend: Sie leben entweder in einer konfliktreichen, belasteten Ehe oder in einer einsamen, entleerten Ehe (oder vielleicht wechseln Sie zwischen beiden hin und her.) Sie bekommen Unterstützung von Ihren Freundinnen und möglicherweise auch von einem Therapeuten/einer Therapeutin (hier sind sie wieder), die Ihnen bestätigen, dass Sie unglücklich sind und loslassen sollten. Wenn Sie die Geschichte Ihrer missglückten Ehe bearbeiten, kommen Sie zu der Überzeugung, dass sie von Anfang an zum Scheitern verurteilt war. Sie beide haben einfach nicht zusammen gepasst; Sie waren noch in der Gegenreaktion auf eine andere Beziehung; er hatte nicht die Kapazität sich so zu entwickeln, wie Sie es taten, usw. (Scheidungsforscher haben nachgewiesen, wie wir unsere Berichte über unsere Eheverläufe revidieren und so unserem aktuellen Bedürfnis, sie zu beenden, anpassen.) Ihr Ehemann spricht inzwischen nicht mehr mit Ihnen – oder er brüllt Sie an, wenn er doch noch mit Ihnen redet – und hat ebenso wenig wie Sie eine Vorstellung davon, wie Ihre Ehe noch zu retten sein könnte. Er hofft noch, dass sich alles wieder einrenken wird, doch Sie haben die Hoffnung aufgegeben.

Untersuchungen zum Vorfeld von Scheidungen haben gezeigt, dass Sie, bevor Sie die Scheidung ankündigen, wahrscheinlich einen Fluchtplan machen. Sie haben sich über Ihre finanzielle Situation und Ihren Wohnbedarf informiert. Sie haben sich mit geschiedenen Freundinnen und Freunden beraten, die, ebenso wie Ihr Therapeut/Ihre Therapeutin Ihnen versichern, dass es den Kindern gut gehen wird, wenn Sie das tun, was Sie selbst für sich brauchen. («Kinder sind widerstandsfähig», lautet der Standardspruch.) Sie können sich romantischere Partner vorphantasieren oder sich an einen solchen wenden zur platonischen Unterstützung – oder mehr. Wenn Sie schließlich die Bombe über ihrem Mann zünden, ist er überrumpelt und schockiert. Er behauptet, es nicht kommen gesehen zu haben, und Sie sind darüber verblüfft. Sie stimmen einer Eheberatung zu, sind aber nicht mit dem Herzen dabei. Sie sind erleichtert, wenn der Therapeut/die Therapeutin zu dem Schluss kommt, die Ehe sei nicht mehr zu retten. Die Menschen in Ihrem Leben, die anderer Ansicht sind, verstehen Sie entweder nicht oder hängen Ihnen ungerechterweise die Schuld an. Sie sind nun in einer Phase, in der Sie auf die Scheidung zusteuern, auf einer Reise, die Sie vor ein bis zwei Jahren ohne diese Absicht angetreten haben. Wenn Sie Glück haben, werden Sie dieses Szenario in Ihrer nächsten Ehe nicht wiederholen, doch die Chancen dafür sind gut, zumal sich noch Belastungen durch die Stiefkinder ergeben werden. Zweite Scheidungen kommen im Durchschnitt viel schneller zustande als erste, besonders dann, wenn wir nichts aus der ersten gelernt haben.

Beachten Sie, wie sich die Ehefrau (wie schon gesagt, es könnte sich auch um einen Ehemann handeln) fast ausschließlich auf die Fehler ihres Mannes und nicht auf ihre eigenen konzentrierte. Das ist die Einstellung der Verbraucher: Meinen Bedürfnissen wird in der Ehe nicht entsprochen, also muss da ein Problem bei deiner Eheführung vorliegen. Ich treffe heutzutage zunehmend auf Menschen, deren Übernahme von Verantwortung für ihre Eheprobleme sich ausschließlich darauf beschränkt, dass sie den falschen Partner gewählt oder vielleicht zu lange die Fehler dieses Menschen hingenommen haben. Wenn mein Auto nicht anständig fährt, ist es nicht mein Fehler; der Hersteller hat Schuld. Ich mache mir keinen Kopf darüber, dass ich schlecht schalte und das Öl nicht wechsle.

Wie hätte sich die Frau in dieser Situation als mündige Bürgerin ihrer Ehe verhalten können, wie jemand, der dafür verantwortlich ist, diese Beziehung zu gestalten und aufrecht zu erhalten und nicht als Verbraucherin des ehelichen Lebensstils? Sie hätte erkennen können, dass ihr Wunsch nach mehr Einfühlungsvermögen von ihrem Mann ein dringender «Wunsch» und keine grundsätzliche «Notwendigkeit» war. Sie hätte dann die Frage nicht so sehr mit dem Gefühl aufgegriffen, dazu berechtigt zu sein, und sich weniger als Opfer gesehen. Sie hätte, ohne ihren Mann zu kritisieren, versuchen können, ihn wissen zu lassen, welche seiner Reaktionen eine Hilfe für sie bedeuten. Sie hätte für sie beide einen Kurs für eheliches Kommunikationsverhalten vorschlagen können, so dass sie ihre Rolle als Einpauker ehelicher Gesprächsführung hätte aufgeben können. Sie hätte auch eine Reihe von Sitzungen mit einem Ehetherapeuten anregen können, damit sie besser miteinander ins Gespräch gekommen wären.

Sie hätte aber auch akzeptieren können, dass Einfühlungsvermögen nicht die Stärke ihres Mannes ist und nie werden würde. Sie hätte ihn auch bitten können, sie einfach nur in den Arm zu nehmen, wenn sie traurig ist oder sich aufregt und dann hätte sie all ihre Empfindungen mit einer guten Freundin durchsprechen können. Jeder hat einige Bedürfnisse, denen in einer Ehe nicht entsprochen wird. Das ist nicht tragisch, solange wir es nicht dazu machen; so ist das Leben einfach. Ich kann mich noch gut daran erinnern, wie Susanne damit aufhörte, ihren Mann alle zwei Jahre zur Therapie zu schleppen, damit er seine Gefühle zeigte. Während einer Therapiesitzung eröffnete er ihr unter Tränen, er glaube, er sei mit seinem Gefühlsleben einfach nicht so gebaut, wie sie sich es wünschte, und er sei traurig darüber, kein besserer Ehemann für sie sein zu können. Susanne verstand zum ersten Mal, dass seine unemotionale Art zu leben nichts mit seiner Liebe zu ihr zu tun hatte. Und ironischerweise fiel es ihm danach leichter, seine Gefühle zu äußern, als in dieser Therapiestunde.

Bei einem anderen Klienten, Harry, stand das mangelnde sexuelle Interesse seiner Frau immer im Vordergrund. Er nahm es sehr persönlich und er wurde immer böse auf sie. Eine solche Art von Streit kann auf Dauer eine Ehe zum Scheitern bringen. Als in der Therapie herauskam, dass seine Frau als Kind sexuell missbraucht worden war und Probleme damit hatte, sexuell berührt zu werden, arbeitete Harry erfolgreich daran, sie so zu akzeptieren, wie sie war. Mit dem verminderten Machtkampf und der abgewendeten Bedrohung für die Ehe entspannten sich beide und sie bauten allmählich wieder eine körperliche Beziehung zueinander auf.

Alexandra, 54 Jahre alt und seit 30 Jahren verheiratet, vermied eine unnötige Scheidung mit Hilfe einer «Einstellungskorrektur», wie sie es nannte. Ihr Mann, Ronald, ging vorzeitig mit 55 Jahren aus seiner Firma in den Ruhestand und beschloss, es sich einfach zu Hause gemütlich zu machen und an seinen Hobbys herumzubasteln. Alexandra arbeitete weiter. Sie hatte erwartet, Ronald würde sich eine andere Arbeit suchen, und sie wurde zunehmend gereizt und war enttäuscht, als er «den ganzen Tag den Hintern nicht hochkriegte». Er übernahm zwar mehr Hausarbeit, als sie ihn darum bat, aber es war ihr nicht Recht, dass ihr vorher so produktiver Ehemann nun Hausmann war. Als sie ihm vorschlug, er solle sich doch Arbeit suchen, ging er in die Defensive und wies darauf hin, dass seine Pension mehr als seinen gerechten Anteil am Familieneinkommen einbrachte. Sie erwiderte, dass sie es sich nicht leisten könnten, mit beider Einkommen weiter in dem bisherigen Haus zu leben. Er stimmte zu, war aber nicht bereit, sich Arbeit zu suchen um das Haus zu halten, was, wie er behauptete, jetzt für sie ohnehin zu groß sei, nachdem die Kinder erwachsen und ausgezogen seien. Also zogen sie zu Alexandras Bedauern in ein kleineres Haus.

Nachdem Alexandra länger als ein Jahr gebrütet hatte, führte sie mit sich ein hartes Gespräch, wie sie es bezeichnete. Sie sagte sich, dass sie sich entweder weiter wegen Ronalds Lebensweise aufreiben könne oder sie akzeptieren müsse. Ronald hatte die Welt der bezahlten Arbeit satt und war entschlossen, nicht dorthin zurückzukehren. Sie hatten genug Geld, um ein Leben in der Mittelschicht zu führen. Sie hatte einen Arbeitsplatz, der ihr Spaß machte und sie war nicht bereit, sich zur Ruhe zu setzen. Ronald hatte sie teilweise von der Hausarbeit und Organisation des Haushalts entlastet und er verwandte seine Zeit auf Projekte für die erwachsenen Kinder und deren junge Familien. Alexandra merkte, dass ihr Ärger durch den Gedanken genährt wurde, dass ein kräftiger, gesunder Mann den ganzen Tag zu Hause blieb, keine Anstellung suchte und sie als einzige im Haus für ein Einkommen arbeitete. Doch sie wollte sich nicht scheiden lassen und erkannte, dass sie sich schließlich doch noch so weit bringen könnte, wenn sie so weitermachte. Also beschloss sie, sich nicht mehr selbst zu bemitleiden und so enttäuscht von Ronald zu sein. Sie wünschte sich zwar immer noch, er würde sich Arbeit suchen und nicht so viel herumsitzen, doch mit ihrer «Einstellungskorrektur» begann sie, ihre Enttäuschung mit größerer Gleichmut hinzunehmen, und sie fing zum ersten Mal seit seinem Ruhestand wieder an, sich über seine Gegenwart zu freuen.

Alexandras und Ronalds Geschichte stammt nicht aus einem Lehrbuch zu ehelichem Problemlöseverhalten, mit dessen Hilfe die Ehepartner lernen sollen, ihre Gefühle und Wünsche zu äußern, um dann zu einem Kompromiss zu kommen, der beiden gerecht wird. Manchmal kommt zwar so etwas in einer Ehe vor, aber in anderen Fällen kann oder will sich einer der Partner nicht so verändern, wie es sich der andere wünscht oder es braucht. In einer Gesellschaft mit dem Recht auf persönliche Ansprüche und häufigen Scheidungen ist dies oft der Augenblick, in dem man den Weg zur Scheidung einschlägt oder diesen Weg umgeht. Der tatsächliche Entschluss zu einer Scheidung kann Jahre später fallen, aber eigentlich setzen wir uns in einer viel früheren Phase dazu in Bewegung. Selbst wenn wir uns zu dieser Reise aufmachen, können wir uns wie Alexandra dazu entscheiden umzukehren, wenn uns klar wird, wohin sie führt.

Was Alexandra und vielen anderen Eheleuten half, eine unnötige Scheidung zu vermeiden, war der ungeschönte Blick auf das angesteuerte Ziel, wenn sie weiter auf ihren Ressentiments verharren darüber, dass ihre Wünsche und Erwartungen nicht erfüllt werden. Mit anderen Worten, sie merken, dass sich die kleinen Entscheidungen, mit denen der Blick auf die ehelichen Probleme gelenkt werden soll, sich zu einer großen Entscheidung darüber auftürmen, ob eine Ehe weiterbestehen oder eine Scheidung eingereicht werden soll. Analog dazu wäre das, was wir über die Krebsentstehung wissen: Eine voll entwickelte Krebsgeschwulst entwickelt sich erst nach einer Reihe fehlgesteuerter Schritte, wie etwa eine Folge von Schaltern, die jedes Mal «an» statt «aus» gedrückt werden. Viele Scheidungen ergeben sich aus Dutzenden von kleinen Entscheidungen, die das Negative betonen und das Positive der Ehe oder des Partners herunterspielen, mit denen nicht die eigenen Fehler, sondern die besseren Möglichkeiten mit einem anderen Partner in Augenschein genommen werden, statt mit dem Partner leben zu lernen, den man hat. Und wieder beziehe ich mich nicht auf die Fälle, bei denen es um Missbrauch und chronische Untreue geht, die nicht geduldet werden sollten. Ich meine damit die leichteren Probleme, die zu schweren werden, je nachdem, wie wir mit ihnen umgehen. Indem wir unsere eigenen Enttäuschungen hochstilisieren, können wir unseren Partner in einen Menschen verwandeln, den wir verlassen wollen. Indem wir die Grenzen unseres Partners akzeptieren und erkennen, dass unsere eigenen Schwächen für gewöhnlich gleichen Kalibers sind, können wir weiter daran arbeiten, unser Kanu wieder stromaufwärts zurückzubringen.

Auf schneller Bahn zu einer unnötigen Scheidung

Die meisten meiner Beispiele stammen aus festen Ehen von einiger Dauer. Bei jungen kinderlosen Ehepaaren können unnötige Scheidungen auf schnellstem Weg erfolgen und es erfordert ein sofortiges Eingreifen, um sie vom Kliff wegzuziehen. Die gefährdetsten Jahre der Ehe sind die ersten zwei. Manchmal ist es schon vorbei, bevor sich das Paar an einander gewöhnt hat. Hier ist die Geschichte von Roxana und Jakob.

Nicht lange nach ihren Flitterwochen regt sich Roxana darüber auf, dass Jakob zu viel mit seinen alten Freunden herumhängt und nicht genügend Freizeit mit ihr verbringt. Er schaut nach der Arbeit bei seiner Lieblingsbar vorbei und bleibt etwa eine Stunde, eine Angewohnheit, die sie in Rage bringt. Wenn sie ihn zur Rede stellt, will er darüber nicht reden, oder er behauptet, sie sei zu besitzergreifend. Ihre Freundinnen sind völlig auf ihrer Seite. Seine Freunde sagen, er stehe unter dem Pantoffel. Sie lieben sich noch sehr und sind guten Willens für einander, fragen sich aber, ob es richtig war zu heiraten oder ob sie vielleicht nur weiter hätten miteinander leben sollen. Damals hatten sie keine solch schlimmen Auseinandersetzungen. Roxana fragt sich, ob sie Jakob zu sehr zur Heirat gedrängt hatte, aber er hatte sie auch nicht verlieren wollen. Beide kommen aus geschiedenen Ehen und sind unsicher, was die durch eine Ehe eingegangene Verpflichtung wirklich bedeutet.

Dies ist ein Paar, das einen Freundeskreis braucht und Unterstützung bei ihrer Anpassung ans Eheleben. Aber wie die meisten Paare in unserer Gesellschaft stehen sie allein, kämpfen um die Bedeutung dessen, was es heißt, verheiratet zu sein, und sie haben keine besonders guten Voraussetzungen, ihr Problem in den Griff zu bekommen. Auf erschreckende Weise bricht es während eines Streits an einem Tag plötzlich aus Jakob heraus: «Vielleicht sollten wir uns einfach scheiden lassen.» Verblüfft, aber wütend erwidert Roxana: «Ja, vielleicht.» Keiner von beiden will es, aber keiner von beiden möchte es zurücknehmen. Eine von Roxanas geschiedenen Freundinnen warnt sie später, dass Jakob ihr gemeinsames Bankkonto abräumen könnte und sie lieber ihre eigenen Interessen wahren solle. Also spricht sie mit einem Scheidungsanwalt, der die Scheidung einreicht und einen verblüfften Jakob mit Papieren überschüttet. Im Distrikt von Ramsey, Minnesota, wo dieses Paar lebt, ist es möglich, innerhalb von einer Woche eine Scheidung zu erreichen, vom ersten Besuch beim Rechtsanwalt bis zur Verkündigung der Scheidung, wenn man keine Kinder hat und niemand die Bedingungen anficht. Meistens dauert es wegen der gerichtlichen Beurkundung länger, doch es war auch schon in einer Woche erledigt. Jakob und Roxana packen ihre Umzugskisten, das Leben geht getrennt weiter und sie verstehen kaum, was geschehen ist.

Jakob und Roxana hätten Zeit und Unterstützung gebraucht, um in die Verantwortung für eine Ehe hineinzuwachsen, doch sie setzten den Keil für eine Scheidung zu früh an, bevor sie noch zusammen lernen konnten. Was nötig gewesen wäre, ist eine unmittelbare Reaktion von ihren Familien und Freunden und vielleicht ihrer religiösen Glaubensgemeinschaft. Reifere Erwachsene hätten ihnen auf einfühlsame Weise sagen können, dass es bei ihnen darum ging, erwachsen zu werden, verheiratete Erwachsene zu werden und dass ihre Schwierigkeiten das Übliche waren – und mit der Zeit und mit Geduld auch zu bewältigen sein würden. Ein augenblicklicher Schritt für sie hätte sein können, eine Ehetherapie bei einem Therapeuten/einer Therapeutin zu beginnen, der/die bereit gewesen wäre, sie in ihren Anstrengungen dabei zu unterstützen, individuell zu reifen und sich dem Leben als verheiratetes Paar anzupassen.

Marita und Jan waren gereifter, aber sie sahen sich mehreren Krisen gegenüber, als Maritas Mutter und Vater bei einem Unfall ums Leben kamen. Sie war verzweifelt, und Jan wusste nicht, wie er auf ihren Kummer und ihre Verzweiflung reagieren sollte. Sie fühlte sich enttäuscht und von Jan im Stich gelassen. In ihrem Unglück hielt sie eine Scheidung für den einzigen Ausweg, um nicht bei einem Mann bleiben zu müssen, der ihr nicht beizustehen wusste. Glücklicherweise wurde Marita und ihrer Ehe von einem Therapeuten geholfen, und sie waren hinterher gefestigter als vorher. Das Schlüsselerlebnis war Maritas Erkenntnis, dass Jan nicht wusste, wie er ihr helfen könnte. Es war nicht so, dass es ihm gleichgültig war. Sie merkte auch, dass sie sich nicht nur an Jan um Hilfe wenden konnte; sie konnte auch auf ihre Freundinnen und Freunde zählen. Ihre Verlassenheitsgefühle ebbten ab, und sie konnte für sich rechtfertigen, verheiratet zu bleiben und Möglichkeiten finden, diese Ehe zu verbessern. Jan seinerseits gab sich Mühe, wieder Verbindung zu Marita zu bekommen und sich zumindest nicht von ihr zu entfernen, wenn sie unglücklich war. Marita und Jan wären beinahe schon früh Opfer unserer «bring' diese Niete wieder in den Laden zurück»-Mentalität im Hinblick auf Ehe und Scheidung geworden. Zum Glück fanden sie den richtigen Therapeuten. Und wie traurig, dass sie in keiner größeren Gemeinschaft lebten, die sie durch ihre Krise hätte begleiten können.

Wir verhalten uns geschickter in diesem Land, wenn es darum geht junge Eltern dabei zu unterstützen, mit einem Baby zurechtzukommen. Es gibt Kinderpflegerinnen, die Hausbesuche machen und preisgünstige Kurse zur Elternschulung. Es sind zeitlich festgelegte ärztliche Vorsorgeuntersuchungen vorgesehen. Risikofamilien erhalten besondere Betreuung. Aber für junge Ehen haben wir nach dem großen Abschied bei der Hochzeit nur wenig anzubieten. Niemand kann wissen, ob es Jakob und Roxana gelungen wäre, eine Ehe auf Dauer zu führen, aber es ist sicher, dass ihre Scheidung zum damaligen Zeitpunkt voreilig und unnötig war, weil sie sich – anders als Marita und Jan – nicht nach Hilfe umgesehen und sich gegenseitig nicht mehr Zeit gegeben haben. Ihre Ehe dauerte weniger als ein Jahr.

Wenn es nur ein Problem gibt, dies aber groß ist

Manchmal ist eine Ehe in jeder Beziehung gut, bis auf einen Aspekt, und gerade dieses eine Problem kann die Ehe zum Scheitern bringen. Der betroffene Partner versucht verzweifelt, die Ehe zu retten, hat aber trotzdem das Gefühl, in dieser Situation nicht leben zu können. Viele Menschen würden raten, dann einfach auseinander zu gehen, wenn die Probleme zu schwer wiegen. Aber besonders dann, wenn die Ehe sonst stimmt und es auch um Kinder geht, ist es nicht so eindeutig klar, dass nur eine Trennung die Lösung sein könnte. Und doch erscheint es ebenso ungeheuerlich zu bleiben, wenn man dadurch um einen wichtigen Lebensaspekt betrogen wird.Im Folgenden wird ein E-Mail-Austausch mit einer Frau in solch einer Situation wiedergegeben. Ich schlage vor, dass Sie sich Zeit nehmen, wenn Sie ihren Brief gelesen haben, und darüber nachdenken, was Sie darauf antworten würden und auch darüber, welche Meinung in diesem Buch vertreten wird, bevor Sie weitergehen und meine Antwort lesen.

Sehr geehrter Herr Dr. Doherty,
Ich las letzten Sonntag USA Weekend und stieß auf einen Artikel über Scheidungen,in dem Sie erwähnt wurden, und zwar Ihre Ansicht, dass die Scheidung einer Ehe mit wenigen Konflikten vernichtend für Kinder sei. Es wird dabei Ihre Feststellung zitiert, «Sie haben kein Verständnis mehr dafür, dass Eltern eine Ehe aufgeben, die nicht direkt zerstörerisch wirkt, weil sie auf der Suche nach ihrem persönlichen Glück sind oder den Kindern kein schlechtes Beispiel für eheliche Intimität vorleben wollen.» Ich bin wirklich daran interessiert, mehr über «aufgeklärte» Ansichten zu diesen Fragen zu erfahren.
Ihre Beschreibung einer nicht-zerstörerischen Ehe trifft ziemlich gut auf uns zu. Ich habe mich jetzt schon fast drei Jahre

damit herumgeschlagen, was ich tun soll, und mein allerwichtigstes Anliegen ist, das Beste für meine Kinder zu tun. Ich habe auch Ihren Vortrag darüber gelesen, wie Therapeuten kontraproduktiv beim Erhalten von Ehen sein können, und stimme Ihnen aus vollem Herzen zu. Wir sind zu zwei Therapeuten gegangen, und ich bin desillusioniert, was die Therapie angeht, und würde sie nie jemandem empfehlen. Beide Therapeuten haben so gut wie aufgegeben und mir gesagt, ich solle mit der Situation leben (sie zweifelten aber daran, ob ich es lange durchhalten würde) oder mich scheiden lassen. Mein Mann und ich kommen größtenteils im Alltag gut miteinander aus, wir sind richtige Familienmenschen, wir sind zuverlässig und arbeiten bei der Kindererziehung gut zusammen. Nach außen erscheinen wir als sehr glückliche, überaus gefestigte Familie. Das Problem ist nur, dass er sagt, er liebe mich nicht als «Ehefrau» sondern schätze mich als Mensch (habe aber kein Interesse für eine andere), er habe nicht den Wunsch zu versuchen, eine romantische Beziehung mit mir aufrechtzuerhalten/dazu überzuleiten, will aber auch nicht gehen und würde auch nicht freiwillig einer Trennung zustimmen.

Ich nehme an, er würde für immer bei mir bleiben. Ich bin diejenige, der es schwer fällt, so zu leben. Im Allgemeinen bin ich zufrieden mit meinem Leben, aber es quält mich, dass wir eine Lüge leben. Dazu kommt noch, dass ich mich so abgewiesen fühle, wenn ich jede Nacht mit einem Mann in einem Bett schlafe, der mich nicht einmal berührt. Ich möchte Sie nicht mit der Geschichte in voller Länge belästigen, aber ich bin auf der Suche nach Boden unter den Füßen, nach einem Punkt, von dem aus ich die Dinge in Perspektive rücken und mich entscheiden und planen kann, wie ich diesem Plan entsprechend auf lange Sicht zurechtkomme.

Mit genau dieser in Ihrem Aufsatz behandelten Frage des Vorbilds, das wir unseren Kindern bieten, habe ich mich schon lange herumgeschlagen. Ich stimme Ihnen zu, dass sie sich nicht an dem Sexualleben ihrer Eltern orientieren, doch wenn sie nicht

erleben, wie ihre Eltern ihre Zärtlichkeit füreinander auch auf körperliche Weise äußern, wird das doch wohl eine Prägung sein? Ich habe einen Sohn und eine Tochter. Ich mache mir vor allem Gedanken um meinen Sohn. Ich wünsche ihnen in emotionalem und in körperlichem Sinne erfüllte Leben.
Vermutlich bekommen Sie Tausende von E-Mails wie diese, und es tut mir leid, dass nun auch noch ich komme. Das Schreiben allein hat für mich schon die Belastung dieses Tages erleichtert. Es wäre höchst wertvoll für mich, wenn Sie mir Hinweise zukommen lassen könnten, die meine Frage aus intellektueller oder spiritueller Sicht behandeln.
Vielen Dank für Ihre Zeit.

Sehr geehrte–,
Es hat mir Leid getan, von Ihrem schmerzlichen Dilemma zu erfahren, und ich habe keine einfache Antwort parat. Zu Ihrer Frage über die Auswirkungen auf Ihre Kinder: Eine Scheidung würde sie sicher mehr schädigen als ein Zusammenleben mit beiden liebevollen Eltern, die keine körperliche Zärtlichkeit zeigen. Sollte diese Situation Sie aber so unglücklich machen, dass Ihre Elternrolle dadurch beeinträchtigt wäre, dann würden Ihre Kinder durch Ihr Bleiben verletzt.
Für mich würde es einen Unterschied machen, ob meine Partnerin aus psychischen oder körperlichen Gründen nicht fähig wäre, sich sexuell für mich zu interessieren oder ob sie mich ablehnen und das Problem nicht zur Kenntnis nehmen würde. Ich kann nicht wissen, um welche von beiden Möglichkeiten es geht, solange sich meine Partnerin nicht ebenso dringlich wie ich nach Hilfe umsieht, damit wir die Situation ändern könnten. Ich würde wünschen, dass meine Partnerin ebenso für sich selbst wie um meinetwillen Schmerzen litte, weil sie in dieser Hinsicht nicht ansprechbar ist. Dann wäre es so, als würde man die chronische Krankheit eines Partners hinnehmen müssen. Ich

weiß nicht, ob Ihr Mann diese Anstrengung unternommen hat, oder ob er halbherzig und egoistisch gesagt hat: « Ich bin eben so.» Wenn er sich nicht um eine Verbesserung der Lage bemüht hat, dann würde ich mir vielleicht überlegen, auf einem langen, vollständigen Therapieversuch zu bestehen bei einem wirklich guten Arzt und einem richtig erfahrenen Therapeuten, mit dem Ziel, entweder die sexuelle Beziehung wieder in Gang zu bringen, oder dass beide die traurige und schmerzliche (für Sie beide) Tatsache akzeptieren, dass Ihr Mann in dieser Beziehung behindert ist. Die andere Seite ist, dass ein Partner körperlich zärtlich reagieren kann, auch wenn er sexuell vielleicht nicht erregbar ist. Sollte Ihr Mann Sie in diesem Bemühen nicht unterstützen, dann würde ich dazu neigen, es zu einer Ehekrise kommen zu lassen - nicht weil er sexuell nicht ansprechbar ist, sondern weil er nicht bereit ist, die Verantwortung für eine der ehelichen Grundbedingungen auf sich zu nehmen, indem er sich weigert, Ihnen zuliebe, um der Ehe und der Familie willen einen zusätzlichen Weg auf sich zu nehmen.
Wenn Sie es damit versuchen wollen und mir mitteilen, wo Sie wohnen, kann ich Ihnen vielleicht dabei helfen, einen guten Therapeuten/eine gute Therapeutin zu finden.
Wie Sie sich auch entscheiden mögen, ich bewundere Sie dafür, wie ernst Sie Ihr Eheversprechen und die Bedürfnisse Ihrer Kinder nehmen in einer Zeit, in der viele Menschen schon längst auseinandergegangen wären.
Bill Doherty

Gewinnen Sie vor einer unnötigen Scheidung Ihre Ehe wieder zurück

Wenn es zu einer unnötigen Scheidung kommt, ist es meistens keinem der beiden Partner gelungen, die Führung zu übernehmen. Im Fall von Jakob und Roxana wollte eigentlich keiner die

Scheidung, aber auch keiner wollte offen davon abhalten. Jeder hoffte, der andere werde sie absagen. In anderen Fällen beklagen sich die Partner häufig über ein Problem, unternehmen aber nur wenig mehr dagegen als zu nörgeln, und gelegentlich wütend zu werden. Sie streiten sich darüber, wer vor allem die Schuld hat. Keiner wagt sich vor und sagt, unsere Ehe ist in Gefahr und wir sollten lieber etwas unternehmen, um sie zu erhalten.

Stehen Sie kurz vor einer unnötigen Scheidung?

Wenn die Vorstellung von einer Scheidung den Bereich «bei uns könnte es das nicht geben» verlässt und in die Richtung «möglicherweise ist es das, was ich tun muss» schleicht, entwickelt dieser Gedanke häufig eine verhängnisvolle Eigendynamik. Wenn Sie diesen Punkt erreicht haben, können der Schmerz und die Angst, die Sie erleben, unglücklicherweise schon ausreichen, um Ihre Realitätswahrnehmung und Ihr Urteil über den günstigsten Handlungsverlauf in Ihrem eigenen Interesse und dem Ihrer Ehe zu trüben. Manche Paare nehmen die Warnzeichen so lange nicht ernst, bis sie plötzlich das Gefühl haben, es sei schon zu spät. Wenn mehr als drei der folgenden Feststellungen auf Sie zutreffen, lassen Sie besser alles liegen und stehen und geloben Sie auf der Stelle, jede Entscheidung oder jeden Schritt zur Auflösung Ihrer Ehe so lange aufzuschieben, bis Sie wirksame Hilfe gefunden haben.

1. Sie fangen an zu behaupten, dass Sie und Ihr Ehepartner/Ihre Ehepartnerin sich nie geliebt haben, und doch sagen Ihre Freunde und Ihre Familie, dass Sie ganz verrückt nacheinander waren, als Sie heirateten.

2. Sie behaupten, Ihr Partner/Ihre Partnerin beachte Sie nicht und gebe sich keine Mühe, um mit Ihnen Zeit zu verbringen, und doch haben Sie immer viel zu tun – Arbeit, die Sie mit nach Hause nehmen, gemeinnützige Tätigkeit, Essen und Trinken mit Freunden, Helfen bei den Hausaufgaben Ihrer Kinder – an jedem Abend der Woche.

3. Im Augenblick befassen Sie sich zwar meist mit den Schwächen Ihres Partners/Ihrer Partnerin, doch wenn Sie dazu gedrängt würden zu beschreiben, welch ein Menschentyp Ihr Partner/Ihre Partnerin ist, würden Sie Eigenschaften wie «rechtschaffen», «zuverlässig», «verantwortungsbewusst» und «freundlich» nennen.

4. Sie sagen, Ihr Partner sei kein guter Ehegefährte, kann aber ein guter Vater/eine gute Mutter sein. Sie schließen die Möglichkeit aus, dass jemand, der ein guter Vater/eine gute Mutter sein kann, auch lernen könnte, ein guter Ehepartner zu sein.

5. Sie fangen mit Ihrer üblichen langen Klagelitanei über Ihre Ehe bei Ihrer Mutter oder einem Freund an, doch zum ersten Mal ist die Antwort: «Vielleicht wäre es für Dich ja richtig an Scheidung zu denken», und Sie fühlen sich sprachlos, und gleichzeitig überrascht es Sie auch, dass Sie etwas verletzt sind.

6. Sie sagen, Sie haben Ihren Entschluss gefasst «damit Schluss zu machen» und Ihr Leben weiterzuleben, doch Sie haben Termine für eine Erstberatung beim Scheidungsanwalt abgesagt.

7. Sie erklären ständig, Sie wollten alles mit Ihrem Ehemann klären, aber Ihre früher harmlosen Phantasien über einen möglichen Seitensprung beginnen in Wirklichkeit Gestalt zu gewinnen – ein Arbeitskollege lädt Sie zum Mittagessen ein, ein E-Mail-Partner fängt einen Flirt an, oder Sie

freuen sich, weil der Typ, mit dem Sie Tennis spielen, sich scheiden lässt.

8. Sie sagen, Sie sehnen sich nach emotionaler Nähe, aber wenn Ihr Partner nicht verfügbar ist, sehen Sie fern statt eine Freundin anzurufen. Vielleicht sind Sie auch nicht gerade jemand, der Intimität sucht.

9. Sie haben das Gefühl, Sie hätten schon alles versucht, und zweifeln daran, dass es irgendwann einmal besser wird, selbst wenn Sie wissen, dass Ihr Partner sich ändern will.

10. Sie wissen, dass es Ihnen jetzt oder in der Zukunft schwer fallen wird, Ihren Kindern zu erklären, weshalb Sie nicht verheiratet geblieben sind. Sie sind nicht sicher, ob das Beenden Ihres augenblicklichen Kummers die späteren Schmerzen Ihrer Kinder rechtfertigt.

Befragungen in den Vereinigten Staaten und Australien haben ergeben, dass 40 % der Geschiedenen ihre Scheidung bedauern und dass eine große Mehrheit Geschiedener annimmt, der eine oder der andere von ihnen hätte viel mehr zur Rettung der Ehe tun können. Die Fachleute sagen uns auch, dass es bei Scheidungen üblicherweise Partner gibt, die verlassen und Partner, die verlassen werden. Nur selten sind beide Parteien gleichzeitig auf derselben Seite. Bei unnötigen Scheidungen tragen vielleicht beide die Verantwortung dafür, dass sie es nicht fertig gebracht haben, die Führung zu übernehmen. Der/die Verlassende legt für gewöhnlich nicht sein/ihr Ausmaß an Unzufriedenheit offen, um nicht Öl ins Feuer zu gießen, und aus der Überzeugung heraus, dass nichts verändert werden kann. Der/die Verlassene zieht es im Allgemeinen vor, den Kopf tief in den Sand zu stecken, aus denselben Gründen. Es ist schwierig, jeden Tag in einer Ehekrise zu leben und deshalb, abgesehen von den Auseinandersetzungen, die gelegentlich aufbrechen, bewahren die meisten von uns Stillschweigen über unsere ehelichen Sorgen. Aber das bedeutet, dass niemand das Eheproblem beim Namen nennt und als Fürsprecher für die Beziehung auftritt. Zwei Verbraucher, keiner, der die Führung übernimmt.

Was meine ich mit einer Führung für eine Ehe? Es ist etwas anderes, als wenn Sie um Ihre eigenen Bedürfnisse streiten, obwohl das auch eine Form der Führung sein kann. Es ist ein Kampf um Ihre Ehe, für das «Wir». Wie es mein Kollege Harry Hargrave nennt, hat jede Ehe ein Du, ein Ich und ein Wir. Die meisten Auseinandersetzungen zwischen den Ehepartnern gehen um das Du und das Ich – wer setzt sich mehr durch und wer bekommt mehr von dem, was er will. In einer Konsumenten-Ehe wird von mir erwartet, dass ich für mich selbst sorge. In einer Menge von Büchern über die Ehe wird dies vertreten. Der Grundgedanke ist folgender, wenn du dich um deine Bedürfnisse kümmerst und ich mich um meine und wir beide uns auf diese Art von Kommunikation verstehen, dann wird alles gut gehen. Wie ich bereits gesagt habe, ist es in der Ehe wichtig, für sich selbst zu sorgen, aber das reicht noch nicht aus. Wenn am Ende unser Kanu auf einer Sandbank aufläuft und stecken bleibt, muss einer von uns um unseretwillen, um der Ehe willen, vielleicht kräftiger anschieben. Das ist Führung in einer Ehe.

In den besten Ehen sind beide Führer, wenn auch manchmal zu unterschiedlichen Zeiten. Doch was ich eigentlich damit sagen will: Jeder der Partner ist persönlich dafür verantwortlich, einen Weg zurück vom Abgrund zu finden, wenn die Ehe in Gefahr ist. Hat Ihr Partner den Mut verloren, was oft vorkommt, wenn es mit einer Ehe den Bach runtergeht, dann übernehmen Sie und ergreifen Sie die Initiative. Wenn Sie auf eine gemeinsame Initiative warten wollen, könnte es möglicherweise nie dazu kommen. Sollte Ihr Partner zeitweilig ein Ruder fallen lassen, müssen Sie für eine Weile allein steuern.

Als Monika, die Frau, deren Mann die Affäre hatte und sich scheiden lassen wollte (wir haben über sie im letzten Kapitel gesprochen), sich einem emotional zusammengebrochenen Ehemann und einem unterminierenden Therapeuten gegenüber sah, setzte sie sich durch, indem sie sagte: «Also jetzt mal langsam. Ich gebe diese Ehe nicht auf. Ich lasse für meinen Mann die Tür offen. Ich werde ihm zeigen, dass ich mich schrecklich verletzt fühle, doch ich will unsere Ehe retten. Ich werde ihn jetzt auch nicht mit all meinem Ärger überschütten, denn das wäre nicht konstruktiv. Ich werde nach einem fähigeren Therapeuten suchen.» Das ist mutige Führung in der Ehe.

Fred hatte seine Ehe dadurch aufs Spiel gesetzt, dass er seine Frau wiederholt darüber belogen hatte, dass er die gemeinsame Kreditkarte zu pornographischen Telefonaten verwendet hatte. Er machte eine Einzeltherapie, und zu mir kam das Ehepaar zur Paartherapie. Das Problem lag natürlich tiefer als Pornographie und Lügen. Angela, seine Frau, sah dies als Beispiele für sein anhaltendes, mangelndes Verantwortungsgefühl in dieser Ehe an, in der sie sich wie die einzige Erwachsene vorkam. Sie selbst geriet leicht in Wut und sah ihren Anteil an den Problemen nicht richtig ein. Eines Tages, bei einem Wutanfall nach einem Streit, erklärte sie die Ehe für beendet und verlangte, Fred solle ausziehen. (Sie hatten zwei Kinder im Schulalter.) Ich sah sie während einer Therapiesitzung wegen des akuten Notfalls. Obwohl sie sich zu diesem Zeitpunkt beruhigt hatte, war Angela noch immer zur Trennung entschlossen. Sie hatte die Anstrengung satt und beurteilte eine Veränderung als wenig wahrscheinlich, wie sie sagte.

Fred trat zum ersten Mal entschieden auf. Er sagte, er werde nicht ausziehen, weil er glaubte, die Ehe sei noch zu retten, er könne sich wieder fangen, die Kinder brauchten eine intakte Familie und Angela treffe eine falsche Entscheidung, der er nicht zustimmen werde. Angela bestand wieder darauf, dass er bis zum Wochenende ausgezogen sein müsse, und er wiederholte erneut, dass er nicht gehen sondern bleiben werde, um ihr zu beweisen, dass er ein verantwortungsbewusster, liebevoller Ehemann sein könne. (Er wusste, dass es Wochen dauern würde, bis Angela ihn auf legale Weise zum Verlassen zwingen könnte, da kein Missbrauch in der Ehe vorgefallen war.) Nach einem Monat änderte Angela ihre Meinung. Sie hatten sich vom Rande einer Scheidung zurückbewegt, teilweise weil Fred vielleicht zum ersten Mal in ihrem gemeinsamen Leben in ihrer Ehe die Führung übernommen hatte. Sie arbeiteten weiter an der Wiederherstellung ihrer Ehe.

Hier sind einige Vorgehensweisen, mit denen Sie für Ihre Ehe eintreten können, wenn sie gefährdet ist, entweder in den ersten Phasen eines Zusammenbruchs oder in der bedrohlicheren Phase einer herannahenden Scheidung.

- Sprechen Sie über das Gute in Ihrer Ehe, nicht nur über Ihr eigenes Wohlergehen. Statt nur zu sagen: «Ich habe es nötig, dass du mir mehr zuhörst und du tust es nicht», können Sie noch hinzufügen: «Ich kann schon verstehen, dass es dir schwer fällt, wenn ich mich darüber so aufrege. Das ist für unsere Ehe nicht gut.»

  Nehmen Sie sich eine persönliche, einseitige Veränderung zu Gunsten Ihrer Ehe vor. Manche Paare lassen sich scheiden, weil sie sich mit der Frage, wer sich zuerst ändern soll, blockieren. Sollte der Verfolger zuerst aufhören zu verfolgen oder sollte der Distanzierer zuerst aufhören zu fliehen? Einer von beiden muss anfangen; am besten sagt er dem anderen, was und warum er es tut, so dass beide wissen, was vor sich geht. Das Buch meiner Kollegin Michele Weiner-Davis *Divorce Busting (Scheidungen platzen lassen)* ist die beste Anleitung, die ich kenne, um persönliche Veränderungen zur Rettung einer Ehe durchzuführen.

- Fragen Sie sich selbst, ob Sie von Ihrem Partner die Erfüllung all Ihrer Bedürfnisse erwarten und ob Sie die Tatsache ertragen können, dass Sie sich manche Ihrer Wünsche auch an anderer Stelle erfüllen lassen müssen. Ich meine hier nicht Ihr Bedürfnis nach persönlicher Sicherheit und Freiheit von emotionalem Missbrauch, sondern die lange

Liste persönlicher Bedürfnisse, die uns kein menschliches Wesen erfüllen kann.

- Sollten Sie wegen eines schon länger bestehenden Problems sehr ärgerlich oder enttäuscht über Ihren Partner sein, fragen Sie sich, ob es zu einem Abbruch Ihrer Ehe führt, wenn sich nichts ändert. Die häufigen Affären eines Partners könnten in diese Kategorie fallen oder eine sich wiederholende Reihe von Vorfällen mit feindlichem und erniedrigendem Verhalten Ihren Kindern gegenüber nach einer Wiederverheiratung. Aber wenn das Problem, was am wahrscheinlichsten ist, Sie nicht dazu bringen würde, die Ehe aufzugeben, selbst wenn es unlösbar sein sollte, dann sagen Sie das auch. Geben Sie Ihrem Partner/Ihrer Partnerin zu verstehen, dass dieses Problem zwar nicht Ihr Ehegelübde erschüttert, Ihnen aber trotzdem Schmerzen verursacht und Sie es lösen wollen. Die Vorteile einer solchen Klarstellung sind zweifach: Sie räumt Unsicherheiten aus, die Ihr Partner möglicherweise über Ihre Absichten hegt und sie kann verhindern, dass sich Ihr Partner beim Streit darüber mit dem Rücken zur Wand verteidigen muss.

- Sollte Ihr Partner das «S-Wort» (Scheidung) bei einer Auseinandersetzung gebrauchen, sagen Sie eindeutig, dass Sie keine Scheidung wollen, dass für Sie eine Scheidung nicht in Frage kommt und Sie alles zum Gelingen Ihrer Ehe beitragen wollen. Sorgen Sie für eine gemeinsame Abmachung, dass keiner von Ihnen dieses Wort im Streit gebraucht, denn es dominiert das Gespräch und kann eine Eigendynamik entwickeln.

- Bestehen Sie darauf, dass Sie sich beide zusammen helfen lassen. Das kann in der Form von Eheschulungskursen geschehen oder durch Meditationserfahrungen, wie etwa bei Einkehrtagen oder einer Ehetherapie bei einem Therapeuten, der Ihre Ehe stützen will. Akzeptieren Sie es nicht, wenn Ihr Partner «nein» dazu sagt. Keine Hilfe in Anspruch nehmen, wenn es mit der Ehe abwärts geht, ist eine ähnliche Form von Verantwortungslosigkeit wie eine mangelhafte medizinische Versorgung, wenn ein Familienmitglied ernsthaft erkrankt ist. Sollte sich Ihr Partner aber endgültig weigern mitzumachen, suchen Sie sich selbst Hilfe bei jemand, der Ihre Ehe erhalten will und immer wieder Ihren Partner/Ihre Partnerin dazu einlädt.

- Wenn Ihr Partner von Ihnen verlangt, Sie sollten ausziehen, Sie aber die Ehe retten und sich wirklich ändern wollen, dann weigern Sie sich. Sagen Sie, sie seien entschlossen, die Ehe zu retten, und werden einer Trennung nicht zustimmen. Ist aber von Ihnen Missbrauch verübt worden oder hat Ihr Partner/Ihre Partnerin Angst vor Ihnen, sollten Sie ausziehen, wenn Sie dazu aufgefordert werden, und weiter aus sicherem Abstand an Ihrer Ehe arbeiten.

- Selbst wenn Sie getrennt leben, können Sie sich immer noch um Ihre Ehe bemühen, indem Sie sich selbst weiterentwickeln. Nehmen Sie die Trennung als Weckruf, um ein besserer Mensch zu werden und der Mensch, den Ihre Ehe braucht. Ich erinnere mich dabei an eine Frau, die entschlossen war, ein gesünderer, selbstsicherer Mensch zu werden, nachdem ihr Mann sie verlassen hatte; sie entwickelte sich tatsächlich gleichzeitig mit seinem Beklagen darüber, was aus ihr geworden sei.

Er war erstaunt über ihre Veränderungen, begeisterte sich für die neue Person, zu der sie sich gewandelt hatte und zog wieder zu ihr.

Um eine unnötige Scheidung zu vermeiden, genügt es nicht, mit einem Liebesversprechen anzufangen, nicht einmal mit einem religiös gegründeten Gelöbnis. Wenn die Hälfte aller neu geschlossenen Ehen mit einer Scheidung endet, dann kommen viele Scheidungen auch bei Menschen vor, die von ganzem Herzen und gestützt auf religiöse Überzeugungen das Ehegelöbnis eingegangen sind. Auf den Schlachtfeldern der Scheidung bleiben viele Paare, die mit Liebe, Verantwortungsgefühl und guten Vorsätzen angefangen haben. Wenn die Belastungen und die Unzufriedenheit wachsen, ist Führung in der Ehe für ihr Bestehen nötig.

Die Führung in der Ehe ist heute umso wichtiger, weil die Umwelt nicht mehr so stark auf den Zusammenhalt einer Ehe einwirkt. Früher war es so, dass die Menschen lange genug unter dem sozialen Druck standen zusammenzubleiben, bis sie ihre Probleme gelöst hatten, oder zumindest nicht wegen der kleineren Schwierigkeiten auseinander gingen. (Unter dem sozialen Druck wurden allerdings auch manche zerstörerischen Ehen zusammengehalten.) Religionen, in denen Scheidungen verurteilt werden oder sehr hohe Schranken überwunden werden müssen, um sie zu rechtfertigen, bieten gewöhnlich Paaren in Schwierigkeiten von außen Hilfen für ihre Ehe an. In eng zusammenlebenden Gemeinschaften können auch Mitglieder des Ältestenrats einschreiten, wenn ein Paar in der Öffentlichkeit Anzeichen von Uneinigkeit und Instabilität bietet. Heute erwartet man Hilfe von den Therapeuten, doch wie bereits besprochen, kann man nicht notwendigerweise darauf zählen. Und Familienmitglieder und Freunde scheuen sich oft, in Ihre «Privatsphäre» einzudringen.

Wir müssen diese Isolierung von Ehepaaren in einer Krise verändern, doch in der Zwischenzeit sollte die Führung, die eine unnötige Scheidung vermeiden kann, für gewöhnlich aus der Ehe selbst kommen. Es liegt an Ihnen und Ihrem Partner/Ihrer Partnerin, all Ihre Klugheit, Weisheit und Geschicklichkeit zusammenzunehmen und die Gefahr abzuwenden, damit Sie Ihre Ehe wieder zurückgewinnen. Die Schritte, die zu einer Scheidung führen, aufzuhalten ist nur der Anfang einer Wiedererholung, ebenso wie man ein gestrandetes Boot wieder flott macht. Sie müssen immer noch die schwere Arbeit des Ruderns auf sich nehmen, die bedeutet, dass Sie sich um jeden Preis gebunden fühlen und gezielt Möglichkeiten suchen, einander näher zu kommen und eine Gruppe von Menschen zu finden, denen Ihre Ehe am Herzen liegt. Das ist das, was wir uns für den weiteren Verlauf dieses Buches vorgenommen haben.

Kapitel 8

Die bewusst gelebte Ehe

Rituale, um im Alltagsleben emotionale Nähe zu gestalten

Die größte Bedrohung für gute Ehen ist der Alltag. Das könnte für Sie merkwürdig klingen. Ich meine damit, dass wir uns in dem täglichen Hin und Her abhanden kommen. Wir verbringen den Hauptanteil unserer Zeit zu Hause damit, den Haushalt zu führen, die Kinder zu versorgen und mit Einzelaktivitäten wie Fernsehen oder Arbeit. Besonders die Geburt von Kindern scheint die Zeit für Privatgespräche zwischen den Partnern zu beschneiden, und selbst die Zeit, über die wir verfügen können, wird von logistischen Gesprächen über Zeitpläne und Haushaltspflichten dominiert. Im besten Fall fühlen wir uns wie erfolgreiche Managerkollegen in unserem Familieunternehmen. Schlimmstenfalls fühlen wir uns wie sich nachts begegnende Schiffe. Wenn die Kinder aus dem Haus gehen, wissen wir vielleicht gar nicht mehr, wie man sich auch noch anders zueinander verhalten kann.

Aber es muss nicht so laufen. Der Schlüssel zum Gestalten einer persönlichen und nicht nur logistischen Ehe ist, bewusst die Näherituale des Alltagslebens wahrzunehmen. Wenn dies mehr Paaren gelingen würde, wären meiner Überzeugung nach viele Scheidungsanwälte und Ehetherapeuten arbeitslos. Und dies zu tun liegt in unser aller Reichweite, welchen Familienhintergrund, persönliche Schwierigkeiten oder aus der Vergangenheit mitgebrachte Eheprobleme wir auch haben mögen.

Was sind Eherituale?

Rituale sind soziale Interaktionen, die wiederholt, koordiniert und von Bedeutung sind. Das ist die klassische anthropologische Definition. Es kann sich dabei um alltägliche Vorgänge handeln, oder es können einmal im Jahr stattfindende Feiern sein. Sie sind auf bestimmte Weise geregelt. Sie müssen wissen, was von Ihnen bei einem Ritual erwartet wird; Sie können kein festes Essensritual zusammen besitzen, wenn Sie nicht wissen, wann Sie dazu erscheinen müssen, und Sie können nicht miteinander tanzen, wenn Sie nicht wissen, um welchen Tanz es geht. Sie werden auch kein intensives Sexualleben haben, wenn Sie sich nicht beide am gleichen Ort zur gleichen Zeit einfinden. Rituale werden nicht nur wiederholt, sie sind koordiniert, sie haben auch eine Bedeutung. Ein Ritual ist etwas von positiver emotionaler Bedeutung für beide Teile.

Dieses Moment der Bedeutung ist es auch, das ein Ritual von bloßer Routine unterscheidet. Eheliche Routine findet immer wieder auf koordinierte Weise statt, aber sie ist nicht von großer gefühlsmäßiger Bedeutung. Sie können als Paar zusammen jeden Abend essen, während der eine fernsieht und der andere die Zeitung liest. Dies ist vermutlich Routine, denn es fehlt die emotionale Bedeutung. Natürlich kann die Routine des einen Paars das Ritual eines anderen Paars darstellen. Ich habe eine Freundin, die ebenso wie ihr Mann sehr beschäftigt ist (ihre Kinder sind erwachsen). Sie erzählte mir von der banalen Sache, die sie jeden Samstag mit ihrem Mann unternimmt und die ihr dabei hilft, sich ihm nahe zu fühlen: Sie gehen Einkaufen. Für sie ist es ein Ritual, um Verbindung miteinander aufzunehmen. Wollten sie ihre Einkäufe auf die praktischste Weise machen, würden sie sich dabei aufteilen, oder etwa nicht? Wie verstehen Sie das? Bei Ritualen geht es nicht um Effizienz; sie dienen dazu, emotionale Verbundenheit entstehen zu lassen. Also erledigen meine Freundin und ihr Mann zusammen die Einkäufe und unterhalten sich die ganze Zeit dabei.

Nachdem wir jetzt erklärt haben, was ein Eheritual ist, lassen Sie mich verschiedene Typen davon vorstellen. Rituale der emotionalen Verbundenheit, die jetzt im Zentrum unserer Aufmerksamkeit stehen, sind Rituale des Alltagslebens, durch die Ehepartner Zeit und Aufmerksamkeit füreinander teilen. Sie sind häufig beiläufig, im Gegensatz zu den intensiven, ebenso wie auch tröstende Rituale im Gegensatz zu den eher glanzvollen Ritualen stehen. Die Verbundenheitsrituale sind an der Basis der Ehepyramide angesiedelt, gleich oberhalb des Verantwortungsgefühls. Zwei andere Formen von Eheritualen sind die Liebesrituale und solche zu besonderen Festen. Wir werden die beiden anderen später behandeln. Liebesrituale sind intimere Interaktionen als die Verbundenheitsrituale; sie sind Möglichkeiten, in denen Paare ihre tiefe Zärtlichkeit und Leidenschaft füreinander ausdrücken können. Ein wichtiges Ritual zu einem besonderen Anlass in einer Ehe ist der Hochzeitstag, doch es gibt auch andere Möglichkeiten für Paare, wichtige Zeiten in ihrem gemeinsamen Leben zu feiern.

Verbundenheitsrituale in der Ehe

Fast alles kann zu einem Verbundenheitsritual werden, solange die Beziehung im Mittelpunkt steht. Manche Paare bleiben dadurch in Verbindung, dass sie mehrfach am Tag miteinander telefonieren. Es ist aber erst dann ein Ritual, wenn es beide als einen Augenblick der Verbundenheit ansehen. Wenn nur der eine gerne anruft und der andere sagt: «Hm,hm, g'rad' keine

Zeit, ich ruf' später zurück», dann ist es kein Ritual, denn es ist nicht koordiniert – und in emotionaler Hinsicht hat es wahrscheinlich auch keine Bedeutung. Denn der sich wiederholende Kreis des Verfolgens und Sich-Entziehens tötet Rituale; beide Partner müssen gleichermaßen dabei sein.

Beispiele für Verbundenheitsrituale sind u. a. Verabschiedungen, bevor man zur Arbeit geht, Begrüßungen am Abend, miteinander zum Kaffee-Trinken zu gehen und sich dabei zu unterhalten. Ich habe mit einer Frau gesprochen, die mir erzählte, dass ihr Mann und sie sich jeden Morgen mit einem «ich liebe Dich» verabschiedeten, denn sie wüssten ja nie, ob sie sich wiedersehen würden. Zusammen im Garten zu arbeiten kann ein Verbundenheitsritual sein. Ich geißele zwar die Auswirkungen des Fernsehens auf die Ehe, doch kenne ich ein Paar, das sich manchmal abwechselt, um sich bei einer Lieblingsserie im Fernsehen gegenseitig den Rücken zu massieren, einer sitzt dabei auf dem Boden und der andere auf dem Sofa.

Während wir detaillierter auf Eherituale eingehen werden, die Verbundenheit ausdrücken, möchte ich gerne, dass Sie an Ihre eigenen Rituale denken, da ich manche Rituale auch aus meiner eigenen Ehe und aus Ehen anderer preisgebe. Denken Sie daran: Damit es ein Ritual ist, muss es wiederholt, koordiniert und für Sie beide bedeutungsvoll sein. Es kann etwas Kleines oder etwas Großes sein.

Ich werde mit den Begrüßungsritualen in meiner eigenen Familie anfangen. Ich weiß nicht mehr, welches Begrüßungsritual Leah und ich hatten, bevor wir Kinder hatten. Ich weiß aber, dass es irgendwann damit bergab ging. Am Ende eines Tages begrüssten wir uns vielleicht so: «Hallo. Eric hat sich übergeben und Betty benahm sich abscheulich.» Oder: «Hast Du daran gedacht die Garagentür zuzumachen?» Das ist die Begrüßung von der Liebe Deines Lebens! Viele von uns begrüßen ihre Arbeitskollegen persönlicher und mit größerer Begeisterung. Leah und ich erkannten, dass diese Art von Begrüßungsroutine für uns nicht mehr stimmte und wir entschlossen uns zu einem radikalen Schritt: «Hallo, Liebste/Liebster. Wie geht's Dir?» mit einer Umarmung und einem Kuss. Ganz schön radikal, hm? Wie ein Liebespaar. Sie haben es hier zuerst gehört und ich habe es mir patentieren lassen. Sie müssen uns jedes Mal, wenn Sie das auch machen, 50 Cents bezahlen.

Ich fragte einmal ein Paar, das bei mir in Therapie war, nach ihrem Begrüßungsritual. Karen war für gewöhnlich als erste zu Hause und arbeitete in der Küche. Die vier Kinder und der große Hund, ein Golden Retriever, waren woanders im Haus. Und so war es meistens: Der Mann, Ronnie, kommt herein, zuerst begrüßt vom Hund, voller Begeisterung und einer großen Demonstration von Zärtlichkeit. Hunde haben Sinn für Rituale. Sie sind beständig, liebevoll und aufgeregt, wenn sie Sie sehen. Die Stundenzahl der eigenen Abwesenheit können Sie an der Intensität ihres Begrüßungsrituals ablesen. Ronnie kommt also zur Tür herein, wird vom Golden Retriever begrüßt und als nächstes von den Kindern, mit Umarmungen für die Kinder Nummer eins, zwei, drei und vier. Und dann geht er ins Schlafzimmer um sich umzuziehen und ein bisschen auszuruhen. Karen bleibt in der Küche. Irgendwann in den nächsten 20 Minuten schlendert Ronnie in die Küche und die ersten Worte, die von dem einen oder dem anderen geäußert werden, sind so etwas wie: «Leo hat heute Abend ein Konzert, also müssen wir uns mit dem Abendessen beeilen.»

Ich fragte Karen und Ronnie, wie sie sich als Jungverheiratete begrüßt hatten. Mit schüchternem Lächeln gestanden sie, dass es: «Hallo, Liebste/Liebster, wie geht's Dir?» gewesen war, gefolgt von Umarmung, Küsschen und: «Wie war's heute bei dir?» Ich fragte sie, ob sie noch wissen, wann sich das verändert hatte. Keine Ahnung. Die meisten von uns ahnen nicht, wohin sich unsere Eherituale verflüchtigt haben. Rituale lösen sich ebenso allmählich auf, wie der Mississippi die Ufer abträgt.

Schließlich fragte ich Karen und Ronnie, ob sie bei ihrer Begrüßung bleiben oder sie ändern wollten. Wir verbrachten eine ganze Sitzung mit der Ausgestaltung der ersten 60 Sekunden nach Ronnies Heimkommen. Warum bestehe ich auf solch sorgfältigen Überlegungen, als gehe es um die Landverteilung bei einem Friedensvertrag? Ein Begrüßungsritual ist wie ein choreographierter Tanz, der nur dann klappt, wenn beide Partner die folgenden Fragen auf dieselbe Weise beantworten: Wer geht zuerst auf wen zu, wenn sie sich treffen? Wie möchten sie sich eigentlich begrüßen? Mit einem Körperkontakt? Besteht der Körperkontakt aus einer Umarmung? Einem Kuss? Wenn es ein Kuss ist, auf den Mund oder auf die Wange? Dieses Maß an Überlegung beim Wiederherstellen des Rituals ist wichtig. Oder die folgende Szene wird sich ergeben: Er kommt herein und erwartet, dass sie ihm entgegenkommt. Dabei erwartet sie, dass er zu ihr geht. Die Begrüßung findet nicht statt und die Kränkung wächst, weil sie sich doch vorgenommen hatten, ihr Begrüßungsritual zu ändern. Man muss sich entscheiden, wer den ersten Schritt beim Tanz tut.

Karen fand, dass eine Umarmung und ein Kuss auf die Wange für sie ausreichten. Wenn sie nicht den Mut hat zu sagen, was sie will und was nicht, dann entzieht sie sich, wenn er sie beim ersten Mal auf den Mund küsst. Und er sagt sich: «Was zum Kuckuck soll das bloß? Ich versuche, zärtlich zu sein, und sie weist mich zurück.» Und dann geht er nicht wieder auf sie zu.

Bei den verzwickten Ritualen des Ehelebens stecken sowohl der liebe Gott als auch der Teufel in den Details. Das ist auch der Grund, weshalb das Entwerfen guter Eherituale solch eine Kunst ist. Mit einiger Unterstützung entwickelten Karen und Ronnie ein einfaches Begrüßungsritual und fingen damit an zu lernen, wie sie ihre Ehe bewusst gestalten und versuchen können, das Gewebe ihrer Beziehung wieder Faden für Faden zu weben. Es fing damit an, dass er sie in der Küche suchte, wenn er heimkam. Sie umarmten sich und küssten sich gegenseitig auf die Wange und fragten sich, wie der Tag gewesen war. Nichts Außergewöhnliches, aber es verhalf ihnen dazu, sich wieder wie ein Ehepaar zu fühlen.

Ich machte einmal einen Workshop für Paare, bei dem ich über Begrüßungsrituale sprach und die Teilnehmer nach Beispielen aus ihrem eigenen Leben fragte. Eine der Teilnehmerinnen erzählte, sie hätten, wie Karen und Ronnie, einen Golden Retriever und Kinder. Vor einiger Zeit war ihnen die immer gleichbleibend intensive Begeisterung ihres Hundes beim Wiedersehen aufgefallen und sie beschlossen sich ein Begrüßungsritual auszudenken, das den Golden Retriever noch übertraf. Sie waren schließlich nicht mit dem Hund verheiratet. Was sie also jetzt tun, ist, dass sie aufeinander zustürzen, in die Luft springend mit den Armen rudern und voller Entzücken kreischen, etwa so : «Wuu!Wuuuu!» Ich ließ sie es vormachen. Dieses Ehepaar schlug alle Rekorde mit ihrer Begrüßung. Und sie machen es jeden Tag. Nun ist das ein einzigartiges Ritual, das nie auf meiner Liste der Top Ten erschienen wäre. Doch es ist wundervoll spielerisch. Und was, glauben Sie, bedeutet es für ihre Kinder, wenn sie das sehen? Unsere Kinder merken, wie wir uns begrüßen, ob mit dem Golden-Retriever-Manöver oder nur einem einfachen In-den-Arm-Nehmen, einem Kuss und dem Ausdruck von Freude, wenn wir wieder mit unserem Partner zusammenkommen.

Gesprächsrituale

Lassen Sie uns jetzt Gesprächsrituale behandeln, die eine wichtige Form eines alltäglichen Verbundenheitsrituals sind. In jedem Eheratgeber wird betont, wie wichtig die Zeit für Gespräche ist. Doch wenn ein verheiratetes Paar mit Kindern jeden Tag 15 Minuten lang ein nicht unterbrochenes, nicht die Haushaltsführung betreffendes, nicht problemlösendes Gespräch führt, würde ich es zu den obersten 5 % aller Ehepaare im Land rechnen. Es ist eine außergewöhnliche Leistung. Wenn ich das meinen Studenten sage, die meist noch nicht verheiratet sind, können sie es nicht glauben. Wenn wir miteinander ausgehen und uns ineinander verlieben, haben wir eine Unmenge Zeit, um zusammen zu sprechen. Mehr als Sex sind es unsere Gespräche, die machen, dass wir uns gegenseitig anziehend finden und uns verlieben und heiraten wollen. Wenn wir verheiratet sind oder zusammenleben und keine Kinder haben, ist immer noch genügend Zeit für gemeinsame Gespräche, aber auch dann beginnt unsere Zeit zu schwinden wegen des Fernsehens, des Internets, der Zeitung und des üblichen Haushaltsprogramms. Wenn wir dann erst Kinder haben, geht es mit der Zeit für persönliche Gespräche schnell abwärts. Sie werden mit Kindern überhaupt keine Zeit mehr dafür haben, wenn Sie es nicht ritualisieren. Etwas um 11 Uhr abends zu murmeln, wenn Sie erschöpft sind, zählt nicht als Ritual.

Ich habe bereits ein Gesprächsritual erwähnt, das Leah und ich einführten, als unser jüngstes Kind vier war. Nach dem Abendessen machten wir die Küche fertig, gaben den Kindern ihren Nachtisch, fingen mit dem Kaffee an und dann schickten wir die Kinder zum Spielen. Wir brachten ihnen bei, uns in Ruhe zu lassen, während wir den Kaffee tranken, damit wir sprechen konnten. Wir baten sie, uns nicht zu unterbrechen, solange nicht das Haus brennt, und da könnten sie 012 wählen und uns dann erst Bescheid geben. Dieses Ritual gab uns dann ungefähr 15 Minuten jeden Tag, um unter vier Augen miteinander zu sprechen. Wir machen das noch jeden Tag, selbst wenn die Kinder aus dem Haus sind (meistens).

Phasen eines Eherituals

Unser tägliches Gesprächsritual hat wie alle Rituale drei Phasen. Zuerst kommt ein klarer Übergang. Anthropologen bezeichnen dies als den Übergang in den rituellen Raum. Es nützt einfach nichts, wenn man sagt: «Wir müssen für uns jeden Abend 15 Minuten Zeit finden.» Wird die Zeit nicht klar vorgegeben, dann fängt der eine damit zu einem unpassenden Zeitpunkt für den anderen an, beispielsweise, wenn der eine von Ihnen gerade die Wäsche macht oder seine E-Mails schreibt. Selbst wenn Sie eine Zeit festsetzen, sie aber nicht durch einen Übergangspunkt im Programm verankern (z. B. beim Frühstück, nach dem Abendessen oder beim Schlafengehen), wird immer einer der Partner hinter dem anderen her sein und ihn/sie daran erinnern, dass es nun die Zeit für Gemeinsamkeit ist. Wenn das eine Zeit lang so gegangen ist, sagt der Initiator/die Initiatorin schließllich: «Komisch, ich muss dich immer daran erinnern, dass es jetzt 8:30 ist und Zeit für unser Gespräch. Wie kommt's, dass du nicht in unser Gesprächsritual einsteigst?»

Stattdessen hat es sich bewährt, wenn man einen eindeutigen, regelmäßigen Übergangspunkt wählt, der an irgendeinen Vorgang geknüpft ist. Für uns war dies das Abendessen mit anschließendem Kaffee. Wenn natürlich einer von uns gleich nach dem Abendessen gehen muss, findet das Ritual nicht statt, aber wir registrieren es immer als Ausnahme. Eine der Möglichkeiten zu erkennen, wie gefestigt Ihr Ritual ist, besteht darin, dass die Tatsache erwähnt wird, wenn Sie es aus einem bestimmten Grund nicht durchführen können. Wenn Sie es dagegen wortlos überspringen, drücken Sie damit aus, dass es nicht wichtig ist.

Die erste Phase eines Rituals ist also der Übergang in den rituellen Raum. Die zweite ist die Durchführungsphase, in der Sie tatsächlich die rituelle Handlung durchführen, in diesem Fall das Gespräch. Hierbei entwickelten Leah und ich die folgenden Grundregeln: keine Haushaltsfragen, wie etwa, wer die Gasrechnung bezahlt hat; keine Problemlösungsgespräche, wie etwa, was müssen wir wegen der undichten Dachrinnen am Haus unternehmen; und keine Konfliktgespräche, wie etwa: «Jetzt, wo Du endlich einmal zuhörst, möchte ich dir nur sagen, wie sehr ich über das gekränkt war, was Du gestern gesagt hast.» Wenn Sie über technische Dinge reden, stellen Sie auf der emotionalen Ebene keine Verbindung her, wozu also ein Ritual? Und wenn Sie zu viel über offen stehende Probleme sprechen, ist das wie Arbeit. Und wenn Konflikte in Ihrem Gespräch thematisiert werden, dann wird einer von Ihnen oder beide das Gesprächsritual scheuen, weil Sie sich vielleicht nicht im Stande fühlen, so intensiv an Ihrer Beziehung zu arbeiten.

In Wirklichkeit ist die Vermeidung unnötiger Konflikte eine wichtige Grundregel für alle Rituale in der Ehe und der Familie. (Fast alle Konfliktthemen können bis später warten.) Wenn Sie zu einer Verabredung gehen, bringen Sie keine unangenehmen Themen auf. Diskutieren Sie nicht Ihre Schwierigkeiten, wenn es Ihr Ziel ist, die Gesellschaft des anderen zu genießen. Als Erwachsene sind wir sicher in der Lage, Probleme zu umgehen. Wir besuchen immer unsere Verwandten und tun es dann auch, oder? Wir können uns vornehmen, 15 Minuten am Tag oder bei einer Verabredung nett zu unserem Partner zu sein, selbst wenn es uns umbringen sollte.

Was Leah und ich eigentlich bei unserem Gesprächsritual tun, ist ein Gefühls-Check-Up. Es ist ein «Wie geht's Dir?» «Wie war Dein Tag?» Es ist ein Einklinken. Kein Problemlösen, keine Alltagspflichten – nur Freunde zu sein, die das kurze Zwischenspiel eines persönlichen Gesprächs an jedem Tag ihres Ehelebens genießen.

Die dritte Phase eines Rituals nach dem Übergang und der Durchführung ist der Abschluss. Sie müssen deutlich und geordnet beim Beenden des Rituals vorgehen. Das Problem, das sich ergibt, wenn man sagt: «Ach, lass' uns mal zusammen sprechen», ist die Unsicherheit, wann es wieder zu Ende sein soll. Der eine ist gerade dabei warm geworden, wenn der andere schon wieder auf die Uhr sieht und sich zurückzieht. Sie geraten in das Verfolger-und-Sich-Entzieher Muster, wenn Sie nicht wissen, wann das Ritual sein Ende findet. Sind Sie ausgegangen und sitzen Sie in einem Restaurant, ist der Abschluss für gewöhnlich eindeutig, wenn der Kellner Ihnen die Rechnung präsentiert. Bei unserem Kaffeeritual dauert es ungefähr 15 Minuten, bis wir unseren vollen Becher mit Kaffee getrunken haben; wenn die Tassen leer sind, besteht mehr oder weniger die Bereitschaft aufzubrechen. Das ist ein eindeutiges Signal für die

Beendigung ohne die Notwendigkeit, darüber weiter verhandeln zu müssen. Jedes Mal darüber zu diskutieren, verträgt sich nicht mit dem Ritual, weil sich dadurch zu viel Anlass für eine Auseinandersetzung bietet, was wieder das Ritual schwächt.

Lassen Sie mich ein weiteres Ritual aus meiner Ehe vorstellen, eines, das wir nach unserem Umzug nach Minnesota vor 14 Jahren aufnahmen. Wie Sie vielleicht wissen, wird es in Minnesota kalt. Also kauften wir uns eine Heißwasserbadewanne, die wir draußen unter freiem Himmel aufstellten. Unser nächtliches Ritual seit 14 Jahren ist, dass wir etwa um 10 Uhr ins Bad gehen. Wir sitzen da, sehen zu den Sternen auf und unterhalten uns. Auch hier wieder nicht über das, was gemacht werden muss; sobald wir versuchten einen Konflikt zu besprechen, war es nicht gut.

Ich habe erst gemerkt, als Leah in den letzten Jahren anfing, ebenso oft zu verreisen wie ich, dass das Bad eheliche Verbundenheit repräsentiert und nicht nur ein individuelles Vergnügungsritual ist. Es fiel mir auf, dass ich keine Lust habe, das Bad so oft zu benutzen, wenn Leah verreist ist; es ist eine Gemeinschaftssache. Ein Streit über das Heißwannenritual verpasste mir eine andere Lehre darüber, welche Bedeutung es für uns hat. Vor mehreren Jahren begann der sehr ehrenwerte Herr Ritualfachmann damit, dass er sagte: «Ach, heute habe ich eigentlich keine Lust dazu.» Nachdem dies ein paar Mal vorgekommen war, äußerte Leah ihre Sorge, dass wir etwas aufgeben könnten, was gut für uns war. Wir diskutierten darüber, was das bedeuten könnte, ich auf der Seite des individuellen Rechts, als Anwalt des echten Gefühls, der Konsumentenhaltung, wenn Sie so wollen. Ich sagte: «Treten wir hier für eine feste Regel ein? Nimm' mal an, dass mir gar nicht nach dem heißen Bad zu Mute ist?» Es wurde mir bei dieser Diskussion klar, dass es bei der heißen Wanne um ein Eheritual ging, das gut für «uns» war, selbst wenn ich für mein Teil keine Lust dazu hatte. Wir gehen nicht in unsere Wanne, wenn wir lange ausgegangen waren oder Donner und Blitz und ein Schneesturm dazwischenkommen. Aber sonst führen wir meistens unser Heißwannenritual durch. Es ist Teil unserer Ehe.

Ich möchte zum Schluss noch ein Gesprächsritual erwähnen. Klienten von mir, ein Ehepaar, hatten sehr wenig Verbindung miteinander, wenige Auseinandersetzungen, doch wenig Kontakt. Die Frau kam meist so etwa um 8:30 abends nach Hause, und für gewöhnlich sprachen sie dann nicht mehr viel am Abend zusammen. Aber dann präsentierten sie das folgende Gesprächsritual. Wenn sie heimkam, ging er auf sie zu und begrüßte sie. Er setzte das Wasser für den Tee auf, während sie sich umzog. Und dannn ging sie immer ins Wohnzimmer; er brachte den Tee, und sie setzten sich hin und unterhielten sich. Können Sie erkennen, weshalb die Details des Rituals so wichtig sind? Es gab ein klares Zeichen für den Übergang: Sie kommt nach Hause, er begrüßt sie und dann fängt er mit dem Wasser an. Zur Durchführung bestand Übereinkunft über einen bestimmten Platz, einen Platz ohne viele Ablenkungsmöglichkeiten. (Sie hatten eine Tochter im Teenageralter, die gerne bereit war, sie allein zu lassen, nachdem die Mutter sie ein paar Minuten lang besucht hatte.) Die Ausgangsphase begann, wenn sie ihren Tee zu Ende getrunken hatten.

Dieses abendliche Ritual, mit dem sie Verbindung zueinander aufnahmen, führte sie zurück zu der Zeit, in der sie sich als verheiratetes Paar gefühlt hatten. Aber Sie wissen erst dann, wenn Sie es verlieren, dass Sie ein wirkliches Eheritual haben, und dann sollten Sie es wieder einführen. Rituale sind immer erosionsgefährdet wie die Ufer des Mississippi. Dies Paar machte Ferien und das Teeritual war dabei nicht durchführbar. Als sie wieder zu Hause waren, gelang es ihnen nicht, diese feste Gewohnheit wieder aufzunehmen; dann merkten sie, dass es ihnen fehlte – und sie setzten ihr Teestündchen wieder an die richtige Stelle. Sie werden ein Ritual immer wieder für einige Zeit verlieren; dann müssen Sie entscheiden, wie wichtig es Ihnen ist.

Die reiche Vielfalt der Rituale zur Partnerbindung

Vieles, was ich hier geschrieben habe, wurde von mir als Tischrede bei der *Smart Marriages Conference* im Juli 2000 gesagt. (Dies ist eine alljährliche Tagung zum Thema Ehe; Sponsor dafür ist der Zusammenschluss der Ehe-, Familien- und Paar-Beratungen – Smart Marriages.com.) Hinterher bat ich die Teilnehmer darum, ihre beliebtesten Eherituale zu schildern. Ich war verblüfft und inspiriert von der Kreativität, die mir aus dieser Gruppe entgegenkam und wahrscheinlich auch von anderen Gruppen, würden sie gleichermaßen dazu befragt. Zwei, die mir am besten gefallen haben, waren Verbindungsrituale. Andere bringe ich später. Hier sind sie mit den eigenen Worten der Paare und ihren Vornamen, wie sie von einer Kassette und einem Video aufgenommen wurden.

- Helene: Wir haben uns gegenseitig jeden Tag, 25 Jahre lang, einen Liebesbrief geschrieben. Wir haben keinen Tag ausgelassen, nicht einmal dann, als Joe am offenen Herzen operiert worden war. Und wir haben 18-19 000 davon in einem Schrank, und die Kinder werden sie eines Tages lesen, wenn wir nicht mehr sind. Wir schreiben sie nicht zu einer XYZ Zeit jeden Tag; doch wir tun es. Wir gehen nicht zu Bett, ohne diesen Liebesbrief geschrieben und darüber gesprochen zu haben,

- Johann: Einmal hat mir jemand gesagt: «Wenn du dieses Prinzip nicht willst (täglich einen Brief schreiben), bevor du zu Bett gehst, dann schiebe ihr doch einfach einen kleinen Zettel unters Kopfkissen und sage: 'Helene, ich hatte heute keine 10 Minuten, um dir einen Liebesbrief zu schreiben.'» Ich sagte: «Das kann ich nicht machen», und so habe ich es nicht gemacht.

Ihre Geschichte stimulierte einen anderen Ehemann, Hans, von dem Abendritual zu berichten, das er und seine Frau nutzten, um sich ihrer Nähe zu versichern:

- «Meine Frau Maria und ich duschen jeden Abend zusammen. Wir haben eine Dusche mit zwei getrennten Köpfen – Duschköpfen – und wir haben eine Art von Ritual in einem Ritual, denn jedes Mal, wenn ihr die Seife runterfällt, was häufig vorzukommen scheint, hebe ich sie immer auf für sie (*Gelächter und Applaus des Publikums*). Es ergeben sich Vorteile, wenn man die Seife aufhebt, auf die ich jetzt nicht näher eingehen will. Wenn wir fertig sind, umarme ich sie immer... Wir nennen das eine doppelbrüstige Umarmung und ich massiere ihren Rücken ein bisschen und sage ihr, dass ich sie liebe. Und ich wische die Fliesen ab und sie geht raus. Und dann gehen wir zusammen zu Bett (nebenbei gesagt, wie tragen dabei dasselbe wie unter der Dusche), und dann rollen wir uns immer so zusammen ein, dass ich ihren Rücken kurz, etwa zwei, drei, fünf Minuten reiben kann. Aber wir sagen uns immer, dass wir uns lieben, bevor wir ins Bett gehen.»

Manche Verbindungsrituale sind kurze, gesprochene Austausche, deren Bedeutung nur für das Paar selbst verständlich ist. Wenn man anderen davon erzählt, ist man vielleicht etwas peinlich berührt, weil sie einem lächerlich vorkommen, doch diese Äußerungen dienen als kleine Rituale, die das Paar einzigartig in der Welt machen. Ein Paar macht füreinander Tierlaute. Andere führen folgenden Dialog bevor sie einschlafen:

- «Ich bin Ben aus Chicago, und das ist meine schöne Braut Michaela, 43 Jahre verheiratet. Wir haben so etwas wie ein einigermaßen verdrehtes Zubettgeh-Ritual. Wenn wir das Licht ausgemacht haben, geh' ich zu ihr rüber(wir haben ein King-size-Bett, und ich suche mir meinen Weg rüber zu ihr), und wenn ich anfange, sie zu umarmen und

> all das, sagt sie: <Woher weißt Du denn, dass ich es bin?> Und immer antworte ich nur: <Niemand sonst würde so etwas Dummes fragen!»>

Ben brachte diese Geschichte mit einem reizenden Zwinkern vor und zum Amüsement seiner Braut

Möglichkeiten für den Alltag, damit Sie Ihre Ehe wieder zurückgewinnen

- Setzen Sie täglich eine Zeit für das gemeinsame Gespräch fest – nur ein Einklinken, ohne Diskussion über Geld, Kinder oder Haushaltspflichten.
- Führen Sie ein Begrüßungsritual ein, das ein Zeichen für diesen Augenblick setzt und für Sie beide von Bedeutung ist.
- Wenn Sie aufgehört haben, regelmäßig zusammen zu Bett zu gehen, fangen sie wieder damit an.
- Hinterlassen Sie Ihrem Partner eine zärtliche Notiz, die keinen praktischen Zweck hat.
- Fangen Sie wieder an, sich zu verabreden. Gehen Sie spontan miteinander aus oder planen Sie es noch in diesem Augenblick.
- Verbringen Sie mehr Zeit in Ruhe miteinander ohne laufenden Fernseher.
- Nehmen Sie den Fernseher aus Ihrem Schlafzimmer heraus.
- Achten Sie auf etwas an Ihrem Partner, das Ihnen gefällt, und sprechen Sie darüber.
- Unternehmen Sie morgen einen kleinen Schritt auf die Ehe zu, die Sie nächstes Jahr um diese Zeit gerne führen würden.

Abgesehen von den 18 000 Briefen und der Golden-Retriever-Begrüßung ist keines dieser Rituale etwas Außergewöhnliches. Die Ehepaare entwickelten sie meist aus dem Stegreif und machten dann weiter, indem sie absichtlich und unwandelbar daran festhielten. Unsere Rituale definieren uns als Paare. Ich lade Sie ein, über Ihre eigenen nachzudenken und Sie an die Smart Marriages.com-Website zu schicken.

Wenn Sie sich auf der anderen Seite schlecht fühlen, weil Sie nicht viele gute Verbindungsrituale in Ihrer Ehe haben, dann ermutige ich Sie, sich an andere Vorzüge in Bereichen Ihrer Ehe zu erinnern. Keine Ehe erreicht die Spitze der Hitparade in jeder Beziehung. Wenn Sie Ihre Ehe durch bessere Gemeinsamkeitsrituale aufpäppeln wollen, dann tauschen Sie sich darüber mit Ihrem Partner/Ihrer Partnerin aus. Im letzten Kapitel werde ich Strategien darlegen, mit denen Rituale Raum in Ihrem Leben finden und jene aufleben lassen können, über die Sie bereits verfügen. Lassen Sie uns in der Zwischenzeit von den Gemeinschaftsritualen, dem Butterbrot der Ehe, zu den Liebesritualen, der Würze, übergehen.

Kapitel 9

Die bewusst geführte Ehe

Liebesrituale

Menschen aus Kulturen mit arrangierten Ehen finden unser System mit «Liebesheiraten» eigenartig. Wir vertrauen diese höchst wichtige Entscheidung jungen Menschen an, die den Irrtümern der Verblendung verhaftet sind, statt weisere Erwachsene objektiver urteilen zu lassen. Dies sage ich, obwohl ich nie zu arrangierten Ehen zurückkehren möchte, doch trotzdem können wir auch etwas lernen, wenn wir die Fürsprecher dieser Art von Ehestiftung anhören: Wenn man eine Ehe mit einem Topf Wasser in unserem System vergleichen will, ist der Topf am Anfang der Ehe am heißesten und wird sich dann mit der Zeit zunehmend abkühlen; bei ihrem Vorgehen ist das Wasser anfangs kalt und es wird erwartungsgemäß mit der Zeit immer wärmer. Doch auch unsere Form von Heirat muss nicht in lebenslanger Abkühlung resultieren, wenn wir in all unseren Jahren Liebesrituale befolgen.

Hier ein Liebesritual, das Susanne mit ihren eigenen Worten auf der *Smart Marriages Conference* schilderte. Sie können über andere, ähnliche Rituale auf der Website SmartMarriages.com. nachlesen.

- «Mein Mann und ich sind seit 32 Jahren verheiratet. Wir haben drei Kinder. Nur eins der kleinen Dinge, die wir füreinander in den Jahren getan haben, ist die Rose, die mein Mann für mich kauft und sie dann irgendwo im Haus hinstellt, und ich weiß nicht, wo sie ist. Er sagt mir nicht, wann er es tut; er macht es zufällig. Es kann einmal in einem halben Jahr sein; es könnte auch alle paar Wochen sein... ich weiß es nicht. Er würde es mir nie sagen; er liest einfach Zeitung, aber wenn ich sie irgendwo im Haus finde, ist es sein <Ich liebe Dich> für mich. Wir machen das schon seit vielen Jahren. Sie hat immer eine andere Farbe, und ich weiß es nie vorher. Er sagt nichts, er wartet nur, dass ich sie finde. Von mir an ihn sind es Aufläufe. Einen Kuchen im Haus werde ich nicht los, aber mein Mann liebt Aufläufe. Wenn er also heimkommt und einen Auflauf findet, weiß er, dass er für ihn ist. Und wieder ist es nur eins von den Dingen über die Jahre, etwas Unausgesprochenes, aber wir wissen einfach, dass es unsere Weise ist zu sagen <Ich liebe Dich>.»

Ich nenne sie Liebesrituale, denn ihre wichtigste Aussage ist: «Ich liebe Dich und Du bist für mich etwas Besonderes». Die Liebesrituale von Susanne und ihrem Mann kommen ohne Worte aus, aber beide kennen ihre Bedeutung. Andere Rituale bestehen aus den Worten selbst. Gabriele und Robert erzählen von dem folgenden entzückenden Ritual, das sie mir und einer Gruppe bei der *Smart Marriages Conference* vorgemacht haben.

- Gabriele: Am Tag sehen wir uns gelegentlich und Robert sagt dann etwa zu mir... Robert: «Liebes, habe ich Dir schon gesagt, wie sehr ich Dich heute liebe?» Gabriele: Und ich sage dann: «Ich glaube nicht.» Robert: Ich liebe Dich so sehr.

Wenn ich diese Worte lese, überrascht es mich, wie schmalzig sie gedruckt klingen. Liebesrituale sind nicht für die Ohren Außenstehender gedacht und trotzdem kann es unsere Phantasie anregen sie zu hören. Hubert und Renate haben ihren eigenen Stil entwickelt, um bei ihrem täglichen Liebesritual über die Stränge zu schlagen. Sie schrieben das Folgende an die *Smart-Marriages.com-listserve*, nachdem ich Paare eingeladen hatte, ihre Liebesrituale einzuschicken:

- «Wenn wir zusammen sind und eine neue Stunde schlägt, sagt derjenige, der es zuerst merkt,'eine neue Stunde fängt an! Habe ich Dir in letzter Zeit gesagt, dass ich Dich liebe?' Es bringt immer ein Lächeln auf unsere Gesichter und erinnert uns daran, wie sehr wir uns lieben. Wir machen dies besonders gern bei langen Autofahrten, wo wir es bei einer Fahrt mehrmals machen können. Wir haben das in den letzten drei Jahren gemacht und haben nicht die Absicht, damit aufzuhören.»

Wenn Sie Ähnlichkeit mit mir haben, dann werden Sie sich jetzt gerade etwas unzureichend fühlen. Wenn meine Frau und ich auf einer langen Autofahrt sind und schon wieder eine Stunde vergangen ist, sage ich wahrscheinlich eher: «Ich schlafe am Steuerrad ein», anstatt: «Hab' ich Dir in letzter Zeit einmal gesagt, wie sehr ich Dich liebe?» Was bei dem einen Paar Anlass zu einem Liebesritual ist, löst bei einem anderen nur ein «Weiter geht's!» aus. Der Punkt ist nicht, dass wir die persönliche Weise, auf die einer sagt: «Ich liebe Dich», imitieren, sondern dass wir die Kraft und die Möglichkeiten der Liebesrituale auch für unsere Ehe verstehen.

Nun gut, was haben Leah und ich für Liebesrituale? Zum einen haben wir, als wir heirateten, nie aufgehört, uns miteinander zum Ausgehen zu verabreden. Nicht als unsere Kinder klein waren, nicht wenn wir nicht viel Geld hatten, nicht wenn unsere Arbeitszeiten und Reisetermine unmöglich waren und besonders dann nicht, wenn wir an den Tiefpunkten unserer Ehe waren. Wir haben uns weiter verabredet, mindestens alle zwei

Wochen, als die Kinder noch klein waren und jetzt einmal in der Woche.

Was meine ich mit gemeinsam Ausgehen, und wieso ist es ein Liebesritual? Für die Anfänger soll hier einmal gesagt werden, was in einer Ehe miteinander ausgehen nicht ist: Es bedeutet nicht, ins Kino zu gehen, in der verdunkelten Vorstellung zu sitzen und dann wieder nach Hause zu fahren. Das ist ins Kino gehen, nicht miteinander ausgehen; sie hätten den Film ebenso gut zu Hause am Videorecorder ansehen können. Es ist auch nicht, mit einem anderen Paar zum Essen zu gehen; das ist geselliger Umgang mit Freunden, nicht miteinander ausgehen. Es ist nicht miteinander zu joggen, wobei Sie zwar die Gesellschaft des anderen genießen, aber zu atemlos sind, um miteinander zu sprechen; das ist ein Freizeitritual, keine Verabredung. Bekommen Sie eine Vorstellung davon? Gemeinsam ausgehen bezieht sich nur auf Sie beide allein, damit Sie mit Ihrem Gespräch und angenehmen Tätigkeiten emotional miteinander in Verbindung treten.

Warum bedeutet es im Allgemeinen, dass Sie von zu Hause fortgehen? Weil sich bestimmte Formen intimerer Gespräche leichter im Abstand von zu Hause ergeben. Ich weiß noch, wie Leah und ich den Versuch zu einem ganz besonderen Abendessen zu Hause unternahmen, als unser Sohn noch ein Baby war; es sollte wie unser früheres Zusammen-Ausgehen werden. Wir wollten warten, bis er am Abend eingeschlafen war, bevor wir anfingen, unsere Steaks zu braten, die Flasche Bordeaux zu öffnen und die Kerzen für das romantische Diner anzuzünden. Beim ersten Anstoßen mit den Weingläsern, um die brilliante Idee zu dem gemeinsamen Ausgehen zu Hause zu feiern, wachte Eric auf und heulte. Wir schnitten uns gegenseitig das Steak klein, als wir abwechselnd ein gequältes Baby auf dem Arm hielten. So viel zum Ausgehen chez Doherty.

Hier das erfolgreiche Ausgehritual eines Ehepaars, wie es von der Ehefrau beschrieben wird, die mitteilt, dass sie und ihr Mann seit 14 Jahren verheiratet sind:

- «Seit wir verheiratet sind, haben wir den Zahltag immer zum Anlass genommen, miteinander auszugehen und zusammen zu sein. Manchmal reichte das Geld nur für die Billigvorstellung im Kino oder wir konnten es uns nur leisten, Erdnussbutterbrote mit in den Park zu nehmen. Aber wir reservieren uns mindestens alle zwei Wochen die Zeit, um miteinander auszugehen. Wir haben ein Sorgenkind, das uns viel Zeit und Energie abverlangt. Damit wird es sogar noch wichtiger, dass wir uns die Zeit zusammen nehmen, um allein zu zweit zu sein und uns wieder näher zu kommen und einfach nur wie zwei Erwachsene zusammen zu sprechen. Wir klammern die Diskussion von Familienproblemen bei unserer Verabredung aus, so dass wir uns in dieser Zeit nur mit <uns> befassen. Kürzlich sagte uns unsere Elfjährige, dass sich Verheiratete nicht verabreden, doch wir mussten sie korrigieren und ihr mitteilen, dass sich Verheiratete sehr wohl verabreden, miteinander ausgehen und es genießen! Man kann vielleicht nicht die eigenen Lebensumstände steuern, aber man kann bestimmen, wie man auf sie reagiert. Man kann sich für das Glück entscheiden. *Carpe diem* – nimm'den Tag und mache das Beste daraus!»

Achten Sie auf die Elemente dieses Ausgehrituals. Sie gingen immer miteinander aus, und wenn es nur zu einer Parkbank war. Sie machten auch etwas Vergnügliches, selbst wenn es nur das Verzehren eines Erdnussbutterbrots war oder der Wiederholungsfilm im Kino. Und sie sprachen immer über «uns» selbst und nicht über den Haushalt und die Familienprobleme. Sie hatten einen Moment Freiheit von ihren elterlichen Pflichten. Bei diesem Miteinander-Ausgehen gewannen sie ihre Ehe wieder zurück, für eine Weile, von der Bürde des Alltagslebens.

Sex als Liebesritual

Sex kann wesentlich anderes sein als ein Liebesritual. Er kann körperliches Abreagieren bedeuten, eine Verpflichtung, eine Methode zum Kinderzeugen, eine Freizeitbeschäftigung oder sogar eine Möglichkeit, um einen Menschen in Abhängigkeit zu halten. Um ein Liebesritual zu sein, muss Sex die drei Elemente eines Rituals aufweisen: Es muss wiederholt werden, koordiniert sein und eine Bedeutung haben.

Fangen wir bei der Wiederholung an. Wir wissen, dass die Häufigkeit des Sexualverkehrs mit der Zeit und auch bei den unterschiedlichsten Ehepaaren abnimmt, wahrscheinlich aus Gewöhnung und wegen des Älter-Werdens. (Das geschieht mit oder ohne Kinder, doch die Frequenz sexueller Beziehungen ist einem besonderen Schlag ausgesetzt, wenn das erste Kind auf der Welt ist.) Trotzdem bestehen noch immer viele Möglichkeiten, um Sex zu einem Ritual im Leben fast jeden Ehepaars zu gestalten. In früheren Generationen, als die gesellschaftlichen Tabus die Vorstellung verbreiteten, dass Sex selbst in der Ehe etwas Schmutziges sei, wurden viele Ehepartner deshalb daran gehindert, die sexuellen Aktivitäten zu einem Liebesritual werden zu lassen. Heutzutage sieht die Verbrauchergesellschaft Sex eher als einen leicht zugänglichen, persönlichen Genuss an. Wir sind dazu berechtigt, sexuelle Erfüllung zu erleben, entweder auf natürliche Weise oder mit pharmazeutischer Unterstützung. Die Gefahr heute ist vielmehr, dass beide Partner nur dann Sex haben wollen, wenn er oder sie spontan Lust dazu haben und nicht, wenn es die Ehe braucht.

Was meine ich damit, wenn die Ehe es braucht? Damit Sex in der Ehe als Bindung für unsere Liebe wirken kann, müssen wir ihn regelmäßig in unsere Beziehung als Ritual einführen. Wie bei allen Ritualen hoffen und erwarten wir, dass wir dadurch Freude erleben. Aber ebenso wie wir unsere zärtlichen Begrüßungsrituale duchführen sollten, ob uns gerade danach zu Mute ist oder nicht, sollten wir meiner Meinung nach auch unsere sexuellen Beziehungen aufnehmen. Es ist leicht für die meisten Paare, regelmäßig miteinander sexuell zu verkehren, solange sie jung und frisch sind. Es wird schwieriger, wenn unser Schwung gebremst wird und die Verantwortungen im Leben wachsen. Das ist dann der Zeitpunkt, zu dem wir uns in unserer Beziehung wirklich gebunden fühlen müssen, um Sex als regelmäßiges Ritual zu wahren. In der Konsumenten-Ehe genügt es schon, wenn einer der beiden häufig «nicht dazu in der Stimmung» ist, damit das Sexualleben des Paares in Vergessenheit gerät. Auf ähnliche Weise braucht ein Partner auch nur die Pornographie im Internet interessanter zu finden, um dasselbe Resultat zu erzielen. Die Betonung des persönlichen Anspruchs auf sexuelle Befriedigung untergräbt ebenso die Möglichkeit, Sex als Liebesritual in der Ehe aufzufassen. Manchmal tut man es, weil die Ehe es nötig hat.

Damit Sex zu einem Liebesritual wird, muss er nicht nur wiederholt oder regelmäßig, sondern auch aufeinander abgestimmt sein. Glücklicherweise gibt es viele Bücher und Videos für Paare, die Anregungen für Sex und seine wunderbaren Variationsmöglichkeiten suchen. An dieser Stelle möchte ich nur etwas Einfaches erwähnen, das nicht oft gesagt wird: zusammen zu Bett gehen. In unserer Sprache sind «zusammen schlafen» oder «zusammen ins Bett gehen» Metaphern für Sex. Weshalb also beenden so viele Paare ihren Tag nicht im selben Bett zur selben Zeit? Sie können wetten, dass dies zu Beginn ihrer Ehe nicht so war. Die erste Phase eines Tanzes besteht darin, dass man zur selben Zeit zusammen auf dem Tanzboden nebeneinander steht. Für die meisten Paare ist das nachts das Schlafzimmer. (Zugegeben, wenn Sie keine Kinder im Haus haben, stehen Ihnen mehr Möglichkeiten zur Verfügung, aber abends zusammen ins Bett zu gehen, hat für die meisten von uns immer noch eine besondere Bedeutung.)

Die Schuld liegt wieder einmal bei der individualistischen Verbraucherhaltung dem ehelichen Leben gegenüber. Wenn mich mein Biorhythmus zu einer Nachteule macht und der deinige dich um 22 Uhr schlafen lassen möchte, erwarte ich, dass jeder das tut, was sich natürlicherweise ergibt. Schlaf ist etwas Individuelles, stimmt's? Wenn du mich kritisierst, weil ich fast nie mit dir ins Bett gehe, kann ich mich darauf berufen, dass ich noch nicht einschlafen kann, wenn ich so früh gehe. Achten Sie darauf, dass ich hier von Paaren spreche, die nur selten abends miteinander im Bett landen und nicht über Paare, bei denen der eine oder der andere manchmal länger aufbleibt, wenn der andere schon im Bett ist.

Wenn ich Paare berate, die sich gegenseitig fremd geworden sind und die keinen Sex in ihrer Ehe haben, frage ich sie immer nach ihren Zubettgehgewohnheiten. In den meisten Fällen gehen sie nicht zusammen zu Bett. Manches dabei beruht zweifellos auf Vermeidung, und manchmal haben sexuelle Probleme zu dieser Sicherheit durch Vermeidung geführt. Aber häufig begann das Auseinandergleiten ganz unschuldig durch den einseitigen Entschluss des einen Partners, vor Jahren, länger aufzubleiben oder früher schlafen zu gehen. Vielleicht war es auch Methode, sich gegenseitig einen Freiraum oder etwas Privatleben zuzugestehen nach anstrengenden Tagen voller Arbeit und mit den Kindern. Doch dieses Muster wird zu einem Keil zwischen ihnen, was ihre sexuelle Beziehung angeht, und man kann nur schwer wieder daraus entkommen, denn es sieht für uns wegen der unterschiedlichen Schlafbedürfnisse wie unvermeidlich aus.

Diese Paare sind dann überrascht, wenn ich den Gedanken äußere, dass beide zusammen ins Bett gehen könnten, um zusammen zu sein, und die Nachteule dann wieder aufsteht, wenn der andere eingeschlafen ist. Man könnte meinen, ich hätte die Glühbirne erfunden! Es kommt den Menschen nie in den Sinn, dass das Wichtigste am gemeinsamen Zubettgehen die körperliche Nähe ist und das Einschlafen erst hinterher kommt. Daran interessierten Paaren helfe ich dabei, ein nächtliches Ritual körperlicher Nähe und intimen Gesprächs für die Zeit des Zubettgehens zu entwerfen, bei dem Sex deshalb möglicher wird, weil sie überhaupt mehr aufeinander eingestimmt sind. Wenn sie gegen eine solche Annäherung Widerstand leisten, dann fangen wir erst an, uns die tieferen Ursachen für die fehlende Übereinstimmung beim Zubettgehen anzusehen.

Wenn Ehepaare sexuelle Rituale haben, dann können sie ihre Sexualität auch bewusst gestalten. Dazu fällt mir ein, was mir ein Paar von ihrem Sonntagmorgenritual erzählte. Wer zuerst aufwachte (sie waren Frühaufsteher, meist bevor die Kinder wach wurden), rollte sich langsam und sachte auf den noch Schlafenden zu, der sich manchmal nur schlafend stellte, um noch zu träumen oder Sex zu fantasieren. Ein anderes Paar signalisierte sich durch das Anzünden einer bestimmten Kerze auf dem Nachttisch, dass Sex dieses Mal etwas Besonderes sein werde. Manche Paare lieben sich mit offenen Augen, um ihre emotionale und erotische Beziehung zu verstärken. Andere planen Ferien als Paar allein mit der vollen Absicht, viel Zeit damit zu verbringen, ihre sexuelle Bekanntschaft miteinander wieder aufleben zu lassen.

Es gibt keine Regeln oder Vorschriften für Sex als Liebesritual, aber achtsam mit diesem Aspekt der Partnerschaft umzugehen, ist unglaublich wichtig. In der Tat, gute sexuelle Rituale halten manche Ehen zusammen, auch wenn die Ablenkungen des übrigen Lebens sie sonst in unterschiedliche Richtungen reißen würden.

Der Unterschied zwischen Liebe und Intimität

Liebesrituale sind Gelegenheiten um zu sagen: «Du bist für mich das Wertvollste, du bist für mich einzig.» Aber manche Liebesrituale gehen noch einen Schritt weiter in die Intimität, wie ich es nenne, die dann entsteht, wenn sich zwei Menschen zueinander öffnen, auf tiefere und verletzlichere Weise, als wir das sonst in unserem Alltagsleben erleben. Intimitätsrituale sind Liebesrituale mit einem Element gegenseitiger Offenbarung, bei denen sich die Partner gegenseitig intensiver kennen lernen als Freunde und Vertraute. Der Unterschied zwischen Liebe und Intimität kann schwer nachzuvollziehen sein. Hier ein Beispiel von außerhalb einer Ehe: Sie können Ihren Vater von Herzen lieben und ihm Ihre Liebe auf besondere Weise zeigen, aber es nie wagen, ihn zu fragen, wie er es empfindet, alt zu werden und zu erleben, wie sein Körper versagt. Diese Art von Geständnis wäre intim, und Ihre Beziehung wäre intim, könnten Sie sich frei genug fühlen ihm zu sagen, was Sie dabei empfinden, einen Vater zu haben, der hinfällig wird und Sie in nicht allzu vielen Jahren verlassen wird. Eine solche Art von Eltern-Kind-Beziehung ist selten. Liebe kann auch stark sein ohne in die Richtung von Intimität zu gehen.

Doch weil die meisten Paare in der psychologisierenden Ära der zweiten Hälfte des 20.Jahrhunderts geboren sind, wollen sie nicht nur Liebe, sondern auch einen gegenseitigen Austausch von emotionaler Intimität. Es ist nur so, dass sich diese Art von Intimität in der Ehe nur schwer finden lässt und sich auch nur selten ergibt, wenn wir nicht Rituale einführen, die sie ermöglichen. Intimitätsrituale sind bei manchen Paaren Dutzendware, solange sie noch nicht verheiratet sind, aber eine goldene Errungenschaft nach jahrelanger Ehe.

Beispielhaft für ein intimes Gespräch ist der gemeinsame Austausch darüber, was man sich für die Zukunft erhofft und erträumt. Eine Frau sagte mir einmal, wie sehr sie die häufigen, langen Spaziergänge mit ihrem Verlobten geliebt habe, bei denen er davon sprach, was er für sich und ihre gemeinsame Familie plane und sie hatte daran auch Teil. Für sie waren die Gespräche besonders kostbar, bei denen er darüber gesprochen hatte, wie es ihm der Tod seines Vaters, als er noch klein war, erschwert hatte, seinen eigenen Weg als Mann in der Welt zu finden. Nun, da er seine Liebespartnerin gefunden hatte, meinte er, fühle er sich stark genug, um sich diesen Weg zurechtzubahnen. Nachdem sie jetzt neun Jahre verheiratet waren und mit zwei Kindern lebten, hatten sie solche Gespräche längst aufgegeben.

Zu verstehen, weshalb Intimität in der Ehe schwierig ist, ist eines der wichtigsten Dinge, die jeder von uns lernen kann. Wenn wir es nicht begreifen, werden wir nicht dazu bereit sein, Liebes- und Intimitätsrituale aufzubauen. Wenn wir es nicht verstehen, laufen wir Gefahr, uns zu neuen romantischen Partnern/Partnerinnen hingezogen zu fühlen, mit denen wir erneut ein goldenes Zeitalter emotionaler Intimität gestalten können, nur um es wieder zu verlieren, wenn wir diesen Menschen heiraten. Intimität in der Ehe ist eine Herausforderung, weil man im Feuerofen der ehelichen Beziehung in hohem Grade selbstdefiniert sein muss (d.h. Selbstdifferenzierung besitzen muss, um das Fachwort zu gebrauchen), damit man einerseits die Verbindung aufrecht erhalten kann, gleichzeitig aber auch sich selbst nicht verliert. Sie müssen wissen, wer Sie selbst sind, wissen, was Sie fühlen und sagen, was Sie wollen, um Ihre psychischen Grenzen in der Ehe zu wahren. Das fällt in konfliktreichen Zeiten besonders schwer, wenn wir unsicher sind und uns von unserem Partner/unserer Partnerin zurückgewiesen fühlen. Überlegen Sie, wie viele Möglichkeiten es gibt, mit denen Menschen darauf reagieren können, wenn ihr Mann oder ihre Frau keinen Sex mit ihnen haben will.

Lassen Sie uns zu dem Bild zurückkehren, mit Ihnen und Ihrem Partner im Kanu. Als Sie am Ufer waren, offen über Ihre früheren Bootserfahrungen sprachen und über Ihre Träume zusammen auf dem Fluss zu sein, war es relativ leicht, sich zu öffnen und den ehrlichen Worten des anderen zuzuhören. Sind Sie aber erst einmal zusammen im Boot und geraten Sie an die ersten Stromschnellen, fällt es schwerer, die Kommentare Ihres Partners über Ihre schlechte Paddeltechnik und darüber, ob Sie vielleicht doch lieber an einer anderen Uferstelle das Boot zu Wasser gelassen hätten und warum Sie das Insektenmittel einzupacken vergessen haben, offen entgegzunehmen. Und noch dazu wird Ihr Partner/Ihre Partnerin von dem ganzen Rudern müde und die Schultern schmerzen; könntest du bitte ein bisschen mehr auf deiner Seite mithelfen? Anders gesagt, wenn Sie in die Welt der Ehe mit ihren gegenseitigen Abhängigkeiten eintreten, steht mehr auf dem Spiel; die Angst ist größer, die Konflikte intensiver, die Hitze von Liebe und Hass stärker. Ein großes Ausmaß an psychischer Reife ist nötig, damit Sie Ihre Balance halten können. Wenn wir Angst haben, die Balance zu verlieren – uns selbst, in Wirklichkeit – und wir nur schwer darauf vertrauen können, dass unser Partner/unsere Partnerin unsere innersten Gefühle, Sorgen und Hoffnungen akzeptieren kann, dann verschließen wir den Brunnen intimer Selbstpreisgabe. Wir können vielleicht noch intensiv lieben und das auch regelmäßig sagen, aber wir fürchten uns, unser Innerstes zu offenbaren.

Ich werde nun nichts Magisches anbieten, um Ihnen dabei zu helfen, persönlich in die Fähigkeit zur Intimität mit Ihrem Partner hereinzuwachsen. Es ist für uns alle eine lebenslange Reise. Worüber ich aber sprechen möchte, ist das Einführen von Ritualen, mit deren Hilfe ein intimes Aufeinander-Eingehen sich leichter und sicherer erreichen lässt.

Intimitätsrituale

Nach dieser Einleitung über die Intimität hoffe ich, dass Sie nicht annehmen, die Intimitätsrituale müssten so großartig sein wie das Raumfahrtsprogramm zum Merkur. In Wirklichkeit kann Intimität weder durch ein Ritual noch durch irgendein anderes Mittel produziert werden. Alles was Sie tun können, ist die Szene vorzubereiten und zu hoffen, dass die Atmosphäre günstig ist. Es ist wie mit dem Humor; Sie können ihn nicht erzwingen. Hier ein kleines Beispiel für das, was ich von Zeit zu Zeit bei Leahs und meinen Verabredungen mache. Wir gehen besonders gern miteinander zum Abendessen, manchmal nach dem Kino. Wir hatten zu jeder Zeit zwei Lieblingsrestaurants, eins für besondere Anlässe und eins für das übliche Auswärtsessen. (Wir gehen auch in andere Restaurants, kommen aber immer wieder auf unsere Favoriten zurück.)

Manchmal bei unseren Verabredungen beschließe ich, Leah eine der wichtigen Fragen zu stellen, wie bei Menschen, die sich näher kommen wollen, so etwa: Wie siehst du dein Leben jetzt, nachdem die Kinder groß sind und selbst für sich sorgen können? Oder: Macht dir deine Arbeit noch Spaß? Oder: Was meinst du, wirst du in fünf Jahren tun? Oder: Hast du jemals geglaubt, dass du so erfolgreich sein würdest, damals, als du damit anfingst, Schmuck zu machen? Oder: Worauf freust du dich im nächsten Jahr? Oder: Was denkst du über den Gesundheitszustand deines Vaters?

Wenn man diese Fragen so auf Papier sieht, können sie einem wie die Fragen aus einem Interview vorkommen, aber ich denke, sie kommen so an, dass sie mein Interesse ausdrücken an dem, was in Leah vorgeht, was sie über sich selbst und ihr Leben denkt. Das ist die Art von gegenseitigen Fragen, zu denen sich Ehepaare oft nicht mehr die Zeit nehmen. Und dann, wenn sie Interesse zeigt, darüber zu sprechen, lehne ich mich zurück und höre zu. Sie hat meine volle Aufmerksamkeit und oft überrascht sie mich dadurch, dass sie etwas sagt, was ich vorher noch nicht wusste. Diese Art des Zuhörens erfordert Entspanntheit auf der Seite des Zuhörers, die Bereitschaft weiter nachzufragen, sich einzufühlen in das, was der andere sagt, und vor allem, sich darauf einzulassen, die volle Geschichte zu hören. (Wenn Sie die Antworten auseinandernehmen oder widersprechen, wird Ihr Partner wahrscheinlich aufhören.) Manchmal schließt Leah ähnliche Fragen an mich an. Ab und an sprechen wir beide darüber, was es bedeutet, einen Elternteil verloren zu haben und zu erleben, wie der andere hinfällig wird. Oder über unsere Zukunft zusammen.

Paradoxerweise hören wir nach den ersten Jahren des Flitter-Ehestands im Allgemeinen damit auf, uns gegenseitig nach diesen wichtigen persönlichen Dingen zu fragen und davon zu sprechen. Es ist so, als stehen wir zu eng nebeneinander, um uns noch als vollständig getrennte Wesen sehen zu können. Wir denken, wir kennen uns und verlieren dann die Neugier über das Geheimnis der anderen Person. Vielleicht liegt das Problem auch darin, dass wir uns vor den möglichen Antworten fürchten oder uns unser Partner als zudringlich empfinden könnte. Was auch immer der Grund ist, die meisten von uns fragen nicht mehr nach den Themen, über die wir einen Freund/eine Freundin befragen würden, wenn wir uns nur von Zeit zu Zeit sehen, wie etwa: « Was bedeutet deine Arbeit eigentlich für dich?»und « Was für ein Gefühl ist es denn, wenn man 50 wird?» oder « Wie gehst du denn damit um, dass du wegen deines Knieproblems nicht mehr laufen kannst?» Wenn man solche intimen Fragen stellen will, sollte man versuchen, sie allmählich anzusteuern, statt mit der Tür ins Haus zu fallen. Sie können beispielsweise warten, bis Sie allein und in Ruhe zusammen sind und Ihr Partner über die Freuden oder Belastungen der Arbeit spricht und dann erst das Thema Arbeit generell anschneiden. Sie können die Frage nach den «50 Jahren» stellen, wenn Sie einen Geburtstag mit einem festlichen Abendessen zu zweit feiern, nachdem Sie ihm/ihr zum Geburtstag gratuliert haben. Und der Schlüssel ist nicht die Ausgangsfrage, sondern das liebevolle Interesse, mit dem Sie Ihrem Partner/Ihrer Partnerin überall dorthin folgen, wohin Sie seine/ihre Unterhaltung führt.

Wie schon gesagt, diese Intimitätsrituale sind fragil und lassen sich nicht erzwingen. Ein unangenehmer Kellner oder ein lärmendes Restaurant können Gefühlsdämpfer sein. Liebesrituale und Intimitätsrituale sind wie regelmäßiger Sex und spezieller Sex; ersterer ist ein vertrauter und zuverlässiger Partner, für die zweite Art kann man sich zwar vorbereiten, man empfindet ihn aber doch immer als Geschenk.

Wenn ich diese Worte schreibe, fühle ich mich angreifbarer dabei als bei allem anderen, in diesem Buch Geschriebenen – nicht so sehr im Hinblick auf den Leser als vielmehr auf Leah, die demnächst dies als erste Leserin lesen wird. Ich habe ihr vorher nie erklärt, wie ich mich manchmal absichtlich ihr gegenüber verhalte, damit wir uns wirklich näherkommen. Intimitätsrituale haben leicht etwas Zerbrechliches.

Liebesrituale der Erinnerung und Sicherheit

Später, wenn wir Jahrestage und andere besondere Gelegenheiten zum Thema haben, werde ich weitere Beispiele für sprachliche Intimitätsrituale vorstellen. Aber für diesen Moment möchte ich unsere Besprechung von Liebesritualen mit meinen zwei Lieblingsbeispielen anderer Paare abschließen. Das erste hörte ich bei der *Smart Marriages Conference*. Achten Sie darauf, wie Barbara es humorvoll vorbringt, von einem Ritual in einem Auto berichtet und das Finale einschleicht. Ich habe auch die Reaktionen des Publikums in den Wortlaut ihrer Bemerkungen einbezogen.

- «Mit einem unserer Rituale begannen wir, als wir noch miteinander ausgingen. Ich war 15 1/2 und Jürgen war gerade aus dem Knast entlassen und ein Schulabgänger ohne Abschluss. (*Publikum lacht*) Er hatte ein Auto mit offenem Verdeck und wir fuhren immer, fuhren, fuhren, fuhren. Jetzt hat er einen 87iger Porsche, und wir nehmen immer noch das Verdeck runter und fahren nachts, fahren, fahren, fahren; es macht uns einfach Spaß. Aber... zwei Punkte. Erstens: Diese Tagung ist für uns zu einem Ritual als Paar geworden, ebenso wie ich auch an seinem Amt teilnehme. Also diese Tagung ist wirklich unser Ritual. Ich nehme Urlaub, um mit ihm hierher zu kommen. Das andere ist, ich habe meine Jungfräulichkeit in unserem Auto verloren und in jedem Auto, das wir besaßen, haben wir uns auch geliebt.» (*donnernder Applaus und Gelächter*)

Das andere Liebesritual erinnert mich daran, dass Rituale ebenso heilend wirken können wie sie Verbundenheit und Liebe ausdrücken. Das Paar möchte lieber anonym bleiben, doch ihre Geschichte erscheint wie die vieler anderer auf der SmartMarriages.com-listserve.

- «Vielen Dank für die Gelegenheit, Ihnen von einem gemeinsamen Ritual meines Mannes und mir erzählen zu dürfen. Mit diesem Ritual begannen wir, nachdem ich kurz nach meiner Verheiratung vergewaltigt worden war, vor etwa 14 Jahren. Ich bin Krankenschwester und habe meistens Schichtarbeit zu unüblichen Zeiten. Ich rufe meinen Mann an, wenn ich bei der Arbeit ankomme und wenn ich von dort wieder weggehe. Das hält uns beide in Verbindung, gibt mir ein Gefühl von Sicherheit und wir haben beide die Gelegenheit uns zu sagen, dass wir uns lieben. Als wir zuerst damit anfingen, war es, um mich <bei Sinnen> zu halten und meinem Mann zu bestätigen, dass ich in Sicherheit war, aber es hat sich zu etwas sogar noch Wichtigerem entwickelt, einer Möglichkeit die Verbindung aufrechtzuhalten, einer Möglichkeit uns zu versichern, dass wir uns lieben, und einer Möglichkeit meinen Tag und meine Einstellung von der Arbeit auf zu Hause zu verlagern. Wir hängen nie auf, ohne zuerst dem anderen zu sagen: <Ich liebe Dich.> Es ist nur eine kleine Sache, aber es ist für mich sehr wichtig.»

Ich weiß nicht, wie es mit Ihnen ist, aber mir stehen jetzt Tränen in den Augen. Ich fühle mich berührt und inspiriert von den Geschichten, die mir diese Paare erzählt haben, und ich fühle mich nahe am geheiligten Kern der ehelichen Feuerprobe, die, wenn wir uns ihr stellen, die Kraft hat, uns zu heilen und zu wandeln.

Der Schritt von der Inspiration zu einem tatsächlichen Gestalten neuer Liebesrituale in Ihrer Beziehung erfordert natürlich sorgfältige Planung und den richtigen Zeitpunkt. Im letzten Kapitel dieses Buchs werde ich Ihnen unterschiedliche Möglichkeiten vorstellen, falls Sie damit anfangen wollen. Bis dahin werden wir uns mit Jahresfeiern und anderen besonderen Anlässen für Ehepaare befassen.

Kapitel 10

Die bewusst gelebte Ehe

Jahrestage und weitere besondere Anlässe

Das Eheleben ist etwas Alltägliches – das ist das Erfreuliche dabei und auch das Pech. Die besonderen Anlässe wie etwa Jahrestage, Geburtstage und der Valentinstag lassen uns Zeichen setzen in dem gleichmäßigen Verlauf des täglichen Lebens. Wir halten inne, um allein unseren Geliebten/unsere Geliebte und unsere Ehe ins Licht zu rücken, abgeschirmt von den Notwendigkeiten und dem festgelegten Programm unseres übrigen Lebens. Wir sagen Ungewöhnliches, was abgegriffen wäre, würde es jeden Tag gebraucht. Wir machen Geschenke, die unsere Fantasie und unser Budget überforderten, würden wir sie jeden Monat schenken. In diesen abgehobenen Augenblicken von besonderer Intensität erkennen wir das an, was an unserer Ehe einmalig und unersetzlich ist. Wir markieren den Übergang wieder eines Jahres in unseren Leben. Es war, als wir unseren Hochzeitstag feierten, dass mir klar wurde, ich war nun mehr als die Hälfte meines Lebens mit Leah verheiratet, und ich sagte es ihr. Sie stellte fest, dass das auch für sie zutraf. Wir schüttelten ungläubig die Köpfe und sahen uns in die Augen. Mit wem sonst könnte man so etwas austauschen und mit wem hätte man solche gemeinsamen Erfahrungen? Also lassen Sie uns über die Rituale bei Jahrestagen und zu besonderen Gelegenheiten sprechen.

Hochzeitstage

Hochzeitstage sind Gelegenheiten für Rituale von großen, von vielen Ehepaaren ungenutzten Möglichkeiten. Wenn ich Menschen frage, wie sie ihren Hochzeitstag feiern, dann antworten sie meistens mit einem befangenen Lachen und sagen, sie verbringen ihn mit so etwas, wie ihrem Kind beim Fußballspiel zuzusehen oder den Hinterhof zu entrümpeln. Ja, da liegt bei den meisten von uns einiges brach.

Fast alle begehen ihre ersten paar Hochzeitstage ganz großartig, aber danach unternehmen die meisten nur noch für die runden 15 oder 50 Jahre weitere Anstrengungen, wenn sie so lange leben. Die Familie und die Freunde beachten Ihren Hochzeitstag auch nicht so wie Ihren Geburtstag, also steht da nicht viel zur Debatte, welchen Rang er auf dem Programm einnimmt. Wenn Ihre Kinder älter werden, fangen sie selbst an, die eigenen Hochzeitstage zu bedenken, und im Übrigen gibt es kaum etwas, was sie weniger interessieren könnte, als Ihr Hochzeitstag. Und zusätzlich dazu sind diese Jahrestage auch noch deshalb unbequem, weil sie auf jeden x-beliebigen Tag der Arbeitswoche fallen.

Aber mehr als aus jedem anderen Grund machen viele von uns keinen Aufstand wegen unserer Hochzeitstage, weil wir längst aufgehört haben, irgendeinen Aufwand wegen unserer Beziehung zu treiben. Unsere Aufmerksamkeit ist woanders. Wir lieben uns zwar noch und sind vielleicht auch als gute Partner bei den Aufgaben des Lebens dabei, aber wir haben uns an das allmähliche Abtreiben nach Süden gewöhnt. Aber selbst wenn einer von uns einen Anlauf nimmt und mehr aus unserem nächsten Hochzeitstag machen will, fällt uns vielleicht gar nicht mehr so viel dazu ein, was wir unternehmen könnten. Wenn wir uns nicht regelmäßig nahe kommen, Liebesrituale pflegen, und allein miteinander ausgehen, dann wissen wir vielleicht gar nicht, wie wir ein solches Ritual mit Bedeutung erfüllen könnten; es ist so, als wären wir aus der Übung gekommen. Und nach einigen Jahren weiß einer von uns oder merken wir beide vielleicht nicht einmal, dass unser Hochzeitstag fällig ist; wir übergehen ihn dann oder raffen uns auf, um etwas zu unternehmen, irgendetwas.

Wenn Sie Ihr Ritual zum Hochzeitstag gut finden, erzählen Sie anderen davon, damit sie inspiriert werden. Wenn Sie selbst neue Einfälle brauchen, dann hören Sie auf Paare wie Barbara und Tom, die ihren Hochzeitstag aus der rituellen Vergessenheit gerettet haben. Hier ist Barbaras Beschreibung:

- «Wir sind Therapeuten, aber das spielt keine Rolle; Sie können auch dann Rituale verpatzen, wenn Sie Therapeuten sind. Unser Hochzeitstag fällt auf Weihnachten und es war eine dieser Studentenhochzeiten, Sie wissen schon, wie – Sie heiraten einfach, wenn es sich einrichten lässt. So ging unser Hochzeitstag auch immer im Weihnachtenfeiern unter, und eines unserer Kinder kam auch Weihnachten zur Welt. Schließlich kam er auf den Gedanken, unseren Hochzeitstag durch eine Entführung zu retten. Seither entführt er mich jedes Jahr und bringt mich irgendwohin. Er sagt nur, <nimm' Deine Kleider mit und den Mantel>, und dann nimmt er mich irgendwohin mit. Er sammelt mich einfach auf...und es ist wirklich süß. Er lässt mich von einer Limousine abholen wie Aschenputtel...und er nimmt mich mit...dann packen wir unsere Sachen und fahren irgendwohin. Und das Andere ist, weil ich in einer so [gefühls]armen Umgebung aufgewachsen bin, fange ich an zu weinen, wenn ich überrascht werde. Also habe ich in den ersten drei Jahren den ganzen Hochzeitstag über geheult.»

Haben Sie gemerkt, wie sich von Anfang an schon alles durch den Zeitpunkt im Jahr gegen den Hochzeitstag von Barbara und Tom verschworen hatte? Ich wette, dass auch ihren Familien und Freunden ihr Hochzeitstag im alljährlichen Weihnachts- und Geburtstagstrubel entgangen war. Dann lief Tom in einem Jahr aus Gründen, die ich nicht kenne, zu großer Form auf und legte sich für den Hochzeitstag ins Zeug, wahrscheinlich ohne die Absicht, diese Vorstellung jedes Jahr zu wiederholen. Aber die «Entführung zum Hochzeitstag» wurde zu einem alljährlichen Ritual der Erneuerung und des Versprechens, durch das sie sich wieder das Besondere ihrer Ehe beweisen.

Okay, Sie müssen nicht den Umstand auf sich nehmen, eine Limousine zu mieten, die Stadt verlassen und jemand einstellen, der auf Ihre Kinder aufpasst. Darum geht es eigentlich nicht. Alles, worauf es bei einem bewussten Ritual ankommt, ist an seine Wichtigkeit zu glauben, darauf hin zu planen und etwas Besonderes als Ehepaar zu unternehmen. Was auch immer für Sie beide von Bedeutung ist. Aber dazu ist Führung in Ihrer Ehe notwendig, und man kann nicht den automatischen Piloten angeschaltet lassen.

Richard und Katharina veranstalten nichts Aufsehenerregendes an ihrem Hochzeitstag, außer sich ihn jeden Monat bewusst zu machen! Richard beschrieb, was sie tun:

- «Wir haben am 22. August geheiratet, und wir feiern jeden Monat unseren monatlichen Hochzeitstag am 22. Wir unternehmen etwas Besonderes. Es muss nicht notwendigerweise etwas Großartiges sein. (In diesem Monat, im Juni, waren wir 430 Monate verheiratet.) Aber es ist nicht notwendig, dass eine wirklich große Sache daraus wird – es ist natürlich eine große Sache zwischen uns beiden – aber es könnte auch nur sein, dass wir zusammen zum Abendessen gehen; es könnte auch ein Anruf am Tag sein, um zu sagen ‹Ich liebe dich; es könnte auch sein, dass wir morgens einen Zettel hinterlassen oder es könnte vielleicht auch ein Besuch bei McDonald's zum Abendes-

> sen sein; wir könnten aber auch beim Kaufhaus halten und einen neuen Kartoffelschäler oder Holzlöffel kaufen. Aber der Gedanke ist <Ich liebe dich> und es ist eine besondere Erinnerung und wir versuchen sie lebendig zu halten und machen das jeden Monat.»

Wenn Sie es nachrechnen, werden Sie sehen, dass Richard und Katharina seit fast 36 Jahren verheiratet sind. Ihr Ritual zum Hochzeitstag ist das Leuchtfeuer für ihr gemeinsames Leben. Mein Lieblingssatz dabei ist: «Wir versuchen sie lebendig zu halten.» Das könnte das Motto für die bewusste Komme-was-da-wolle-Ehe sein.

In diesem Moment denke ich an die Ehe meiner Eltern. Wie die meisten Kinder habe ich nicht auf ihren Hochzeitstag geachtet; ihre zuverlässige Ehe war eine «feste Einrichtung» in meinem Leben, etwas worauf man zählen konnte, aber nichts darüber sagte. Ich wusste nie, dass sie den Tag feierten, bis mein Vater 1984 gestorben war. Monate später, als ich meine Mutter besuchte, sah ich, dass die beiden letzten Karten, die sie von meinem Vater zum Hochzeitstag bekommen hatte, eingerahmt und aufgestellt waren. Die Karten standen an auffälliger Stelle im Eheschlafzimmer, das meine Mutter für Leah und mich geräumt hatte, damit wir dort schlafen konnten. Ich weiß nicht, wie meine Eltern sonst noch weiter ihren Hochzeitstag gefeiert hatten, aber als ich diese wunderschönen Karten sah, die letzten ihres Ehelebens, dachte ich, dass wir nie wissen können, welcher unserer Hochzeitstage der letzte sein wird.

Es fällt schwer, nach dieser Geschichte weiterzuschreiben, aber ich möchte Ihnen noch erzählen, wie Leah und ich immer unseren Hochzeitstag gefeiert haben. Für die meiste Zeit unserer Ehe gaben wir dabei kein hübsches Bild ab. Wir hatten am 14. August 1971 geheiratet. Mitte August ist keine gute Zeit für einen Hochzeitstag, kann ich Ihnen sagen. Mir scheint es so, als hätten wir die meisten Hochzeitstage in einem fahrenden Wohnwagen verbracht, als wir im Land von einem Ort zum anderen reisten, um zu promovieren oder zu den verschiedenen Hochschuljobs zu kommen. Wir zogen immer im August um, Mitte August, um genau zu sein. Wenn wir aber nicht gerade umzogen, kommt es mir so vor, als seien wir in einem Auto mit den Kindern herumgezogen, um Verwandte zu besuchen oder Ferien zu machen. Wie Leah es manchmal darstellt, feierten wir die ersten 15 Hochzeitstage in einem Motel mit einem Wohnwagen mit Anhänger davor und zwei wieseligen Kindern im Nachbarbett. Oder wie ich hinzufügte, im Haus von Verwandten, bis zum Dachboden voll mit Familie und zwei wieseligen Kindern im Nachbarbett.

Erst als wir 1986 nach Minnesota gezogen waren (der Umzug fand natürlich Mitte August statt), hörten wir mit den Umzügen auf und machten keine Ferien und Familienbesuche mehr in dieser Jahreszeit. Jetzt mussten wir uns ausdenken, wie wir unseren Hochzeitstag feiern konnten! Wir kamen zu einem Ritual, bei dem wir zu Goodfellow's gingen, einem wunderbaren Restaurant, das für uns der Ort wurde, um dort zu besonderem Anlass Abendessen zu gehen. Eine wichtige Korrektur, die wir dabei vornahmen, war, dieses Ritual dann durchzuführen, wenn es gut in unseren Zeitplan passte und nicht unbedingt am Tag selbst. Manchmal ist es eine Last, wenn man von der Arbeit nach Hause rasen muss; man hofft, dass der Babysitter auch am Abend eines Wochentags kommen kann, und dann soll man wieder los zu einem romantischen Diner. Wir zeichnen den Tag oft durch etwas Anderes aus und warten dann bis zum Wochenende, um uns gut anzuziehen und zu feiern.

Ich habe diese Art von Flexibilität im Umgang mit Familienritualen von Leahs Familie übernommen, die manchmal Weihnachten irgendwann zwischen dem Erntedankfest und Weihnachten ausrichtete, wenn sich die Großfamilie von überall her im Land versammeln konnte. Baum, Geschenke, Truthahn – das ganze Drum und Dran – am 10. oder 14.Dezember; der Sinn liegt darin, alle beim Feiern zusammen zu haben; das Datum ist nicht so wichtig.

Etwa vor fünf Jahren schlug ich Leah vor, wir sollten unser Ritual des Essens zum Hochzeitstag etwas erweitern. Wie hatten uns immer während des Essens zum Hochzeitstag beglückwünscht, meist bei einem Trinkspruch, aber ich fühlte, ich brauchte noch etwas Persönlicheres. In einem Jahr schlug ich etwa eine Woche vor unserem Hochzeitstag vor, dass wir bei unserem Festessen einige Worte der Achtung darüber zueinander sagen, dass wir miteinander verheiratet sind, etwas, wodurch wir unsere Ehe ehren und anerkennen. Leah stimmte bereitwillig zu. Am Tag vorher erinnerte ich sie an den neuen Teil des Rituals und schlug vor, dass der Zeitpunkt dafür genau dann sei, wenn der Wein serviert worden sei.

Das Hinzufügen dieses kleinen Rituals hat unseren Hochzeitstag dadurch intensiver werden lassen, dass wir unsere innigen Gefühle in Worten ausdrücken. In der letzten Woche, als wir unseren Hochzeitstag erneut feierten, sagten wir uns, dass wir erstaunt und dankbar für unsere Ehe von 29 Jahren waren. Wir haben uns auch beieinander bedankt für die Entwicklung und das persönliche Wachstum, die wir immer noch machen und erleben.(Ich lasse die Einzelheiten aus, denn Rituale wie diese verlieren manchmal, wenn sie nicht geheim gehalten werden.)

Vielleicht fragen Sie sich, weshalb ein geplantes Ritual vertraulicher Worte zwischen zwei so lange verheirateten Menschen nötig ist. Warum kann man diese Gefühle nicht spontan ausdrücken? Es ist zwar nicht nötig, aber sicherlich hilft es. Wann wäre denn sonst ein geeigneter Moment um Ihr Herz in Dankbarkeit für Ihren Partner/Ihre Partnerin und Ihre Ehe zu öffnen? Vielleicht irgendwann an einem Samstagmorgen, wenn er/sie gerade die Zeitung liest? Wenn Sie sich geliebt haben, Ihr Herz voll ist und Ihre Worte poetisch sind, aber Ihr Partner/Ihre Partnerin gerade sanft in Schlaf fällt?

Der richtige Zeitpunkt ist eine wichtige Voraussetzung dafür, weshalb Rituale uns die Freiheit geben können, einander wirklich nahe zu kommen. Wenn nur der eine bereit ist, seine tiefsten Gefühle zu einem bestimmten Augenblick zu zeigen, weiß der andere wahrscheinlich gar nicht, was er darauf antworten soll. Ihr Partner hat sich zärtliche Liebesworte eingeübt, sie vielleicht sogar in iambische Pentameter gebracht, und lässt sie dann auf Sie während der Vorspeise Ihres Hochzeitstagsdiners los oder zu einem anderen Anlass seiner Wahl. Sie sind zwar gerührt, doch dann merken Sie, dass Sie etwas darauf antworten müssen. Sie murmeln irgendetwas, wie: «Ich auch. Ich liebe Dich auch.» Nach Stunden überlegen Sie, was Sie aus vollem Herzen hätten sagen können. Nicht dass dies ein schlechter Moment in Ihrer Ehe war – weit gefehlt – aber es entstand nicht die Tiefe und die Wechselseitigkeit, die ihm ein koordiniertes Ritual hätte geben können.

Stattdessen würde ich Ihnen raten, sich im Voraus abzusprechen, ob sie ein Ritual gegenseitigen Lobens als Teil Ihres Rituals zum Hochzeitstag haben wollen oder ein anderes. Wenn Sie dem beide zustimmen, dann erinnern Sie sich vor dem eigentlichen Anlass daran und legen Sie fest, wann genau Sie es durchführen wollen, so dass keiner von Ihnen überrascht ist, wenn der andere damit beginnt. Mangelnde Übereinstimmung auf diesem Gebiet kann das Ritual beeinträchtigen, wenn nämlich Ihr Partner sagt: «Können wir noch einen Augenblick warten? Ich möchte nicht, dass die Suppe kalt wird.» Das würde bei Worten intensiver Gefühlsnähe ebenso wirken, wie das Aufschieben des Miteinander-Schlafens bis zur Halbzeit des Fußballspiels. Ich ziehe vor, und Leah pflichtet mir darin bei, das wechselseitige Lob an den Anfang des Essens zu stellen, wenn wir zum ersten Mal die Gläser in Händen halten. Meistens bin ich vorher zu aufgeregt, um noch zu warten, bis ich meine Vorspeise gegessen habe. Also trinken wir am Anfang auf uns und unsere Ehe, und dann sagen wir das über uns, was in diesem Jahr unsere Herzen bewegt. Wir hören dem anderen genau zu, einer kommt nach dem anderen, ohne auf die Einzelheiten einzugehen – nur ein gemeinsames Ritual. Und dann lassen wir uns mit frohem Herzen das Festmahl schmecken.

Für runde Hochzeitstage, oder auch für gewöhnliche, sollten Sie an eine Reise zusammen denken. Nichts verjüngt eine Ehe mehr als längere Zeit allein und fort von zu Hause. In der Tat, es ist ein guter Test, ob Ihre Ehe noch Feuer hat: Haben Sie mehr Spaß zusammen und streiten Sie weniger, wenn Sie zusammen wegfahren? Haben Sie mehr Sex und genießen Sie es mehr? Lachen Sie mehr zusammen? (Wenn das nicht der Fall ist, bedeutet es zwar nicht, dass Ihre Ehe zum Scheitern verurteilt ist, doch sollten Sie sich wahrscheinlich doch mehr Mühe geben und sich vielleicht Hilfe suchen bei den Konflikten, die sich Ihnen in den Weg stellen.) Allein schon der Vorschlag, am Hochzeitstag eine Reise zu machen ist etwas Romantisches und ein Zeichen von bewusster Eheführung. Achten Sie darauf, dass ich es als einen Hochzeitstags-Ausflug bezeichne und nicht als Ferien, die zufällig auf Ihren Jahrestag fallen. Denken Sie an Toms und Barbaras Geschichte? Ihre Entführung/ihr Ausflug zum Hochzeitstag könnte auch eine Art Ferien sein, aber als Feier dieses Tages gibt es ihnen genügend Dampf, damit sie durch den weiteren Winter und den Frühling kommen.

Es wurde auch erwähnt, man könnte die Rituale zum Hochzeitstag bekannter machen. Das ist etwas, das Leah und ich nicht gemacht haben, doch habe ich es mir für die Zukunft vorgenommen. Es gibt viele Menschen, die Teilhaber an unseren Ehen sind, Menschen, die davon profitieren, dass wir zusammen sind, und die uns wiederum helfen. Warum lassen wir nicht eine größere Gemeinschaft an den Geburtstagen unserer Ehe teilhaben?

Valentinstag

Weil ich wusste, dass ich für Sie etwas über den Valentinstag schreiben wollte, weil er für die meisten Menschen ein besonderer Tag für Verliebte ist, bat ich Leah gestern um Anregungen dazu. Sie meinte, ich solle Ihnen die Wahrheit darüber sagen: dass ich nämlich nicht viel vom Valentinstag als einem Anlass für Rituale halte. Ich glaube, ich bin eher ein Valetinstagsmuffel. Er ist zu einem kommerzialisierten gesellschaftlichen Ritual für Neuverliebte geworden, die sich über die Aufregung begeistern, mit der sie sich gegenseitig als wahre «Valentins» entdecken. So aufregend eine neue Liebe auch ist, sie kann ehelicher Liebe nicht das Wasser reichen. Und Valentinstag ist ein Zeitpunkt, der es erfordert, romantisch seine Liebe zu erklären, was ein kleiner Widerspruch in sich ist.

Mein Widerstand gegen den Valentinstag ist wahrscheinlich derselbe, den viele Menschen gegen Rituale im Allgemeinen haben. Der Nachteil eines Rituals liegt darin, dass es, wenn wir es fest einhalten, zu einem Zwang werden kann. Wir entwickeln dann vielleicht eine Abneigung dagegen und möchten uns von der Verpflichtung befreien. Viele Verheiratete, mit denen ich gearbeitet habe, vor allem Männer, widersetzen sich allen Arten von Eheritualen, weil sie es, wie sie sagen, besser finden, spontan zu handeln. Im Grunde sagen sie, dass sie nicht durch einen Zeitplan gesteuert werden wollen, um sich ihrer Partnerin nahe zu fühlen, und auf einer tieferen Ebene heißt das, sie wollen sich nicht von ihren Frauen bestimmt fühlen. Wenn ich meinen eigenen Widerstand gegen den Valentinstag bedenke, kann ich mit denen sympathisieren, die nicht durch Rituale gezwungen werden wollen, doch wenn man allen ehelichen Ritualen mit gewissenhafter Skepsis begegnet, führt das auch nicht zu größerer Spontaneität sondern zu einem überhaupt nur recht spärlichen Kontakt.

Doch möchte ich unterstreichen, dass ich es heute wichtig finde, Valentin zu feiern, nachdem ich viele Jahre lang Leah zu diesem Anlass kein Zeichen gegeben habe – keine Karte, keine Blumen oder Schokolade. Wenn unsere Gesellschaft einen Tag lang über romantische Liebe spricht, halten mich nun ideologische Überlegungen nicht mehr davon ab, meine eigene Liebste durch eine Kleinigkeit zu feiern.

Wenn Sie den Valentinstag wirklich schätzen und er ein wichtiges Ritual für Sie und Ihren Partner/Ihre Partnerin ist, feiern Sie ihn. Feiern Sie ihn so großartig wie ein Ritual zu anderem Anlass. Ich kenne einen Mann, der schon Monate im Voraus in einem beliebten, romantischen Restaurant vorbucht. Eine anderes Paar macht eine Wochenendreise vor oder nach dem Valentinstag. Wenn ich so etwas höre, werde ich immer ein bisschen neidisch auf die Menschen, denen die Oberflächlichkeit des Tages nicht im Weg steht. Vielleicht werde auch ich mich irgendwann einmal überwinden.

Geburtstage

Geburtstagsrituale können uns daran erinnern, dass jede Heirat eine transkulturelle Erfahrung sein kann, selbst wenn sich Nachbarskinder heiraten. Aus welchem Grund? Wir heiraten aus unseren Familien heraus, und jede Familie hat ihre eigenen Traditionen. Geburtstage waren in meiner Familie eine große Sache, aber nur solange man Kind war; später wurde der Geburtstag nur noch mit einer Karte zur Kenntnis genommen. Die Geburtstage unserer Eltern wurden überhaupt nicht gefeiert. Und auch für mich wurden die Geburtstage der Kinder wieder sehr wichtig, aber nicht die der Erwachsenen.

Doch in Leahs Familie waren die Geburtstage in jedem Alter mit einem aufwändigen Ritual verbunden. Jeder kannte die Geburtstage der anderen – Kinder, Eltern, Großeltern, Tanten, Onkel, Cousinen und Cousins und Nachbarn. Und sie alle – ich meine damit jeder und jede – kamen auch zu den Geburtstagsfeiern aller. Wir wollen die Feste feiern wie sie fallen. Leah kam in die Ehe mit den höchsten Geburtstagserwartungen.

Sie merken schon, worauf das hinzielt. Leah unternahm für meine Geburtstage, was sie nur konnte, was ich nett, wenn auch ein bisschen übertrieben fand. Aber ich brauchte viele Jahre, bis ich mich dazu entschließen konnte, zur Tat zu schreiten und etwas wirklich Besonderes zu Leahs Geburtstag zu unternehmen. Ich weiß, dass Sie sich fragen, weshalb ich so schwer von

Begriff war. Jedes Jahr dachte ich wieder nicht an ihren herannahenden Geburtstag, bis es so weit war und sie mich daran erinnert hatte, und dann schaffte ich es noch gerade mit einem Geschenk und einer Feier, die offen gestanden nicht gerade aufregend waren. Leah nahm zwar freundlich an, was ich zu Ihrem Geburtstag veranstaltete, freute sich aber nicht über meine Vergesslichkeit und die Bemühungen in letzter Minute. Manchmal sagte sie mir, dass sie verletzt war. Nachdem ich eine Zeit lang in der Defensive geblieben war, kam mir die Erkenntnis, sie enttäuscht zu haben, ich gestand es ihr ein und beschloss, es nächstes Jahr besser zu machen. Doch ein Jahr ist eine lange Zeit um sich an ein Versprechen zu erinnern, zumindest für mich, zumal ich gefühlsmäßig nicht verstand, wovon sie eigentlich redete. Geburtstage waren etwas für Kinder.

Ich weiß nicht mehr, wann ich anfing, es zu begreifen, aber ich weiß, es war erst in den 90er Jahren. Ich fürchte, ich bin in diesen Dingen etwas langsam. Ich erkannte, dass Leahs Geburtstag für mich eine Gelegenheit war, um ihretwillen über mich hinaus zu wachsen. Ich stellte fest, dass es für uns beide schön war, wenn ich schon Monate vorher daran dachte, wie ich ihren Geburtstag feiern könnte. Ich versuche, ihr etwas zu schenken, was ihr einfach die Schuhe auszieht. Ich habe mehr als 20 Jahre dazu gebraucht, aber schließlich habe ich den Geburtstag meiner Frau als einen Zeitpunkt begriffen, zu dem ich etwas wirklich Besonderes für sie tun kann. Ich weiß, dass nun die Reihe an mir ist, ihr auf sichtbare und greifbare Weise etwas von dem zurückzugeben, was sie mir das ganze Jahr so großzügig schenkt. Ich möchte, dass sie gerührt ist, sich als etwas Besonderes und geliebt fühlt. Der Versuch, dieses Ziel zu erreichen, macht mir jetzt Freude. Meinen Geburtstag betrachte ich immer noch nicht als so eine große Sache, aber es ist mir gelungen, diesen Unterschied zu überbrücken.

Ich möchte betonen, dass man nicht unbedingt viel Geld ausgeben muss, wenn man die allerbesten Geburtstagsrituale einführt. Es geht vielmehr darum, wie gut angepasst das Ritual für den Partner/die Partnerin ist und wie viel Liebe und Empfindung damit verbunden sind. Ein Ehemann, den ich kenne, nimmt sich immer frei und plant einen Tag voller Amüsements. Er ruft ihre Freundinnen, Freunde und Arbeitskollegen an, um sie daran zu erinnern, dass sie Geburtstag hat. Er unternimmt das alles, weil er weiß, dass der Geburtstag für seine Frau der Höhepunkt des Jahres ist.

Seien Sie kreativ mit Ihren eigenen besonderen Ritualen

Ich habe festgestellt, dass Verheiratete unglaublich kreativ sind, wenn es darum geht, ihre eigenen Rituale zu besonderen Anlässen zu erfinden; ich wäre nie auf manche dieser Ideen gekommen. Ein Ehepaar, das ich kenne, macht eine große, persönliche Sache aus dem Silvesterabend, während andere nur versuchen, zu Hause zu bleiben. Obwohl Weihnachten vor allem ein Familienfest ist, finden manche Ehepaare doch noch die Zeit, um am Weihnachtsabend ihre Liebe zu feiern. Selbst bei Festen für die Kinder, wie etwa einem Geburtstag oder einer Konfirmation, können sich die Eltern einige Zeit für sich allein reservieren, damit sie sich nahe fühlen und das Wunder wahrnehmen und feiern können, dass durch ihre Heirat dieses heranwachsende Kind in die Welt gekommen ist. Ich kenne sogar ein amerikanisches Paar, das jedes Jahr den Sturm auf die Bastille feiert.

Wenn mir Paare davon berichten, wie sie ihre besonderen Anlässe ritualisieren, und ich an Leahs und meine denke, dann empfinde ich eine Welle von gesundem ehelichem Stolz. Stolz über die Ehe? Wir sprechen von stolzen Eltern aber nicht von stolzen Ehepaaren, außer vielleicht davon, stolz zu sein, dass wir schon so lange verheiratet sind. Besondere Rituale einzuführen, ausschließlich für Sie und Ihren Partner/Ihre Partnerin, sich diesen Ritualen Jahr für Jahr verpflichtet zu fühlen und sie weiterzuentwickeln, damit sie lebendig bleiben – das sind Möglichkeiten, Zeichen und Ausrufezeichen ins tägliche Einerlei des Miteinanders zu setzen, und einen zuträglichen Stolz auf Ihre Ehe wachsen zu lassen.

Kapitel 11

Jede Ehe wird auch durch eine Gemeinschaft getragen

Um den Dichter John Donne abzuwandeln, keine Ehe ist eine Insel, von der Küste getrennt. Wer von uns kennt nicht die Trauer, wenn die Ehen der Freunde gelöst werden, wenn wir zunächst unsere Verbindung zu ihnen als Paar und dann zu einem oder beiden als Einzelpersonen verlieren? Je länger wir sie als Ehepaar gekannt haben, desto bunruhigender ist für uns die Scheidung. Ehen sind wie die Bäume im Stadtwald. Die mächtigen, uralten Eichen nehmen riesige Ballen öffentlichen Grunds mit, wenn sie entwurzelt werden.

Zuerst zeigen wir beiden Scheidungspartnern unser Mitgefühl und sagen, wir wollen nicht Partei ergreifen. Aber nur selten gelingt uns das. Einer der beiden ruft uns öfter an und bittet uns um emotionale Unterstützung. Wir hören mehr über die eine Seite der Scheidung. Die andere Person merkt das und entgleitet uns. Selbst die Freunde, die uns erhalten bleiben, können sich mit der Zeit in ein anderes gesellschaftliches Feld begeben.

Ehepartner in Scheidung teilen ihr soziales Umfeld genauso auf wie ihr Eigentum. Sie bekommt die Kirche, er die Bowling-Mannschaft. Sie behält den Freundeskreis von ihrem Arbeitsplatz, er hat die von seinem. Nachdem Sie sich 20 Jahre lang bei Ihrer Freundin Anna nach ihrem Mann Fred erkundigt haben, dürfen Sie nun nie mehr nach ihm fragen. Er ist für sie gestorben. Um Barbara Dafoe zu zitieren: « Jede Scheidung ist der Tod einer kleinen Zivilisation.» Eine Ehe ist keine ausschließlich private Beziehung in einer individualistischen Konsumgesellschaft; sie ist auch eine öffentliche Verbindung zwischen zwei Bürgern einer Gemeinschaft.

Wenn wir bereit sind, gegenseitig als Gewährsleute für unsere Ehen aufzutreten, wäre manchmal die Unterstützung, die wir geben oder empfangen, nicht nur von der Sorte, dass man sich selbst «so gut dabei fühlt». Manchmal käme sie auch in Form einer krassen Weigerung, für die Ehe bestimmter Menschen jede Hoffnung aufzugeben. Eine Gruppe von 12 Ehepaaren, die über viele Jahre freundschaftlich zusammenkamen und die ihre Ehen gut kennen lernten, ohne ausdrücklich über ihre Beziehungen zu sprechen, bemerkte eine mögliche Scheidung bei einem dieser Ehepaare. Die anderen taten sich zusammen, sprachen ausführlich mit beiden Partnern, besorgten einen guten Therapeuten für sie und begleiteten sie stützend durch diese Krise, bis sie danach ihre Beziehung verbessert hatten. Haben sie sich denn nicht eingemischt? Das kann man wohl sagen. Die Worte, die sie gebrauchten, waren: «Wir wollen keinen der Unseren verlieren.» Wie schon vorher bei Paaren, die körperlich krank geworden waren, versammelte sich die Gruppe um ein Paar, das sich mit einer Ehekrankheit auseinander setzen musste. Statt zurückzutreten und einfach zu sagen: «Es ist eine Privatsache», oder «Sie müssen ihre eigene Wahl treffen», trugen sie das Paar mit, bis es wieder gesund war. Sie verhalfen ihren Freunden und Mitgliedern in ihrer Gemeinschaft dazu, als Paar zusammenzuhalten, bis sich der neue Leim festigen konnte.

Traurigerweise haben die meisten von uns nicht das Glück, in einer solchen Gemeinschaft zu leben. Ich erinnere mich noch genau an den Moment, in dem mir dies bezüglich meiner eigenen Ehe klar wurde. Ich fuhr auf einer Landstraße zu einer Besprechung. Ich stellte mir zwei Fragen. Die erste war: «Wer sind die Menschen, die mir dabei geholfen haben ein Vater zu sein, Menschen, die mich beim Aufziehen meiner Kinder unterstützt haben?» Das Auto war plötzlich voller Gesichter von Menschen – Verwandten, Lehrern und Freunden, die Leah und mir unmittelbar geholfen hatten, Eric und Elizabeth groß zu ziehen, Menschen, die uns als Eltern gut kannten und auch mit unseren Kindern wohlvertraut waren. Ich erinnere mich beispielsweise an die wichtige Unterstützung durch die anderen Eltern aus unserer Kirchengemeinde, als wir uns mit den kleinen Kindern einlebten. Meist waren es die einfühlsamen Gesten und Worte wie: «Wir kennen das, es ist zwar ganz schön hart jetzt, aber Ihr Baby ist einfach wunderbar!» Wir hatten viele Gewährsleute für unsere Elternrolle.

Dann stellte ich die zweite Frage: «Wer hat mir dabei geholfen, unsere Ehe wachsen zu lassen, Menschen, die meine Ehe gut kannten?» Das Auto entleerte sich plötzlich von Gesichtern, und nur ein paar schemenhafte traten an ihre Stelle. Ja, ich weiß, viele machten sich Gedanken um den Erfolg unserer Ehe. Aber wer, wollte ich wissen, hatte uns direkt unterstützt und uns als Verheiratete so gekannt, wie sie uns als Eltern gefördert und mit uns vertraut gewesen waren? Die Frage war nur schwer zu beantworten und hinterließ ein unsicheres Gefühl.

Ich glaubte, es liege vielleicht an meinem mangelhaften Vorstellungsvermögen oder schlechten Gedächtnis, also stellte ich abends Leah dieselbe Frage. Ihr fiel ebenfalls niemand ein; sie dachte an Menschen, die indirekt unsere Ehe gestützt hatten, indem sie uns individuell oder als Eltern geholfen hatten, aber niemand hatte sich in unsere Ehe eingefühlt und uns dabei direkt unterstützt. Beispielsweise kann ich mich nicht daran erinnern, dass uns jemand jemals danach gefragt hätte, wie Leah und ich mit bestimmten Bereichen unseres ehelichen Lebens umgegangen seien. Und außerhalb meiner Rolle als Therapeut habe ich auch nicht oft einem Freund eine ähnliche Frage gestellt – es sei denn, es lag ein Grund für eine offensichtliche Belastung vor, wie etwa eine ernsthafte Erkrankung bei einem von beiden Partnern.

Forschen Sie doch auch einmal bei sich nach, welche Grundlage Ihre Ehe in einer Gemeinschaft hat. Sie können diese Frage vielleicht gar nicht ohne weiteres verstehen. Wenn Sie viele Menschen in Ihrem Leben haben, auf die Sie zählen können, dann stützen diese auch auf einer gewissen Ebene Ihre Ehe. Aber das ist eine indirekte Hilfe. Fragen Sie sich, ob Sie jemand in Ihrer Ehe so mit seinem Rat begleitet hat, wie das vielleicht in Ihrem Beruf der Fall war. Fragen Sie sich, wie oft Sie Geschichten über Strategien, Erfolge und Misserfolge anderer Lebensaspekte – Elternschaft, Arbeit, Gesundheit – im Vergleich zu Berichten aus Ihrer Ehe mit anderen austauschen. Wenn Sie sich durch Ihre Gemeinschaft ausreichend gestützt fühlen, freue ich mich für Sie. Ist das aber nicht der Fall, gehören Sie zu einem sehr großen Klub.

Das Problem dabei ist die gesellschaftliche Annahme, dass wir unser Eheleben weitgehend allein führen. Statt einer Ehe, die in einer Gemeinschaft begründet ist, führen wir einsame Ehen. Der Pionier der Eheerziehung und Eheberatung, David Mace, nannte es das «zwischeneheliche Tabu,» die Angst, danach zu fragen oder zu enthüllen, was innerhalb unserer ehelichen Beziehung vor sich geht. Eine Frau, die ihre Freundin nach den intimsten Details der Mutterschaft fragt – machten sie eine Episiotomie? Schoss die Milch ohne Schwierigkeiten ein? – würde sich wahrscheinlich vor so harmlosen Fragen scheuen, wie etwa danach, ob sie und ihr Mann noch Zeit finden, um zu zweit allein zu sein, wo sie doch jetzt Eltern geworden sind. Teilweise beruht die Scheu darauf, dass die Ehe eine zweigleisige Beziehung ist; fragt man nach der Ehe, fragt man auch nach dem Partner und nicht nur nach dem Freund/der Freundin. Zwar haben die meisten von uns das Gefühl, frei über eine voreheliche Liebesbeziehung oder einen kranken Partner nachfragen zu dürfen, doch die Ehe ist Privatsphäre – und Isolation.

Wir beginnen unsere Ehe mit einer reichen Fülle an sozialer Ermutigung. Das ist der Grund für die Hochzeitsrituale. Hochzeiten sind die historisch tradierten Anlässe, bei denen die Gewährsleute einer Ehe zusammenkommen, um Unterstützung zu leisten. Viele religiöse Gemeinschaften fordern heute eine Vorbereitung auf die Ehe, was eine zusätzliche Hilfsmöglichkeit für eine junge Ehe ist. Das einzige weitere Eheereignis, das in der Gesellschaft wahrgenommen wird, ist der Tod eines der beiden Partner. Eine Hochzeit, um eine Ehe auf den Weg zu bringen, ein Begräbnis um sie zu beenden – die übrige Zeit sind Sie allein, was die Gemeinschaft anbelangt.

Bei einzelnen Ehepartnern, besonders Frauen, ist es nicht unüblich, dass sie mit ihren Freundinnen über ihre Ehen sprechen. Das kann eine wichtige Form von Unterstützung sein, wenn Ihren Freunden Ihre Ehe ebenso am Herzen liegt wie Ihnen persönlich.(Wir sind schon auf dieses Thema eingegangen.) Wenn Sie häufig über Ihre Ehebeziehung sprechen, können Sie vielleicht auch das Glück haben, dass Sie ein Freund/eine Freundin direkt nach dem Wohlergehen Ihrer Ehe fragt. Aber diese Freunde werden Ihre Ehe und ihre Herausforderungen ausschließlich aus Ihrem Blickwinkel sehen können. Die Wahrscheinlichkeit ist, dass Sie und Ihr Partner als Paar, genau gesehen, mit niemandem offen über Ihre Ehe sprechen. Sollten Sie in dieser Beziehung aufgeschlossen sein, hätte ich gerne eine Zuschrift von Ihnen, damit ich mehr darüber erfahren kann, wie es Ihnen gelungen ist, die gesellschaftliche Norm zu überwinden, nach der das Innenleben einer Ehe ein Solitärspiel für zwei Personen ist.

Warum die einsame Ehe ein Problem ist

Die meisten Paare, mit denen ich als Therapeut zu tun habe, merken nicht, wie allgemein ihre Probleme sind. Sie verlieren den Mut, weil sie mit ihren Fehlern und Enttäuschungen allein zu sein glauben. Es wäre so, als wollten junge Eltern ihren Zweijährigen zum Psychologen bringen, weil er angefangen hat, «nein» zu brüllen und Wutanfälle bekommt. Ohne eine offene Diskussion im Familien-und Freundeskreis über die normalen Phasen und Belastungen des Ehelebens, glauben manche Paare, ihre Ehe befinde sich bei den untersten 2 % statt an der soliden 50 % Grenze. Oder sie merken nicht, dass sie in dem einen Bereich weit unter der Norm liegen, in anderen aber das Rudel anführen. Nehmen wir das Verfolger/Distanzierer-Muster, das wir bereits hatten. Es zeigt sich bei fast allen Ehen. Oder die unterschiedliche Haltung, mit der die schwere Erkrankung eines geliebten Menschen verarbeitet wird. Oder das Gefühl, nach der Geburt des ersten Kindes als Paar etwas den Kontakt verloren zu haben. Ein Problem der isolierten Ehe besteht darin, dass die Menschen heute nicht wissen, was mit dem Eheleben auf sie zukommt.

Die zweite Schwierigkeit ist, dass die Menschen nicht von der Klugheit der anderen Paare profitieren können, die entweder die Hindernisse überwunden oder gelernt haben, damit in Anstand zu leben. Eine Sache ist es, die Bücher von Experten über die Ehe zu lesen, eine andere, es von einem Gleichaltrigen oder Älteren, der in Ihren Schuhen gelaufen ist, zu erfahren. Selbst wenn Sie die Erfahrungen und Ratschläge an Ihre eigene Situation anpassen müssen, weil Ihre Ehe oder Ihr Alter abweicht, können Sie davon lernen und sich inspirieren lassen. Erinnern Sie sich noch daran, was Sie erfahren haben oder wodurch Sie bei den Ritualen, die uns Menschen mitgeteilt haben, inspiriert worden sind? Sie haben ihre Einsichten auf einer Tagung für Ehepaare mitgeteilt. Ich möchte Ihnen meine Einleitungsgeschichte bei meiner Einführung zu dieser Tagung erzählen, zur Illustration dessen, was wir lernen können, wenn wir offen miteinander über unsere Ehen sind:

- «Ich hatte ein faszinierendes Gespräch mit dem Taxifahrer auf dem Weg vom Flughafen zu dieser Tagung. Als

> er seine Frau erwähnte, fragte ich ihn, wie lange er denn schon verheiratet sei. «47 Jahre verheiratet», sagte er, «und ich bin 68.» Er war ein afro-amerikanischer Herr, der in äußerst guter gesundheitlicher Verfassung schien. Ich fragte ihn nach dem Geheimnis seiner langlebigen Ehe. Ohne zu zögern antwortete er: « Halte mit nichts hinterm Berg. Keine Geheimnisse. Wenn man sich streitet, muss man sich hinterher wieder vertragen. Was bedeutet, dass sich einer zuerst entschuldigen muss.» Er fügte hinzu, dass er sich immer zuerst entschuldige. Dieser Typ hat die wissenschaftlichen Untersuchungen zur Ehe gelesen, oder vielleicht braucht er das gar nicht. Er wagte sich dann auf das Gebiet der Geschlechtsrollen und erzählte, wie ihn einmal eines seiner zehn Enkelkinder gefragt hatte: «Großpapa, bist Du das Haupt der Familie?» Er antwortete langsam und bedächtig: «Ja, ich denke doch, aber wenn ich das Haupt bin, dann ist die Großmama der Hals, und Du weißt, der Kopf bewegt sich nie, bevor der Hals es nicht zuerst tut.»

Ich hatte das Gefühl, bereits das Interessanteste der Tagung hinter mir zu haben, bevor ich überhaupt erst im Hotel ankam. Wir können von jedem Paar etwas lernen, wenn wir nur den Schlüssel dazu haben.

Das dritte Problem bei der isoliert geführten Ehe besteht darin, dass die Paare allein leiden, wenn sie unglücklich sind. Wie oft waren Sie vielleicht überrascht und traurig, wenn Sie erfuhren, dass ein Freund/eine Freundin oder ein von Ihnen geliebter Mensch seine Scheidung ankündigte und Sie vorher gar nicht wussten, dass Schwierigkeiten bestanden hatten. Wenn bei denselben Paaren einer der Partner Krebs gehabt hätte, hätten Sie es gehört. Wenn bei einem von ihnen Vater oder Mutter gestorben wären oder ein Kind krank geworden wäre, hätten Sie es gewusst. Der Freundeskreis des Paares, zu dem Sie auch gehören, hätte sich wahrscheinlich helfend zusammengeschlossen. Aber so oft leiden die Paare und halten es geheim, während ihre Mutlosigkeit wächst, und schämen sich jetzt etwas zu sagen, weil sie es überhaupt nicht gewöhnt sind, sich mitzuteilen. Wie sollen Sie sich ganz plötzlich über Ihre Ehekrise aussprechen, wenn sie nicht einmal die kleineren Probleme erwähnt haben? Auch hier wieder kann einer von beiden mit einem Freund/einer Freundin vor dem Zusammenbruch sprechen, aber das Paar wahrt häufig um der verheirateten Freunde willen den Schein.

Ein viertes Problem liegt darin, dass zu viel Druck auf einer Eheberatung liegt, falls sie sich beraten lassen, wenn das Paar keine adäquate Unterstützung in ihrer Gemeinschaft erfährt. Tatsächlich ist die Unterstützung, wie bereits besprochen, auch manchmal negativ – auf nur einen der Partner ausgerichtet und gegen den anderen und nicht zum Besten der Ehe. Sam Gurnoe, ein amerikanisch-indianischer Heiler und Familientherapeut sagte einmal etwas zu einer Gruppe von Therapeuten, das ich nie vergessen habe. Indem er zwischen den Vorzügen einer Therapie und denen einer tiefgreifenden Heilung unterschied, die nur aus einer Gemeinschaft kommen kann, sagte er: «Außerhalb einer Gemeinschaft, einer Kultur, einer Spiritualität kann man zwar behandeln aber nicht heilen.» Er fuhr fort und sagte, er sei nicht gegen eine Behandlung. Sie ist wichtig und kann Gutes ausrichten. Aber er weckte in uns die Erkenntnis, dass die wahre Heilung nur innerhalb einer Gemeinschaft liegen kann, die größer ist als der betreffende einzelne Mensch, seine Ehe oder seine Familie. In der Therapie versuchen wir eine kleine heilende Gemeinschaft in der Praxis zu schaffen, nur um die Paare wieder zu ihrem Solitärspiel zurückzuschicken, wenn wir aufhören mit ihnen zu arbeiten.

Die Ehe war nicht immer so einsam

Früher war nichts an der Ehe so privat wie heute fast alles. Nicht einmal die Sexualbeziehungen, denn die meisten Familien schliefen zusammen in großen Räumen. Bis ins 19. Jh. war die Familie in Europa und Nordamerika nach außen auf die Gemeinschaft orientiert und weniger nach innen auf die Kernfamilie. Das Wohnen war dunkel und eingeengt, also verbrachten die Familien so viel Zeit wie nur möglich draußen, was bedeutete, in den Augen der Öffentlichkeit. Die meisten Menschen wurden in eine gewachsene örtliche Gemeinschaft geboren, heirateten und starben dort. Sie kannten viele andere und waren auch selbst bekannt. Sie heirateten jemand, mit dem sie und ihre Familie schon ihr ganzes Leben vertraut waren. Wenn sich ernsthafte Eheprobleme ergaben, merkten das auch die anderen Menschen in ihrer Umgebung. Ergaben sich im puritanischen Neuengland schwerwiegende Eheprobleme, etwa Fälle von körperlichem Missbrauch und ehelicher Untreue, so wissen wir, dass die Dorfältesten die schuldige Seite aufsuchten, um ihn oder sie wieder zu dem Verhaltenskodex der Gemeinschaft zurückzubringen.

In den hispanischen Dörfern Neumexikos gab es bis zum 19. Jh. ein stützendes soziales System für Paare und Familien. Es gab *compadrazgo*, Menschen, die der Familie bei den Zeremonien in Verbindung mit den Übergangsriten beistanden. Wir sind alle mit der Patenrolle vertraut, die nicht nur ein über die Taufe Halten, sondern auch die Verantwortung für die moralische Erziehung des Kindes bedeutet. Es wurde mir erst kürzlich aus der Literatur des Historikers Adrian Bustamante bewusst, dass es in der hispanischen Kultur Neumexikos auch «Ehepaten» gab. Sie wurden *padrinos de boda*, Hochzeitspaten, genannt und waren nicht nur für den Beistand bei den vorgeschriebenen Hochzeitsritualen sondern auch für die Beratung der *ahijados* (Patenkinder) verantwortlich, falls sich in der Ehe Schwierigkeiten ergeben sollten.

Selbst heute gibt es in vielen nicht-westlichen Ländern mehr gemeinschaftliche Unterstützung für die Ehen als in unserer Gesellschaft. Die afro-amerikanische Schriftstellerin Sobonfu Some schrieb über die Ehe in ihrem Heimatdorf in Westafrika, wo eine Ehe nicht nur als eine private Beziehung angesehen wird.

Ihrem Bericht nach weiß das ganze Dorf Bescheid, wenn ein Paar Eheprobleme hat, und ist auch sonst davon betroffen. Das soziale Wohlergehen des Dorfes ist beeinträchtigt, wenn eine Ehe scheitert. Und es gibt ritualisierte Vorgehensweisen für eine Intervention und zur Hilfe für das Paar. Die Frauen sprechen mit der Ehefrau und die Männer mit dem Ehemann. Sollte das keinen Erfolg haben, dann kommen die Vertreter der Männer und der Frauen zusammen, um beim Konflikt zu vermitteln. Verstehen Sie, wie der soziale Druck wächst, damit Sie Ihre Eheprobleme lösen? Ihr eheliches Glück und Unglück sind in einer Gemeinschaftskultur nicht nur Ihre eigene Angelegenheit. Schließlich, wenn sich das Paar wieder versöhnt, wird ein Ritual zur Reinigung und Wiederverbindung im Fluss abgehalten, wobei die Partner einzeln von ihren Geschlechtsgenossen unter Wasser getaucht werden; danach halten sie sich noch unter Wasser bei den Händen und tauchen zusammen auf, mit hochgereckten Händen, zum allgemeinen Beifall und Jubel des Dorfes.

Wir können einem solchen Beistand für eine Ehe nichts Gleichwertiges entgegenhalten. Unsere Gesellschaft ist zu individualistisch und allzu sehr an Privatheit und Autonomie orientiert. In meinem Staat Minnesota legte der Gouverneur kürzlich ein Veto gegen einen Vorschlag ein, dass Paare, die einen 12-stündigen Ehevorbereitungskurs ihrer Wahl machen, einen 50-Dollar-Gutschein auf die anfallenden Gebühren bei der Eheschließung angerechnet bekommen. Seine Begründung für das Veto war, der Staat habe kein Interesse daran, was die Menschen mit ihrer Ehe machen; die Ehe sei eine private Angelegenheit.

Vor einem Jahr verheiratete ich einen Freund und eine Freundin, die mir beide sehr nahestehen. (In ihrem Staat kann ein Laie eine Trauung vornehmen, wenn er ein bestimmtes Antragsverfahren durchläuft.) Bei der Hochzeit bat ich die Gäste, darüber nachzudenken, wie sie dieses Ehegelöbnis und die Beziehung dieses Paares unterstützen könnten. Und dann ging ich mit einem tragbaren Mikrofon in der Hand durch den Raum und lud die Familie und die nahen Freunde dazu ein, dieses Versprechen vor dem Paar laut abzulegen. Das Ganze war sehr eindrucksvoll und die Versprechen reichten vom Für-das-Paar-Beten bis zur Garantie eines großen, kräftigen und freundlichen Mannes, er werde den Ehemann «in den Hintern treten», wenn er seine gerade angetraute Frau nicht so gut behandelte, wie sie es verdiene. So wunderschön dieses Gemeinschaftsritual auch war, heute, ein Jahr später, wird mir deutlich, dass es vielleicht nur gute Vorsätze warenf, weil genaue Angaben darüber, wie diese Hilfen in die Tat umzusetzen sind, fehlten.

Was Sie und Ihr Partner/Ihre Partnerin tun können

Ich möchte Ihnen nichts vormachen. Ich selbst habe noch immer keine Ehe, die sich auf eine Gemeinschaft gründet, und auch ich fange erst an zu lernen, wie eine solche Ehe aussehen könnte. Von allem, was ich in diesem Buch geschrieben habe, ist dies am wenigsten weit entwickelt. Ich kann Ihnen nicht einmal Hinweise auf weitere Quellen geben, die herausgefunden haben, wie moderne amerikanische Ehepaare verantwortliche Mitglieder lebendiger Gemeinschaften sein können, die sich gegenseitig Beistand leisten und auf so unübliche Weise Einfluss nehmen. Ich arbeite gerade in einer besonderen Gemeinschaft an dieser Herausforderung, aber wir befinden uns immer noch im Anfangsstadium. Was ich im Augenblick erst anbieten kann, sind vielmehr Ideen und Vorschläge und keine erprobten Strategien. In ein paar Jahren hoffe ich weiter zu sein.

Im Folgenden lege ich einiges dar, was Sie für sich persönlich ausprobieren können, um für Sie und andere in Ihrem Leben eine gemeinschaftsorientierte Ehe zu fördern. Diese Vorschläge kommen zusätzlich zu den Initiativen auf einer gemeinschaftlichen Ebene, die ich später ausführen werde. Nichts an ihnen fällt leicht, wenn man das Privat-Tabu zur Ehe bedenkt. Aber es sind Anfänge.

- Seien Sie offener über Ihre Ehe zu Menschen, die Ihnen nahestehen. Ich war selbst überrascht über meine eigene Scheu, selbst mit guten Freunden über meine Ehe zu sprechen, und habe mir vorgenommen, diesen Vorschlag auch selbst aufzugreifen. Aber seien Sie vorsichtig und fangen Sie langsam damit an und dann mit Routinefragen, etwa über die Zeit, die Sie jetzt miteinander verbringen können, jedoch nicht über Ihre Hin-und-wieder-und-dann-doch-wieder-nicht-Sexualbeziehung!

- Fragen sie andere über ihre Ehen. Fallen Sie auch hierbei nicht mit der Tür ins Haus. Sie können fragen, wie sie sich kennen gelernt haben; die meisten Menschen erzählen diese Geschichte für ihr Leben gern. Wenn ein Paar gerade eine wichtige Lebensveränderung hinter sich hat, etwa ein erstes Kind, können Sie danach fragen, ob sie denn noch über Zeit für sich verfügen. (Und Sie können sich als Babysitter anbieten, damit sie Zeit zum Ausgehen haben.) Wenn das letzte Kind aus dem Haus ist, können Sie fragen, wie sie das jetzt empfinden. Wenn Sie sich mit einem schon lange verheirateten Paar unterhalten, können Sie sie nach Ihrem Geheimnis einer so langen Ehe fragen; sie werden sich freuen, darüber reden zu können.

- Machen Sie Komplimente, wenn Sie in einer Ehe etwas sehen, was Ihnen gefällt. Ich bin immer überrascht, wie selten die meisten von uns positive Kommentare über unsere Ehe hören. Es ist eine Möglichkeit zu sagen, was wir an diesem wichtigen Bereich im Leben der Menschen wahrnehmen und wertschätzen.

- Wenn Sie und Ihr Partner einem anderen Ehepaar nahe stehen, regen Sie doch an, dass Sie zu viert gegenseitig über Ihre Ehen sprechen. Dies würde Ihre Freundschaft vertiefen und eine Resonanzmöglichkeit für Ihre Ehebeziehungen darstellen. Ein guter Zeitpunkt dafür könnte sich ergeben, wenn Sie zu viert den nächsten Vorschlag aufgreifen.

- Gehen Sie zur Eheschulung und zu Angeboten für eheliche Weiterbildung. Hier bietet sich die Gelegenheit, mit anderen Paaren zusammenzukommen, die ebenfalls Interesse daran haben, ihre Ehen weiterzuentwickeln und Unterstützung anzubieten und auch anzunehmen. Ergreifen Sie bei einem dieser Treffen das Wort und fragen Sie die anderen Paare, ob sie daran Interesse hätten, über ihre Ehen zu sprechen. Der Besuch derselben Eheschule hat Ihnen und den anderen Paaren vielleicht ein gemeinsames Vokabular gegeben, um sich zu diesem Thema auszutauschen. Ich fasse also zusammen, lassen Sie keine Gelegenheit aus, an Veranstaltungen teilzunehmen, die in Ihrer Gemeinschaft öffentlich zum Thema Ehe angeboten werden, denn da ist das Eis schon gebrochen und Sie werden leichter Gleichgesinnte finden.

Was Gemeinschaften leisten können

Jetzt wollen wir darüber sprechen, was die Gemeinschaften zur Unterstützung unserer Ehen leisten können. Natürlich können Gemeinschaften nichts tun, wenn wir nicht als Individualpersonen die Initiative ergreifen. Eins der ersten Themen in diesem Buch war der Gedanke, in der eigenen Ehe zu einem mündigen Bürger zu werden. Jetzt möchte ich diese Vorstellung dahingehend erweitern, dass wir zu Anwälten der Ehe in einer Gemeinschaft werden. Denken Sie an die Gemeinschaften, denen Sie angehören, wo Sie die Idee einbringen könnten, eine Gemeinschaftsinitiative für die Ehe zu starten oder sich an einer von anderen begonnenen beteiligen.

Ich glaube, dass Gemeinschaftsinitiativen am leichtesten in bereits bestehenden Gruppierungen in Gang gebracht werden können, etwa in religiösen Gemeinschaften oder Institutionen, die ohnehin schon als Zusammenschluss den Ruf der Vertrauenswürdigkeit genießen, wie etwa der CVJM, Familienhilfsorganisationen, Gemeindezentren verschiedener Konfessionen und Familienbildungsstätten. Obwohl es auch möglich sein kann, dass sich Nachbarschaftseinrichtungen und andere lose assoziierte Gruppen zum Thema Ehe formieren, erwarte ich eher, dass bereits strukturierte und von der Allgemeinheit anerkannte Zentren der richtige Ort für den Anfang sind. Manche von ihnen werden aber erst herausfinden müssen, dass die Ehe vordringlich zu ihren Aufgaben gehört. Ich werde nicht versuchen, sie an dieser Stelle davon zu überzeugen, aber ich werde darüber sprechen, was sie unternehmen können, wenn sie festgestellt haben, dass Unterstützung für die Ehe von großer Wichtigkeit ist. Denken Sie daran, dass dieses «sie» in diesem Fall ebenso auch Sie und mich einschließt, denn wir sind Mitglieder dieser Institutionen und Bürger dieser Gemeinschaften.

- Richten Sie Programme mit Mentorenehepaaren ein, auf ähnliche Weise wie sie in den religiösen Gemeinschaften im Lande entstehen. Diese Initiative wurde von Personen wie Mike und Harriet McManus sowie Leslie und Leslie Parrot gegründet. Die Mentorenpaare sind im Allgemeinen seit zehn Jahren oder länger verheiratet und führen Ehen, die sowohl von beiden Partnern als auch ihren Gemeinden als gut angesehen werden. Sie werden darin geschult, jüngeren Ehepaaren Beistand zu leisten und sie zu beraten, besonders jungen Paare, die gerade mit ihrer Ehe anfangen. Dann werden die Paare einander zugeordnet, und es wird erwartet, dass sie sich mehrmals jährlich über mehrere Jahre treffen. Diese Art von Begleitung macht sie zu Gewährsleuten für andere Ehen und ist nicht nur für die jungen Paare sondern auch für die Mentorenpaare von Wert. Sollten Sie glauben, Jungverheiratete brauchen keine Unterstützung, weil sie ihren Liebesfrühling genießen, denken Sie daran, dass es auch viele Paare gibt, deren Fallschirm sich nie öffnet, die von Anfang an unsicher sind und niemand haben, an den sie sich wenden könnten.

- Bringen Sie Ehepaare zusammen, damit sie sich in Krisen gegenseitig helfen können. Ein Pastor erzählte, wie er Ehepaare in seiner Predigt dazu einlud, sich mit ihm in einem Kirchenraum nach dem Gottesdienst zu treffen, wenn sie eine Zeit großer Schwierigkeiten in ihrer Ehe erlebt und erfolgreich durchgestanden hatten und jetzt dazu bereit wären, anderen Paaren, die jetzt in einer Krise seien, zu helfen. Es kamen mehr Paare, als er erwartet hatte, darunter auch viele, von deren Konflikten er gar keine Ahnung gehabt hatte. Sie wurden ausgebildet, um Ehepaaren mit schweren Problemen beistehen zu können, was sich, wie mir gesagt wurde, sehr bewährt hat. Eine solche Hilfe steht einer Ehetherapie nicht entgegen; sie könnte tatsächlich eine phantastische Unterstützung für eine Therapie sein.

- Vereinigen Sie sich zu informellen Gruppen zu gegenseitiger Unterstützung und Erfahrungserweiterung. An Stelle der herkömmlichen Selbsthilfegruppen, in denen die Teilnehmer die Tendenz haben, den Beistand der Gruppe zu «konsumieren,» bis sie diese nicht mehr nötig haben, empfehle ich Gruppen mit zweifacher Aufgabe: sich gegenseitig in den eigenen Ehen zu unterstützen und auch die übrigen Ehen in der Gemeinschaft zu fördern. Beispielsweise könnten die Gruppenmitglieder dazu übergehen, Mentorenarbeit als Beitrag zu Ehevorbereitungskursen zu leisten oder sich zu Laienhelfern bei der Eheschulung ausbilden zu lassen.

- Halten Sie Rituale in öffentlichem Rahmen ab. Sie könnten von den informellen Gruppen geplant sein und von den Mitarbeitern der Organisation koordiniert werden. Ich schlage drei Arten von gemeinsamen Eheritualen vor: Feiern anlässlich des Hochzeitstags, Rituale der Heilung sowie Versöhnungsrituale. Diese passen wahrscheinlich am besten in eine religiöse Gemeinschaft, wo sie die Spiritualität einer bestimmten Gemeinde ausdrücken können.

- Gründen Sie Ehepaargruppen im Internet. Diese würden sich entweder für Paare anbieten, die sich keiner Gruppe mit direktem Kontakt anschließen wollen oder für Paare, die bereits in einer Gruppe sind und zusätzlich noch Verbindung zu einer weiteren Gruppe oder anderen Ehepaaren suchen. Mich hat die Möglichkeit beeindruckt, per Internet die Isoliertheit mancher Ehen aufzuheben.

Die Gemeinschaftsinitiative «Die Ehe hat Bedeutung»

Wie ich bereits erwähnte, bin ich in den Anfangsphasen eines Gemeinschaftsprojekts beteiligt, in dem versucht wird, gemeinschaftsbezogene Ehen zu fördern. Die Gruppe mit dem Namen «Die Ehe ist von Bedeutung» wird vom Leaven Center finanziert und entstand in der katholischen Pax Christi Gemeinde in Eden Prairie, Minnesota. Bis jetzt haben wir mit einem Community Activation Team eine Paargruppe gegründet, die es sich zur Aufgabe gemacht hat, eine Zielvorstellung zu einer wünschenswerten Zukunft für Ehepaare in dieser kirchlichen Gemeinde zu erarbeiten. Teilnehmer dieser Gruppe befragen andere Gemeindemitglieder nach ihren Ansichten über die Herausforderungen für die Ehe und welche Möglichkeiten sie in dieser Gemeinde sehen, um ein wirklich günstiges Umweltklima für die Ehe zu schaffen.

Aus diesen ersten Anfängen soll durch einen demokratischen Prozess eine Reihe von Initiativen entstehen, auf dem Prinzip basierend, dass jedes Ehepaar Information, Rat und Unterstützung für eine Ehe gleichermaßen geben und empfangen kann.

Ziel ist es, die tief gegründeten Ressourcen anzuzapfen, die sich in einer Gemeinschaft im Hinblick auf die Ehe finden lassen, und bei diesem Versuch festzustellen, wie dies auch andere Gemeinschaften übernehmen können. Obwohl es sich hier um eine katholische Glaubensgemeinschaft handelt, lässt sich unsere Vorgehensweise auch auf jede andere religiöse oder nicht-religiöse Gemeinschaft übertragen, die sich mit dem Thema Ehe befasst.

Bei der Arbeit mit dieser Gruppe wurde mir deutlich, wie wichtig es ist, sich an zwei Grundwahrheiten der Ehe zu halten. Auf der einen Seite ist die Ehe eine wunderbare sprirituelle und körperliche Verbindung zwischen zwei menschlichen Wesen und ein Grundpfeiler der menschlichen Gesellschaft. Andererseits ist sie eine störanfällige, menschliche Beziehung zwischen zwei Menschen mit ihren Schwächen im Kampf gegen übermächtige Beeinflussungen um den Erhalt ihrer Liebe. Glaubensgemeinschaften, die den Glanz einer Ehe feiern, ohne Raum für ihre dunkle Seite einzuräumen, werden viele Paare in die Heimlichkeit treiben, wo sie in Einsamkeit und Scham ihre Wunden lecken. Selbst kirchliche Gemeinden, die gute Fortschritte dabei gemacht haben, das Leiden der Menschen mit gescheiterten Ehen anzuerkennen und darauf zu reagieren, können nur schwer dieselben Bedürfnisse bei denen sehen, die noch darum kämpfen, mit ihren problematischen Ehen zurechtzukommen.

Während eines meiner Workshops für Therapeuten zur Verpflichtungshaltung in der Therapie kam eine Frau auf mich zu und berichtete von ihrer Reaktion auf die unerwartete Ankündigung ihrer Tochter, sich scheiden lassen zu wollen. Die Mutter war Therapeutin und in «neutraler» Einstellung zu Scheidungen ausgebildet und lebte auch in der Vorstellung, dass sich Eltern nicht in die Lebensentscheidungen erwachsener Kinder einmischen dürften. Aber sie fühlte sich ganz eindeutig nicht neutral, als ihre Tochter eine Ehe mit kleinen Kindern beenden wollte, ohne sich vorher doch noch um eine Rettung der Ehe zu bemühen. Als ihre Tochter sagte: «Mama, ich lass' mich scheiden», platzte die Mutter heraus: «Nur über meine Leiche! Bevor Du

Dich entscheidest, wirst Du eine Therapie machen und ich werde Dir einen guten Therapeuten besorgen.» Die Tochter, völlig verblüfft, stimmte zu. Mit Tränen in den Augen berichtete mir die Mutter, dass die Ehe ihrer Tochter immer noch bestand und es jetzt gut ging. Statt ihren Ausbruch als peinlich zu empfinden, war die Mutter jetzt stolz darauf.

Die isolierte Ehe passt gut in die heutige Konsumgesellschaft, aber sie ist einsam und anfällig. Wenn es kalt wird und anfängt zu regnen, brauchen wir mehr Schutz, als wir einander geben können, und das Bewusstsein, dass eine Gemeinschaft, die positiv zur Ehe eingestellt ist, uns nicht nur trägt, sondern uns als Bürgern auch abverlangt, unsere Eheverpflichtung ernst zu nehmen und auch für die Ehen der anderen in unserer Umgebung einzutreten. Entweder wir stehen zusammen für die Ehen in unserer Gemeinschaft oder wir werden einer nach dem anderen, die schwächsten zuerst, von einer Gesellschaft verschlungen, die Jagd auf die beständige Liebe macht. Selbst wenn wir uns unserer Ehen sicher sind, denken Sie daran, dass die nächstschwache im Rudel die Ehe Ihres Freundes/Ihrer Freundin sein könnte oder die Ihrer Tochter. Wie müssen eine Welt aufbauen, die sicher für die Ehe ist.

Kapitel 12

Werden Sie für Ihre Ehe aktiv

Wenn Sie bis hierher mit mir durchgehalten haben, sind Sie jetzt vielleicht davon überzeugt, dass Sie Ihre Ehe immer wieder vor der Erst-Ich-Konsumgesellschaft und dem natürlichen Abdriften Ihres Ehekanus nach Süden retten müssen. In den modernen Ehen kann man sich nicht auf seinen Lorbeeren ausruhen. Sie sind möglicherweise auch sicher, dass Sie sich eine bewusste, sichere und gemeinschaftsorientierte Ehe wünschen, komme was da wolle. Dies ist nicht das 1970er Modell eines «Ich-bestimmten» Paares; hier geht es um das eheliche Überleben in der Welt von heute.

Wir hatten schon die ganze Zeit das aktive Vorgehen zum Thema, warum also noch eine spezielle Diskussion über das Aktiv-Werden für die Ehe? Zuerst einmal werden Sie wahrscheinlich das Buch allein gelesen haben; ihr/e (Ehe-) Partner/Partnerin hat Ihnen dabei vermutlich nicht über die Schulter gesehen, was Gefahren und Vorteile mit sich bringt, wenn Sie das hier Gelernte in die Tat umsetzen wollen.

Warum dieses Buch Ihre Ehe gefährden kann – und wie Sie etwas Gutes für Ihre Ehe daraus ziehen können

Jeder Ehetherapeut hat es erlebt, mir ist es so ergangen, vielleicht auch Ihnen, wenn Sie der Typ von Mensch sind, der Bücher wie dieses liest. Sie erleben die Anregung einer neuen Information und Einsicht oder vielleicht die Bestätigung einer wichtigen Teilerkenntnis, die Sie bereits hatten. «Das wird wirklich meiner Ehe aufhelfen», sagen Sie sich. Unsere egozentrische Natur als Menschen vorausgesetzt (ich spreche zumindest für mich selbst), nehmen wir insgeheim an, dass unser Partner/unsere Partnerin diese neue Perspektive sogar noch nötiger braucht als wir selbst. Denn schließlich sind ja Sie jemand, der auf der Jagd nach einer besseren Beziehung ist, und deshalb Bücher und Artikel nach neuen Einfällen für Ihre Ehe durchforstet.

Von diesem Punkt an kann sich der Weg gabeln. Während Sie das Buch verschlingen, schwärmen Sie Ihrem Partner/Ihrer Partnerin davon vor, er/sie müsse *unbedingt* das Buch lesen, sobald Sie damit fertig sind. Wenn Sie nun vielleicht ohnehin die Gewohnheit haben, Bücher über Beziehungsfragen gegenseitig auszutauschen, können Sie frei damit verfahren; Ihr Partner wird es lesen und sich unabhängig eine Meinung über seinen Nutzen bilden. Ich weiß, dass es solche Paare gibt; es ist nur so, dass ich nur wenige davon getroffen habe, meist nur eins in jedem Staat, in dem ich gelebt habe. Nebenbei gesagt, meine Frau und ich gehören auch nicht dazu. Wir fallen eher in die folgende Kategorie.

Die andere Möglichkeit gestaltet sich folgendermaßen: Sie begeistern sich über die *grossartigen* Ideen in diesem Buch und Ihr Partner/Ihre Partnerin überlegen sich, welche Änderungen Sie sich nun für Ihre Beziehung ausbrüten. Welchen neuartigen

Fisch Sie jetzt nach Hause zum Putzen und Kochen bringen. Ihr Partner/Ihre Partnerin denkt daran, wie Sie das letzte Mal so begeistert von einer Variation Ihres Sexlebens waren, was dann allerdings mit einem verstauchten Rücken endete.

Wie könnte dieses zweite Szenario nach Beendigung der Lektüre aussehen? Sie brennen darauf, häufigere und bessere Eherituale einzuführen oder mit einer Gruppe von Paaren in Verbindung zu treten. Unleugbar wunderbare Vorschläge, wenn Sie mich fragen. Wäre Ihr Partner/Ihre Partnerin von sich aus auf diese Ideen gestoßen, ohne Ihre wohlmeinenden Erziehungsversuche, fände er/sie vielleicht dasselbe. (Das ist der Grund, weshalb ich gerne Vorträge und Workshops für Paare und nicht für einzelne Ehepartner halte und mit Paaren Therapien mache. Sie hören beide gleichzeitig, was ich zu sagen habe, sie können es akzeptieren oder auch nicht und ohne vom Partner unter Druck gesetzt zu werden. Bei Büchern kann ich nicht von zwei unabhängigen Lesern in derselben Ehe ausgehen.)

Wenn Sie einen Vorschlag für Ihre Ehebeziehung haben, läuft es fast unweigerlich darauf hinaus, dass Sie etwas im Status quo für falsch oder unzureichend erklären. Wäre ich Ihr Partner, würde ich vielleicht denken, das ist doch alles in Ordnung, danke, und dann würde ich es Ihnen sagen. Daraufhin würden Sie versuchen, mir Ihre Ansicht aufzudrücken, dass das alles doch nicht so gut sei, dass man es nicht noch verbessern könnte. «Wir brauchen bessere Rituale, bessere Möglichkeiten um miteinander in Kontakt zu kommen», würden Sie sagen. «Zu allererst», würde ich dann sagen, «sind unsere religiösen Rituale in Ordnung und wir haben mehr Kontakt als die meisten Paare, die ich kenne.» Nun äußern Sie die brutale Wahrheit und sagen: «Weißt Du, ich habe mir immer gewünscht, wir könnten uns innerlich näher kommen, aber Du bist so festgelegt. Ich bin immer derjenige, der die Lage für uns verbessern will und du gehst immer nur gegen mich an.»

Ich will Ihnen die restliche Szene ersparen. Nennen Sie sie II. Akt, Szene 33 aus dem Verfolger/Distanzierer-Tanz dieses

Paars. Und *dafür* haben Sie gutes Geld für dieses Buch gezahlt!

Sie werden sicher verstehen, was ich meine. Die neuen Ideen eines Partners können die Balance einer Ehe stören. Neue Muster in eine bestehende Ehe einzuführen, ist wie die Tanzschritte mitten in der Melodie, während das Paar in Tanzhaltung ist, zu verändern. Es ist zwar nicht völlig unmöglich, die Paare machen es andauernd, doch es erfordert, sagen wir, einen Grad von Geschicklichkeit, besonders wenn Sie es nicht gewöhnt sind, bewusst Veränderungen in Ihre Beziehung einzuführen. Wenn Ihre früheren Vorschläge als Kritik angekommen sind, dann müssen Sie besonders umsichtig vorgehen. Und wenn Sie es schwierig finden, lange eingeschliffene Gewohnheiten im Zusammenleben zu verändern, dann sind Sie nicht allein.

Hier folgt eine Reihe von Möglichkeiten, mit denen Sie die Gedanken dieses Buches Ihrem Partner nahebringen fkönnten. Ich ordne sie in einer Reihenfolge von indirekt zu direkt an und weiß, dass es kein «richtiges» Vorgehen geben kann. (Indirekt kann sich in einer Ehe vielleicht besser bewähren als direkt.) Der erste Vorschlag ist eigentlich eine Technik um festzustellen, was Sie bereits tun und sich dessen bewusst zu werden. Die übrigen sind Möglichkeiten, um das neue Verhalten einzuführen.

1. Achten Sie auf die Gemeinsamkeiten, die Sie als enge Partner in Ihrer Ehe verbindet und sagen Sie, dass Sie daraus ein anerkanntes Ritual machen wollen. Dies ist besonders wirkungsvoll, um eine eheliche Routine als Ritual zu etablieren. Als meine Frau und ich das Gespräch beim Kaffee nach dem Abendessen begannen, hielten wir das zuerst nicht für wichtig. Aber zu einem bestimmten Zeitpunkt bezeichneten wir es als «unsere Kaffeezeit» und merkten, wie wichtig es für uns geworden war. Wir hatten eine Gewohnheit zu einem Ritual verwandelt, was bedeutete, dass wir uns daran gebunden fühlten und es half, unsere Ehe zu definieren. Ein Eheritual zu ernennen, ist eine

einfache aber wirkungsvolle Weise, um Ihre Beziehung zu verändern. Der Schlüssel dazu ist, zu einer Übereinstimmung zu kommen, um diese Tätigkeit zu einem regelmäßigen Teil Ihres Lebens zu machen und als solchen zu wahren.

2. Bringen Sie etwas Neues ein, ohne es vorher anzukündigen. Wenn Sie z.B. lange nicht mehr zusammen ausgegangen sind, sehen Sie im Kalender nach, bestellen Sie einen Babysitter, machen Sie die Reservierung und verkünden Sie Ihrem Partner, dass Sie ihn/sie zu einer besonderen Einladung bitten. Tun Sie Ihr Bestes, um es zu einem schönen Erlebnis werden zu lassen, und zum Schluss, wenn Sie das Gefühl haben, dass es Ihrem Partner auch gefallen hat, machen Sie den Vorschlag, es könne für Sie beide zu einem regelmäßigen Vorhaben werden. Wenn Ihr Partner/Ihre Partnerin zustimmt, dann handeln Sie die Einzelheiten des Rituals, das Sie festlegen wollen, zusammen aus – die Häufigkeit, wie man sich dafür verabredet, wer dafür verantwortlich ist und wie man das Ganze organisiert. Der Vorteil dieses Vorgehens ist, dass Sie beide zusammen die Entscheidung zur Veränderung treffen, nachdem Sie schon einmal den Versuch gemacht haben. Sie tun es zuerst, und dann sprechen Sie über das, was Sie vielleicht dauerhaft einführen wollen. Dieses Vorgehen ist besonders geeignet, wenn Sie und Ihr Partner/Ihre Partnerin sich üblicherweise festfahren, sobald Sie über mögliche Veränderungen sprechen.

3. Führen Sie eine neue Idee mit aller Vorsicht ein. Ich nenne das den «Minnesota Shuffle.» Er ist besonders nützlich, wenn Sie, wie ich, jemand sind, der sich zu stark für neue Ideen begeistert. Sagen Sie so etwas wie: «Ich finde, wir könnten vielleicht etwas Neues ausprobieren, wenn wir zu Bett gehen. Vielleicht klappt's ja nicht, weil ich schon vor dir müde bin, und ich verstehe auch, dass du deine

Zeit allein am Abend genießt. Ich weiß also gar nicht, ob es sich lohnt darüber nachzudenken, etwas anders zu machen.» Dann warten Sie auf eine einladende Bemerkung von Ihrem Partner, wie etwa: «Woran denkst Du denn?» Darauf erwidern Sie, dass Sie nur an eine Kleinigkeit gedacht haben und nicht den ganzen abendlichen Ablauf ändern wollen. Dann warten Sie auf eine weitere Einladung, mit Worten oder auf andere Weise. Dann machen Sie Ihren Vorschlag, etwa zu einem kleinen gemeinsamen Gute-Nacht-Kuscheln, bevor Sie einschlafen. Kommt Ihnen das manipulierend vor, lassen Sie es. Ich sehe es nicht als Manipulation an, sondern als vorsichtiges Ausloten der Tiefe um festzustellen, wie offen Ihr Partner für eine Unterhaltung über dieses Thema ist, bevor Sie womöglich mit Ihrer neuen Idee im falschen Moment auflaufen.

4. Äußern sie Ihren Wunsch, aber ohne gleichzeitigen Lösungsvorschlag. Sie können den Samen für eine künftige Veränderung einbringen, indem Sie sagen, wie Sie etwas empfinden und was Sie sich wünschen, ohne eine bestimmte Lösung vorzuschreiben oder Ihren Partner für die augenblickliche Situation verantwortlich zu machen. Beim Beispiel des Ausgehens können Sie in einer ruhigen Stunde sagen, dass Sie es vermissen, zu zweit auszugehen, und wünschten, das ließe sich in Ihrer Ehe wieder einrichten. Wenn Sie aus Erfahrung schon vorhersagen können, dass Ihr Partner/Ihre Partnerin darauf mit einem Schwall von technischen und anderen Schwierigkeiten reagieren wird (wahrscheinlich sind alle zutreffend und Sie haben sie sich selbst auch schon vorgehalten), dann wiederholen Sie, was Sie empfinden, und sagen Sie, dass Sie sich für die Zukunft erhoffen, dass es möglich sein werde, diese Hindernisse zu beseitigen, und Sie wieder Ihr Zusammensein beim gemeinsamen Ausgehen genießen könnten. Sagen Sie nicht viel mehr. Streiten Sie

sich nicht darüber, wie es doch zu bewerkstelligen sein könnte. Lassen Sie Ihr Bedürfnis und Ihren Wunsch für eine Weile in Ihrer Beziehung stehen, bis Sie die Umsetzung des Gedankens in die Tat wieder aufgreifen. Ihr Partner/Ihre Partnerin weiß ohnehin, dass Sie daran denken. Beim Beispiel des Zu-Bett-Gehens können Sie einfach sagen, dass Sie es vermissen, vor dem Schlafen noch Kontakt zu haben, aber wissen, dass daran niemand schuld ist. Wenn Sie später einen Vorschlag machen, wird dieses frühere Gespräch eine Basis bieten.

5. Bringen Sie einen Wunsch und den Vorschlag für eine Veränderung vor, aber drängen Sie nicht auf Entscheidung. Wie schon gesagt, fangen Sie immer damit an, was Sie sich wünschen oder was Ihrer Ansicht nach Ihre Beziehung braucht, geben Sie aber keine Lösung vor. Dies stellt das Gespräch auf eine andere Grundlage, als Ihren eigenen Willen oder Wunsch, an Ihrer Beziehung herumzupfuschen. Fragen Sie auch immer danach, was sich Ihr Partner wünscht, aber fordern Sie ihn/sie nie damit heraus, dass er/sie etwas nicht so braucht wie Sie. (Damit stehen Sie auf verlorenem Posten.) Manchmal, wenn Sie sich etwas Neues haben einfallen lassen, braucht Ihr Partner vielleicht etwas Zeit, um die Vorteile zu erkennen. Und natürlich, mit der nötigen Zeit zum Nachdenken, könnte Ihr Partner auch diesen Plan noch verbessern und eine günstigere Alternative anbieten. Diese Strategie bedeutet, dass der Gedanke in der Luft schwebt, Sie aber von Anfang an zeigen, dass Sie zum gegenwärtigen Zeitpunkt nicht auf eine Entscheidung drängen. Es ist nur etwas zum Nachdenken, wie irgendwann der Bau einer neuen Veranda am Haus. Reagiert Ihr Partner positiv, umso besser. Erwidert er/sie aber mit einem Schwall von Einwendungen, können Sie immer noch sagen: « Wir können ja einfach mal darüber nachdenken, vielleicht klappt et-

was anderes besser. Ich wollte nur mal den Gedanken aufs Tapet bringen.» Und lassen Sie das Thema fallen, sobald es zum Streit führt. Ihr Partner wird weiter darüber nachdenken, ebenso wie Sie.

6. Bringen Sie Ihren Wunsch gleichzeitig mit einem Lösungsvorschlag vor und regen Sie einen Probelauf an. Dieses Vorgehen bringt meist dann Erfolg, wenn Sie das Thema schon vorher angedeutet haben, wie z.B. auf die oben erwähnte Weise. Hierbei sagen Sie, dass Sie etwas verändern und die Gefühle und Perspektive Ihres Partners dazu hören wollen, um dann eine Entscheidung herbeizuführen. Sie denken etwa an eine klar umrissene Veränderung, beispielsweise alle zwei Wochen miteinander auszugehen oder Kuscheln zur Bettgehzeit. Doch wenn sie ehrlich verhandeln, müssen Sie auch offen für Abwandlungen Ihres Plans sein, Einwände anhören, denen Sie nicht Rechnung getragen hatten, und auch versuchen, einen anderen Weg auf dasselbe Ziel hin zu versuchen. Sie geben Ihrem Partner/Ihrer Partnerin gleichzeitig aber auch zu verstehen, dass Sie eigentlich etwas anderes vorhatten. Doch ist es eine gute Idee, die Veränderung in die Form eines Experiments zu kleiden, aus dem Sie beide lernen können. Wie wird sich das Kuscheln vor dem Einschlafen in der Praxis bewähren? Wie wird es abgewandelt werden müssen? Wenn Sie ein Experiment vorschlagen, das Sie beide zusammen auswerten, geraten Sie nicht in die Position, Macht ausüben und die weitere Entwicklung Ihrer Beziehung diktieren zu wollen.

7. Sehen Sie Ihre Beziehung und Ihren Wunsch nach Veränderung im großen Zusammenhang. Bringen Sie das Gespräch darauf, wie Sie den Verlauf Ihrer Beziehung empfinden, und dass Sie sich allgemein eine Veränderung wünschen, doch machen Sie es nicht an einer bestimmten Änderung fest, erwarten Sie vor allem keine einseitige von

Ihrem Partner. Üben Sie wiederholt für sich, wie Sie das zur Sprache bringen können, denn es wird nicht leicht sein. Warten Sie auf einen ruhigen Moment und fühlen Sie sich in die Empfindungen und Ängste Ihres Partners/Ihrer Partnerin darüber ein, was Sie jetzt vorhaben. Sie handeln als Bürger Ihrer Ehe und übernehmen gerade die Führung. Es kann eine Gespräch sein, in dem Sie eine bewusstere Ehe fordern, eine gewissenhaftere, planendere und gemeinsamere Haltung, um eine Entwicklung Ihrer Ehe einzuleiten, weil Sie das Gefühl haben dahinzutreiben. Ihr Partner wird sich eher auf Ihre Beschwerden im Einzelnen beziehen, besonders wenn diese Unterredung eine Überraschung darstellt, doch sollten Sie sich nicht in Einzelheiten verlieren. Wenn dieses oder ein anderes Buch Sie in Ihrem Denken und in Ihren Erwartungen an Ihre Ehe beeinflusst, dann sagen Sie es Ihrem Partner, weil Sie offen damit umgehen wollen. Bieten Sie ihm/ihr an, daran teilzunehmen, wenn er/sie sich dafür interessiert, aber drängen Sie nicht, damit nicht ausgerechnet dieses Buch Anlass für einen Machtkampf wird. Versichern Sie sich Ihrer gegenseitigen Liebe und Ihrer Was-auch-immer-kommen-mag- Beziehung und gehen Sie einfühlsam und ohne Schuldzuweisungen die Unwägbarkeiten einer wichtigen Veränderung in Ihrer Ehe an. Weil Sie nun Ihr umfangreicheres Programm und einen Katalog von Wünschen offen auf den Tisch gelegt haben, könnte auch Ihr Partner dazu motiviert sein, nun auch seinerseits aufgeschlossener zu reagieren, wenn Sie in Zukunft neue Anregungen einbringen. Vielleicht aber auch nicht.

8. Regen Sie den Gedanken an, Hilfe von außen in Anspruch zu nehmen, um Ihre Ehe auf neuen Kurs zu bringen. Sollten die oben beschriebenen Versuche zu nichts führen, könnte es sein, dass weder Sie noch Ihr Partner die für eine Veränderung nötige Führung Ihrer Ehe übernehmen

können. Sie hängen im Fluss fest und können sich nicht über eine Paddelstrategie einigen. Die erste Anlaufstelle könnte ein Ehepaartraining in Ihrer Religionsgemeinschaft oder in der weiteren Kommune sein. Bei einer Ehepaarschulung können Sie auf neue Weise lernen, die Reise der Ehe zu bewältigen und Ihre Fertigkeiten für die Partnerschaft erweitern. Und Sie kommen mit anderen Paaren zusammen, die ihre Ehe bewusst leben wollen. In zweiter Linie können Sie eine Ehepaartherapie aufsuchen, wenn Sie keine Möglichkeit für ein Ehepaartraining finden oder es nicht ausreichen sollte. Beachten Sie auch die frühere Diskussion in diesem Buch darüber, wann man einen Ehetherapeuten meiden oder aufsuchen sollte, der behilflich sein könnte, eine Ehe wieder anzukurbeln.

Und die Weisheit, den Unterschied erkennen zu können

Thema dieses Buchs sind Veränderungen, die Sie durchführen könnten, und die aktive Verantwortung für die Zukunft Ihrer Ehe in einer unfreundlichen Welt. Zum Schluss möchte ich nun noch einige Worte zu dem sagen, was sich nicht ändern lässt. Jede Ehe betrifft zwei Menschen, die das mitbringen, was der Psychologe William Bradbury «Verletzbarkeiten auf Dauer» nennt. Dabei geht es um persönliche Eigenschaften aus unserem Hintergrund, die uns als Einzelpersonen und Ehepartner einschränken, die uns und denen, die wir lieben, Schmerzen verursachen. Vielleicht kommt es, weil wir die Scheidung unserer Eltern erlebt haben, dass wir uns so eng an unseren Partner hängen, dass er/sie kaum noch die Luft zum Atmen bekommt. Vielleicht ist es der letzte Rest eines Aufmerksamkeitsdefizit-Syndroms, das es so schwer macht, vorher festgelegte Eherituale zu akzeptieren. Vielleicht hat uns eine kritische Familie so überempfindlich gegen Kritik gemacht oder allzu bereitwillig sie auszuteilen. Die

Möglichkeiten sind so endlos, wie sie real in unseren Leben vorkommen. In den meisten Fällen werden sie sich auch nicht geben.

Über manche dieser Verletzbarkeiten sind wir uns schon klar, bevor wir heiraten, über viele aber auch noch nicht. Es ist der Feuerofen der ehelichen Intimität, der sie zu Tage bringt. Das ist teilweise der Grund, weshalb jede Ehe auch für ihre Bewohner eine Überraschung ist. Doch mit der Zeit lernen viele von uns, die eigenen Schwachstellen und die unseres Partners zu akzeptieren und gut damit zurechtzukommen und die gegenseitigen Schwächen auszugleichen. Wir kommen zu der Erkenntnis, dass wir, sollten wir diesen Partner für einen anderen verlassen, nur eine neue Überraschung und vielleicht eine noch unangenehmere zu erwarten haben, bei deren Bewältigung wir noch dazu wieder ganz von vorne anfangen müssten.

Zu diesen individuellen Empfindlichkeiten müssen wir dann auch noch addieren, dass wir Jungen und Mädchen beibringen, sie seien unterschiedlich, und dann von ihnen erwarten, sie sollen glückliche, wohlangepasste Partner fürs Leben sein. Für die meisten von uns wird unsere Eheerfahrung niemals das bringen, was wir uns ursprünglich für unsere Ehe erwartet oder gewünscht haben. Manche von uns finden nie die emotionale Aufmerksamkeit, die wir uns von einem endlich gefundenen Seelenpartner erträumt hatten. Anderen wird nie die gemütliche, pflegeleichte Beziehung zuteil, die wir uns erhofft hatten, als wir den Menschen heirateten, mit dem wir so unbeschwert zusammen waren. Wir können lernen uns anzupassen, doch bestimmte problematische Unterschiede bleiben bestehen.

Sich mit weniger zufrieden zu geben als wir uns wünschen, geht gegen die Berechtigungsgrundsätze der Konsumgesellschaft. Eine lebenslange Ehe bedeutet anzunehmen, wer wir beide sind und auf neue, verbesserte Modelle eines Ehemannes oder einer Ehefrau zu verzichten – auch wieder etwas, was der Markt nicht propagiert. Eine Bindung, komme was da wolle, bedeutet meine Treue zu einem fehlerhaften menschlichen Wesen, das auch mir als fehlerhaftem menschlichem Wesen die Treue hält, in einem Moralübereinkommen, das keine Rückgabeklausel hat und auch Mietkauf und In-Zahlung-Geben ausschließt. Und das bedeutet, dass wir nie aufhören dürfen, am Verheiratet-Sein zu arbeiten.

Vor ein paar Tagen hörte ich ein Radiointerview mit einer überaus beliebten Persönlichkeit in meinem Heimatstaat Minnesota, dem früheren Governor Elmer Anderson, 90 Jahre alt, der gerade die Memoiren über sein Leben und den Verlauf seiner Karriere auf vielen Gebieten des öffentlichen Lebens herausgegeben hat. Er ist seit 68 Jahren verheiratet. Als ihm die unsterbliche Frage, «was ist Ihr Rezept dafür», gestellt wurde, beantwortete er sie höchst ungewöhnlich und tiefschürfend: «Wir sind immer noch dabei, uns daran zu gewöhnen, verheiratet zu sein.»

Diese Verpflichtung, nie mit der Arbeit an unserer Ehe aufzuhören, zusammen mit dem Akzeptieren der gegenseitigen Begrenzungen, bedeutet, dass wir uns genügend sicher fühlen, um gelegentlich auch über die Richtung unseres Kanus zu streiten. Es ermöglicht uns zu sagen: «Liebster/Liebste, ich bin für immer auf diesem Eheboot, der Golf von Mexiko hat keinen Reiz für mich. Ich finde, wir packen unsere Paddel, arbeiten wie der Teufel und kommen wieder auf Kurs nach Norden. Und auf dem Weg wollen wir uns einen Konvoi zulegen und St. Paul im Sturm erobern.»

Über den Autor

William J. Doherty, PhD, ist Professor und Direktor des Ehe- und Familientherapie-Programms am *Department of Family Social Science* an der Universität von Minnesota. Er arbeitet seit mehr als 21 Jahren als Ehe- und Familientherapeut. Er war Präsident des *National Council on Family Relations*, des ältesten Zusammenschlusses für Forschung und klinische Arbeit auf diesem Gebiet. Im Jahr 1992 wurde er für seine bedeutenden Leistungen im Bereich der Ehe- und Familientherapie ausgezeichnet. Im Jahr 1997 wurde er von der Zeitschrift *Utne Reader* unter die zehn innovativsten Therapeuten der U.S.A. gewählt, wegen seiner Arbeit an ethischen und gemeinschaftsbezogenen Fragen in der Psychotherapie. Als gesuchter Vortragsredner sowohl vor Laien als auch Fachleuten wurde er im Verlauf seiner Karriere dreimal für seine Unterrichtsleistungen ausgezeichnet. Er hat neun Fachbücher geschrieben oder herausgegeben und drei Bücher für Laien verfasst, u.a. *The Intentional Family: Simple Rituals to Strengthen Family Ties* und *Take Back Your Kids: Confident Parenting in Turbulent Times.*